Study on the Discretion of
Public Prosecution

公诉裁量权研究

霍艳丽 著

知识产权出版社
全国百佳图书出版单位
—北京—

图书在版编目（CIP）数据

公诉裁量权研究/霍艳丽著.—北京：知识产权出版社，2024.6
ISBN 978－7－5130－9205－0

Ⅰ.①公… Ⅱ.①霍… Ⅲ.①公诉—研究—中国 Ⅳ.①D925.04

中国国家版本馆CIP数据核字（2024）第027921号

责任编辑：薛迎春　　　　　　　　　　责任校对：潘凤越
封面设计：宗沅书装·李宗燕　　　　　责任印制：刘译文

公诉裁量权研究
霍艳丽　著

出版发行：知识产权出版社 有限责任公司		网　　址：http://www.ipph.cn	
社　　址：北京市海淀区气象路50号院		邮　　编：100081	
责编电话：010－82000860 转 8724		责编邮箱：471451342@qq.com	
发行电话：010－82000860 转 8101/8102		发行传真：010－82000893/82005070/82000270	
印　　刷：北京建宏印刷有限公司		经　　销：新华书店、各大网上书店及相关专业书店	
开　　本：710mm×1000mm 1/16		印　　张：14.5	
版　　次：2024年6月第1版		印　　次：2024年6月第1次印刷	
字　　数：242千字		定　　价：79.00元	
ISBN 978－7－5130－9205－0			

出版权专有　侵权必究
如有印装质量问题，本社负责调换。

前　言

公诉裁量权是 20 世纪中叶蔚然兴起的一项重要制度，无论在英美法系国家还是大陆法系国家，检察机关的公诉裁量权都受到前所未有的重视。审判不再是处理案件的唯一方式，大量的案件通过检察机关在审查起诉阶段的裁量得以分流。公诉裁量权之所以成为刑事诉讼的热点，与司法实践的需求不无关系。随着人类社会的发展变化，许多国家都遇到了犯罪日渐增多的问题，与此同时，国家的司法资源因无法得到及时的补充而捉襟见肘，如何以较少的司法资源解决尽可能多的刑事案件，成为一个迫切需要解决的现实问题。

人们开始深刻反思刑罚的功能，有罪必罚究竟是不是最佳的犯罪控制手段？传统的报应刑理论受到目的刑理论的挑战，人们认识到全面追诉并不可行，因为全面追诉不仅无法及时实现对犯罪的惩罚，而且牺牲了效率价值，长此以往民众对司法权威和司法公正也将失去信心。相比西方国家公诉裁量权的大量适用，我国目前公诉裁量权仍受到严格的限制，在司法实践中适用较少。为了应对刑事案件数量上升，我国司法机关应当立刻转变有罪必罚、严格追诉的国家本位观，从刑事诉讼的整体利益出发，关注刑罚的特殊预防功能，关注刑罚的个别化，扩大检察机关的公诉裁量权以适应司法实践的需求。

近年来，我国一直致力于推动以审判为中心的诉讼制度改革，强调审判应当在刑事诉讼中发挥决定性的作用，只有经过符合正当程序的审判，才能最终确定被告人是否应当承担刑事责任。在以审判为中心的诉讼制度改革下，改革的目标是解决长期以来我国刑事司法实践中存在的"以侦查为中心"的顽疾。以审判为中心是一项长期系统的工程，其根本目的在于促进刑事司法公正。而我国公诉裁量制度的确立与完善也是经由立法及中央各级文件所明确，以刑事诉讼认罪认罚从宽制度为例，其不仅规定在《中共中央关于全面推进依法治国若干重大问题的决定》（以下简称《决定》）中，还规定在 2015 年 2 月发布的《最高人民法院关于全面深化人民法院改革的意见——人民法院第四个五年改革纲要（2014—2018）》、最高人民检察院下发的《关于深化检察改革的意见（2013—2017 年工作规划）》等文件中。其实，以审判为中心与公诉裁量权的改革二者并不对立。两种制度的产生皆源于司法实践的需求，都是为了更好地实现司法公正。公诉裁量权的扩大意味着更多的案件将在审前阶段得到分流，减少了涌入审判阶段的案件数量，有利于进入审判阶段的案件能严格贯彻以审判为中心的改革精神，得到公正审理，从而提高案件的审判质量。以审判为中心并不是要求所有案件都通过审判处理，而是通过分流机制，选取有必要通过审判处理的案件，从而实现公正与效率的平衡。当然，公诉裁量权的扩大也必须受到限制。当下，我国需要扩大公诉裁量权，以解决积压的案件，有效实现案件的分流。同时，也需要注意权力异化的风险。在赋予检察机关公诉裁量权的同时，完善公诉裁量权的控制机制，对公诉裁量权进行有效制约，从而实现以审判为中心诉讼制度下的公诉裁量权的最佳运行。

全书主要由七章组成。第一章是公诉裁量权的内涵。本章分公诉权的含义和公诉裁量权的界定两节，论述了公诉权的性质、公诉权的分类、公诉权的权能、公诉权的行使原则、公诉裁量权的内涵、公诉裁量权的特性、公诉裁量权的模式、公诉裁量权的价值。第二章是公诉裁量权的理论基础。本章内容分五节，从客观义务理念、起诉便宜理论、目的刑理论、刑事谦抑理论、诉讼经济理论五个方面对公诉裁量权的理论基础进行了介绍。第三章是公诉裁量权的发展和政策演进。本章介绍了我国公诉裁量权的发展和公诉裁量权在刑事政策中的体现。第四章是公诉裁量权的比较考察。本章介绍了大陆法系国家的公诉裁量权、英美法系国家的公诉裁量权以及两大法系公诉裁量权制度的比较分析，重点介绍了法国、德国、日本、英国、美国公诉裁量权的发展变化情况。第五章是公诉裁量权的运行。本章分五节：第一节介绍了公诉裁量权的主体；第二节介绍了公诉裁量权的客体；第三节介绍了公诉裁量权的行使方式；第四节是公诉裁量权的标准，主要介绍了公益标准、平等原则、比例原则；第五节从公诉裁量权的主体、客体、行使方式、标准四个方面介绍了我国公诉裁量权的运行现状。第六章是公诉裁量权的控制。本章分四节：第一节论述公诉裁量权控制的现实依据；第二节从权力制约理论、裁量控制理论、人权保障理论三个方面论述公诉裁量权控制的理论基础；第三节通过对美国、法国、德国、日本四国公诉裁量权制度控制的介绍，论述了公诉裁量权控制的制度设计；第四节从事后救济机制、人民监督员制度、行政审批制、公开审查制四个方面论述了我国公诉裁量权的制度控制。第七章聚焦我国公诉裁量权的完善。本章分三节：第一节从以审判为中心的司法改革和认罪认罚从宽制度改革两方面介绍了我国的检察改革与公诉裁量权之间的联系；第二节针对我国公诉裁量权的运行现状，分析其存在的问题；第三节阐述了我国公诉裁量权制度的完善路径。公诉裁量权的完善是以审判为中心改革的一部分，我国公诉裁量权制度的完善应立足于以审判为中心的诉讼制度改革的大环境，其也是以审判为中心改革的一部分，完善我国公诉裁量权制度，首先应注重现代司法理念的培养，在此基础上扩大公诉裁量权的适用范围，完善对公诉裁量权的审查和制约，同时还应重视辩护律师作用的有效发挥。

目 录

前　言 / 1

导　论 / 1
    一、研究目的 / 1
    二、研究方法 / 2
    三、研究范围 / 5

第一章　公诉裁量权的内涵 / 7

第一节　公诉权的含义 / 7
    一、公诉权的性质 / 8
    二、公诉权的分类 / 10
    三、公诉权的权能 / 12
    四、公诉权的行使原则 / 18

第二节　公诉裁量权的界定 / 24
    一、公诉裁量权的内涵 / 24
    二、公诉裁量权的特性 / 27
    三、公诉裁量权的模式 / 29
    四、公诉裁量权的价值 / 34

第二章　公诉裁量权的理论基础 / 38

第一节　客观义务理论 / 38
    一、客观义务的含义与内容 / 38
    二、客观义务与公诉裁量权的关系 / 39

第二节　起诉便宜理论 / 41

一、起诉便宜理论的内涵及价值 / 41
　　二、起诉便宜理论与公诉裁量权的关系 / 42
　第三节　目的刑理论 / 42
　　一、目的刑理论的兴起及内容 / 43
　　二、目的刑理论与公诉裁量权的联系 / 45
　第四节　刑事谦抑理论 / 46
　　一、刑事谦抑理论的内涵与价值 / 47
　　二、刑事谦抑理论与公诉裁量权的联系 / 51
　第五节　诉讼经济理论 / 53
　　一、诉讼经济理论的兴起及内容 / 53
　　二、诉讼经济理论与公诉裁量权的关系 / 54

第三章　公诉裁量权的发展和政策演进 / 56
　第一节　我国公诉裁量权的发展 / 56
　　一、我国检察制度的形成和发展 / 57
　　二、我国公诉裁量权的历史梳理 / 61
　　三、我国台湾地区的公诉裁量权 / 63
　　四、我国澳门地区的公诉裁量权 / 67
　第二节　公诉裁量权在刑事政策中的体现 / 69
　　一、刑事政策概述 / 70
　　二、"轻轻重重"刑事政策 / 76
　　三、"镇压与宽大相结合"刑事政策 / 79
　　四、"惩办与宽大相结合"刑事政策 / 79
　　五、"严打"刑事政策 / 81
　　六、"坦白从宽、抗拒从严"刑事政策 / 82
　　七、"宽严相济"刑事政策 / 84
　　八、少捕慎诉慎押刑事司法政策 / 86

第四章　公诉裁量权的比较考察 / 89
　第一节　大陆法系国家的公诉裁量权 / 89
　　一、法国的公诉裁量权 / 89
　　二、德国的公诉裁量权 / 93
　　三、日本的公诉裁量权 / 97

第二节　英美法系国家的公诉裁量权 / 101
　　一、英国的公诉裁量权 / 101
　　二、美国的公诉裁量权 / 106
第三节　两大法系公诉裁量权制度的比较分析 / 111
　　一、两大法系公诉裁量权制度的差异 / 112
　　二、两大法系公诉裁量权制度的差异成因分析 / 114

第五章　公诉裁量权的运行 / 117

第一节　公诉裁量权的主体 / 117
　　一、公诉裁量权主体的确定 / 117
　　二、公诉裁量权主体的权力 / 118
第二节　公诉裁量权的客体 / 119
　　一、公诉裁量权客体的确定 / 119
　　二、公诉裁量权客体的表现 / 122
第三节　公诉裁量权的行使方式 / 123
　　一、不起诉 / 123
　　二、选择起诉 / 125
　　三、变更起诉 / 126
　　四、辩诉交易 / 126
第四节　公诉裁量权的标准 / 129
　　一、公益标准 / 129
　　二、平等原则 / 130
　　三、比例原则 / 133
第五节　我国公诉裁量权的运行 / 136
　　一、我国公诉裁量权的主体 / 136
　　二、我国公诉裁量权的客体 / 138
　　三、我国公诉裁量权的行使方式 / 140
　　四、我国公诉裁量权的标准 / 152

第六章　公诉裁量权的控制 / 155

第一节　公诉裁量权控制的现实依据 / 155
　　一、公诉裁量权滥用的成因 / 156
　　二、公诉裁量权滥用的类型 / 159
第二节　公诉裁量权控制的理论基础 / 162

一、权力制约理论 / 163
　　二、裁量控制理论 / 164
　　三、人权保障理论 / 165
　第三节　公诉裁量权控制的制度设计 / 168
　　一、美国公诉裁量权的制度控制 / 168
　　二、法国公诉裁量权的制度控制 / 169
　　三、德国公诉裁量权的制度控制 / 171
　　四、日本公诉裁量权的制度控制 / 172
　第四节　我国公诉裁量权的制度控制 / 172
　　一、事后救济机制对公诉裁量权的制约 / 173
　　二、人民监督员制度对公诉裁量权的制约 / 174
　　三、行政审批制对公诉裁量权的制约 / 175
　　四、公开审查制对公诉裁量权的制约 / 176

第七章　我国公诉裁量权的完善 / 178
　第一节　我国的检察改革与公诉裁量权 / 178
　　一、以审判为中心的司法改革与公诉裁量权 / 179
　　二、认罪认罚从宽制度改革与公诉裁量权 / 181
　第二节　我国公诉裁量权运行的问题 / 184
　　一、我国公诉裁量权的适用范围狭窄 / 185
　　二、我国公诉裁量权的程序封闭 / 185
　　三、我国公诉裁量权标准模糊 / 186
　　四、我国公诉裁量权的救济机制不合理 / 187
　　五、我国公诉裁量权的制约机制不完备 / 187
　第三节　我国公诉裁量权制度的完善路径 / 188
　　一、从观念到现实，培养现代司法理念 / 189
　　二、从立法到贯彻，扩大现有公诉裁量权的适用 / 191
　　三、从内部到外部，完善公诉裁量权的制约 / 193
　　四、从配合到制约，完善公诉审查制度 / 199
　　五、从高效到平衡，注重辩护律师职能作用发挥 / 203

结　语 / 207

参考文献 / 209

后　记 / 221

导　论

一、研究目的

"法律终止之处实乃裁量起始之所，而裁量之运用既可能是仁行，亦可能是暴政，既有正义，亦有非正义，既可能是通情达理，亦可能是任意专断。"[1] 裁量与规则相对，却又相辅相成，任何政府及其法律制度都不能离开二者而存在。规则的局限性决定了裁量存在的必要性。"在许多情况下，机械地使用规则就意味着非正义，只有通过裁量方能实现个别化正义的目标。因此，说刑事正义的核心在于裁量权的运用，或许并不过分。"[2] 在现代刑事诉讼中，侦查权、检察权、审判权构成了刑事诉讼中的三大主要权能。其中，检察权居于承上启下的关键环节。一国刑事诉讼程序的顺利运转与该国检察制度的合理设置具有密切的关系。而公诉制度又是检察制度之重心，对公诉裁量权进行深入研究必将对推动一国检察制度的发展，使其诉讼制度向前迈进具有重要意义。

随着经济社会的发展，以及法治水平的逐渐提高，世界多数国家在不同时期遇到了相同的问题，即诉讼资源紧张与案件数量增长的矛盾。一方面是案件数量的逐年上升，居高不下；另一方面是办案成本增加，人力物力供给日趋紧张，我国同样面临这个问题。我国正在进行的一系列诉讼制

---

[1] [美] 肯尼斯·卡尔普·戴维斯：《裁量正义——一项初步的研究》，毕洪海译，商务印书馆2009年版，第1页。
[2] [美] 肯尼斯·卡尔普·戴维斯：《裁量正义——一项初步的研究》，毕洪海译，商务印书馆2009年版，第19—20页。

度改革就致力于解决我国司法实践中存在的问题,包括诉讼效益的问题。为此,我国相继出台了简易程序、普通程序简易审、速裁程序、认罪认罚从宽程序等一系列司法改革措施,在一定程度上加快了案件的审理节奏。但是笔者以为,审判环节重在"审",无论是简易"审",还是普通"审",审判的必要环节是无法省略的,而且审判环节是决定一个案件走向的终局环节,案件质量由此环节决定。在某种程度上,时间的付出与案件的公正结果具有一定的内在联系,所以,在审判环节加快案件的办理节奏一定要有"度",否则,欲速则不达。

"以审判为中心"要求在刑事诉讼活动中,改变司法实践中长期以来形成的"以侦查为中心"的司法定案方式,形成实质意义上的法庭审理,真正确立"以庭审为中心"。"以庭审为中心"虽然强调"庭审"的重要性,但是其并没有降低审前程序的重要性;相反,"以庭审为中心"的提出,其实质是要求重新明确侦查机关、检察机关、审判机关在刑事诉讼活动中的相互关系。面对激增的案件与紧张的司法资源,检察机关应当更有作为。当前,司法资源不可能快速扩充,案件的自然增长我们也无法抑制,通过法院的快速审理降低案件数量作用有限,所以我们应当把更多的视线转向检察机关。放眼世界法治发达国家,在处理此类问题时,同样也是更多地借助检察之力。检察机关对进入诉讼程序的案件进行"精细"筛选分类,对确有审判必要的案件,才向法院提出公诉,从法院的立案源头减少案件的数量。而如何对案件进行"精细"分类,如何把握"审判必要",都需要我们对检察的公诉裁量权进行认真研究。本书将重点探讨在以审判为中心的诉讼制度改革的大环境下公诉裁量权之运用,通过对公诉理论和实践的审视,探讨如何正当行使公诉裁量权,如何避免公诉裁量权不当行使带来的非正义,从而为我国刑事司法制度的完善和发展提供合理化建议。

二、研究方法

"工欲善其事,必先利其器。"选择正确的研究方法能起到事半功倍的作用。为了更好地研究公诉裁量权问题,本书采用了以下三种研究方法。

（一）比较研究方法

比较研究方法是我国法律研究中常见的方法，兴起于20世纪下半叶。任何事物只有相互比较才能分出高下，也只有比较才能洞悉自身的不足，通过互相借鉴促进发展。从某种意义上说，比较借鉴也是事物发展的动力之一。法律制度的研究亦如此。通过对不同国家相关法律制度的比较研究，可以发现本国法律的不足，克服本国法律的局限性，促进本国法律制度的发展。

随着科技的发展、网络的发达，现代各国交往愈加便利与快捷。沟通和交往的便利为我国法律制度的发展带来机遇和挑战。法律本来就是规范存在于社会的人与人之间权利与义务的制度，正因如此，各国都比较重视相互学习借鉴，尤其是对发达国家法律制度的研究可以促进本国法律制度的发展。全球化也带来了新的问题，如犯罪人的流动性和犯罪发生的跨国性使犯罪问题早已超出国界，恐怖活动犯罪、毒品犯罪等已成为国际问题。这就更需要我们具有跨国界的视野，具有包容开放的态度，立足于本国的文化基础，关注世界各国先进法律制度的演变发展，不断完善我国的法律制度。

我国的刑事法律制度要求检察机关以起诉法定主义为原则对每一个犯罪人都提起公诉。然而，现实中案件的具体情况千变万化，犯罪人的情形也各有不同，对每一起案件的每一个犯罪人都提起公诉显然不现实，也不符合司法的规律。正因如此，司法活动必然伴随"裁量活动"。刑事案件的侦办本来就是一个回溯和判断的过程，而"裁量"本身其实具有权衡判断之意，所以我国刑事司法实践中一直存在"裁量"因素，只是我们没有在立法上明确而已。我国刑事司法制度虽有"裁量"因素，但一直未被真正重视，不成体系，甚至可能以"法定"名义行滥用"裁量"之实。从历史角度来看，古代西方国家法律制度的发展总体上晚于我国，但是在刑事裁量制度方面，却是西方法治国家最早明确提出刑事裁量制度，不同程度地赋予公诉机关起诉裁量权。而我国的检察机关则受制度所限，在公诉裁量权方面发展迟缓。当前，我国刑事案件数量持续增长与司法资源紧张的现状，迫切要求检察机关在公诉裁量权方面有所作为。为此，我们运用比较的方法，探寻我国刑事法律"裁量"的发展演变，同时借鉴吸收其他国家公诉裁量权的先进合理因素，为我国的司法实践提供有益的参照。

（二）辩证思维的方法

唯物辩证法认为，社会和思想领域中的任何事物以及事物之间都包含着矛盾，矛盾是客观普遍存在的，对立和统一是矛盾的两种基本属性。作为一项社会活动的刑事诉讼同样是矛盾的存在，其自身即为对立统一的范畴，如惩罚犯罪与保障人权、控诉与辩护、非法证据排除与客观事实查明等。公诉裁量权作为检察机关享有的一项权力，同样也内含矛盾，需要我们用辩证思维的方法分析研究。

公诉裁量权的产生与"矛盾"有关。世界上多数国家公诉裁量权的产生都是源自案件数量大与诉讼资源紧张的矛盾，扩大公诉机关裁量权的直接目的就是加快案件分流和案件的办理速度。这又带来诉讼活动中的另一对矛盾，即公正与效率的矛盾，如何平衡二者是贯穿刑事诉讼的永恒矛盾。既要保证案件的公正处理，又要保证案件的快速消化本身就是一个两难的问题，查明案件的事实真相需要一定的时间，而公开进行法庭审判又是案件得以公正处理的最佳方式。但是在大量的积压案件面前，司法程序不得不"打折扣"，不是所有的案件都需要通过法庭审判的方式才可以解决，这就需要立法者和司法者权衡其中的"矛盾"。即使赋予检察机关公诉裁量权也并非能消灭诉讼中的矛盾，因为伴随着权力的产生，又可能出现权力滥用的问题，所以探讨公诉裁量权问题，既要探讨如何扩大公诉裁量权，又要讨论如何控制公诉裁量权。

（三）理论联系实际的方法

理论联系实际是社会科学研究的普遍方法。刑事诉讼法学是一门实践性较强的学科，与司法实践紧密联系。对刑事诉讼法学的研究离不开理论联系实际的方法。用理论联系实际的方法研究刑事诉讼问题，目的在于防止僵化地适用理论，避免闭门造车、生搬硬套，脱离现实司法实践。该方法强调理论研究者应从实际出发，深入调查刑事司法实践的需求，有针对性地研究问题、分析问题、解决问题。公诉裁量权本身就是应司法实践的需要而产生，研究公诉裁量权当然不能脱离司法实践。我国刑事诉讼是否需要公诉裁量权，应该在多大范围内赋予检察机关公诉裁量权，是否需要对公诉裁量权进行控制，这些问题并非单纯依靠借鉴他国刑事司法制度或法律条文就可以解决。尽管法律制度有相通之处，但是任何制度的借鉴都需以本国的现实需要为立足点。英美法系国家历来重视司法实践的研究，以判例法为其制度特色，提倡通过现实存在的鲜活案例来研究法律。我国虽然是成文法国家，但是对刑事诉讼的研究必须依托司法实践，紧密联系实际。理论联系实际的方法要求对公诉裁量权的研究必须关注刑事立法和司法的现状，通过对现实典型案例的分析研究、对现实司法实践的调查数据分析，发现公诉裁量权在实际运用中存在的问题，再有针对性地提出解决方案。

三、研究范围

尽管笔者认为公诉权的行使主体不限于检察机关，但是因为在现代各国，公诉权主要是由检察机关行使，所以本书主要研究检察机关行使的公诉裁量权。检察机关的裁量权既可以体现在审查起诉阶段，也可以体现在审判阶段。审查起诉阶段是刑事诉讼的重要环节，其承上启下，决定着诉讼程序的前进路径。这个阶段也是检察机关行使公诉权的核心阶段，其中也包括公诉裁量权的行使。公诉裁量权涵盖了起诉裁量权和不起诉裁量权，涉及不起诉、选择起诉、撤回公诉等内容。由于一般认为不起诉裁量权是检察机关公诉裁量权的核心内容，本书更多基于不起诉裁量权对公诉裁量权进行探讨，虽然书中也对选择起诉、变更起诉等内容进行了论述，但篇幅相对较短。此外，鉴于检察机关是提起公诉的法定机关，本书探讨的是检察机关在对刑事公诉案件起诉时的裁量权力，因此，本书不探讨刑事自诉案件的起诉问题。

公诉裁量权的研究本身并不是一个新的课题，但是在以审判为中心和认罪认罚从宽诉讼制度改革背景下探讨公诉裁量权则具有新的时代意义。公诉裁量权研究是一个重大的课题，其既涉及国家专门机关权力的配置，也涉及检察机关自身职能作用的发挥，对于推进检察改革、推动我国刑事司法制度的完善具有重要的理论意义和实践意义。本书的研究建立在已有论述的基础上，但又不限于前人的论述，在论述的方式和内容上体现出笔者的创新，具体体现在以下三方面：首先，具有鲜明的时代气息。本书主题回应当前我国司法改革的需要，有重要的现实意义和实践意义，对于当前诉讼改革的热点话题都有涉及，如以审判为中心、认罪认罚从宽制度、速裁程序等。其次，本书的论述将理论与实际相联系。在进行相关研究时，笔者并未局限于单纯的理论探讨，而是结合案例进行分析。最后，笔者对本书探讨的问题也有自己的观点。比如，对于如何完善我国公诉裁量权制度，笔者认为关键在于把握好"放权"和"束权"的关系，首先要放权。在公诉裁量权的行使问题上，笔者认为应保证必要、合理的公诉裁量权充分、有效、合法地行使，又要限定和制约不必要、不适当的公诉裁量权。再如，对于公诉转自诉问题，笔者认为应废除"公诉转自诉"，防止自诉权僭越公诉权，维护公诉权的公信力。当然，由于笔者水平有限，本书的论述还不够深入，有些观点还不太成熟，有待进一步补充和完善。

第一章　公诉裁量权的内涵

"公诉制度是阶级斗争发展到一定阶段的产物。它的产生和发展是司法制度特别是刑事诉讼制度日趋进步和完善的表现。"[1] 作为一项国家公权力，公诉权的配置与国家的政权体制、机构设置有密切的关系，同时也与国家中的其他权力具有紧密的联系。如何认识和界定检察机关的公诉裁量权，既关系到国家权力配置的重大理论问题，又关系到检察机关职能作用发挥的现实问题，对于推进检察改革，无疑具有重大意义。

第一节　公诉权的含义

从刑事诉讼发展历史来看，对犯罪的追诉方式可以分为两种：公诉和自诉。自诉是一种最古老的起诉方式。[2] 在人类社会早期的弹劾式诉讼制度中，自诉是唯一可以追诉犯罪的方式。但是随着人类社会的发展，国家逐渐认识到犯罪不仅仅是对个人权益的侵害，也是对国家和社会利益的侵害，甚至会危及统治者的利益。由此，国家开始转变追诉观念，变消极为积极，主动追诉犯罪，公诉逐渐出现。公诉产生后，自诉的范围逐渐缩小，成为公诉方式的补充。当下，公诉制度已经在世界各国广泛适用、快速发展，并成为世界各国基本的追诉制度。从起诉方式来看，世界各国检察机关追诉犯罪的方式有三种：第一种是以公诉为主、自诉为辅；第二种是以自诉为主、公诉为辅；第三种是直接抛弃自诉，实行"国家追诉主

---

[1] 王桂五主编：《中华人民共和国检察制度研究》，中国检察出版社2008年版，第202页。
[2] 卞建林主编：《刑事诉讼法学》（第2版），中国政法大学出版社2012年版，第334页。

义",全部提起公诉。如日本、法国等国家,一切刑事案件由国家垄断、由检察官统一起诉。世界各国追诉犯罪的形式虽不尽相同,但公诉与自诉并存是大多数国家选择的追诉方式,我国也不例外。在实行国家追诉的同时,我国也保留了被害人自诉的起诉方式。

一、公诉权的性质

"公诉者,乃请求确定具体的科刑权之存否及刑罚之种类与分量之办法也。"[1] 公诉是公诉机关追诉犯罪的主要方式。在现代国家诉讼中,公诉权是世界各国公诉机关最具共性的权力,是检察机关的一项基本职权。公诉权的概念源于法国法的"action publique",德国诉讼法学家在民事诉讼法的诉权理论影响下进一步创立了系统的刑事诉权理论"strafk - lagerecht"。[2] 正确认识公诉权的性质,对于准确定位公诉权在整个国家权力中的地位,充分发挥公诉权的应有权能,保证公诉权的良性运转具有重要意义。公诉权的性质可以从以下四个方面理解。

第一,公诉权是一项请求权。由于现代诉讼实行不告不理原则,没有控告就没有审判。检察机关作为公诉机关只有提出控告的权力,而没有审判的权力。作为审判机关的法院只有审判权,而没有提出控告的权利,因此法院只能被动地等待检察机关提交指控,而不能主动对案件加以审理。这种权力分工决定了,要确定被告人是否有罪以及判处何种刑罚,必须由检察机关主动将案件提交法院,由法院进行审理。检察机关通过其提交指控的活动请求法院启动审判程序对案件加以审理。检察机关的这种请求权不同于一般的请求权,还带有对法院一定的约束性。"在合乎规范的情况下,公诉权具有一种法定的诉讼发动力和约束力:对法院审判权的制约。"[3] 法院一旦受理控告或者起诉,其裁判范围就必须局限于起诉书所载明的人和事,不能超出检察机关的公诉范围,必须与公诉指向的人和事保持同一,即保证诉审同一性。审判权与检察权相互独立,法院的审判权具有专属性,当法院启动审判程序后,检察机关就不能干涉案件的审

---

[1] [日] 冈田朝太郎口述、熊元襄编:《刑事诉讼法》,上海人民出版社2013年版,第75页。
[2] 陈朴生:《刑事诉讼法实务》(增订版),海天印刷有限公司1981年版,第336页。
[3] 龙宗智:《相对合理主义》,中国政法大学出版社1999年版,第290页。

理和裁决，除非法院的判决错误或者程序非法。通过法院的审理活动，如果认定检察机关指控被告人的罪名成立，法院就会按照检察机关指控的罪名对被告人作出有罪判决，如果罪名不成立，法院则应当作出无罪判决。

第二，公诉权是一项追诉权。公诉机关向法院提出追诉请求必须以犯罪的存在为前提。公诉机关只有经过对案件事实和证据的审查，认为犯罪嫌疑人确实存在刑事法律规定的犯罪行为，才能向法院提出追诉犯罪的请求，要求通过法院的审理活动对被告人的罪行和刑罚加以确定，以行使国家的刑罚权。追诉犯罪不仅是公诉机关的一项权力，而且是其不能任意放弃的法定职责。公诉权的行使必须严格遵守法律，否则就可能涉嫌公诉权的滥用。国家通过对犯罪的追诉进而实现遏制犯罪、恢复正常社会秩序的诉讼目的。对犯罪的遏制必须借助刑罚之力，在刑事司法中，公诉权与刑罚权有密切的联系。公诉权因犯罪的发生而产生，刑罚权的实现依赖于公诉权。

第三，公诉权是一项程序权。这是指公诉权是一项程序性权力，公诉机关只能通过启动程序请求其他专门机关来解决某种实体问题，其自身并不具有实体处分权。公诉机关依照实体法和程序法对犯罪嫌疑人的行为进行评价，是基于对案件实体上的认识对案件做的程序上的处理，并非实体上的处分，不具有认定犯罪嫌疑人犯罪与否的效力，公诉机关更无权对案件中的实质性法律关系作出判定和处置，如判定被告人是否有罪、没收被告人的财产等。公诉权"其中包含的对人的处置和对物的处置，是为实现实体权利判定与处置所采取的临时性措施"[1]。公诉权的行使必须具备一定的诉讼条件，在诉讼条件成就的前提下，才能启动法院实体裁判的程序；公诉权的行使目的是实现实体裁判权，案件的最终实体处理必须由法院来完成。

第四，公诉权是一项专属权。这是指公诉权是法律赋予公诉机关的专门权力，其他任何机关、组织和个人都无权行使。公诉机关在行使公诉权时，不受其他任何机关、组织和个人的干涉。公诉权的专属性并不意味着公诉权可以不受制约，相反，公诉权的专属性更要求公诉

---

[1] 龙宗智：《刑事公诉权与条件说》，载《人民检察》1999年第3期。

机关依法行使公诉权，不能僭越法律授予的权限范围。世界上大多数国家都选择将公诉权赋予检察机关专门行使，我国也不例外。除了少数告诉才处理和不需要侦查的轻微刑事案件采用自诉形式，绝大多数刑事案件均由检察机关提起公诉。当然，有一般性就有特殊性，世界上也有一些国家的选择比较特殊，如英国，它的控诉权就并非专属于检察机关，公民个人、警察和检察机关都享有对犯罪的控诉权，只是控诉的范围不同而已。

二、公诉权的分类

为了深入了解公诉权，有必要从理论上对公诉权进行分类研究。一般认为，根据不同的划分标准，公诉权可以分为形式公诉权与实体公诉权、抽象公诉权与具体公诉权、积极公诉权与消极公诉权、裁量性公诉权与非裁量性公诉权等。

（一）形式公诉权与实体公诉权

形式公诉权是指请求法院进行刑事实体性裁判的权力，而实体公诉权是请求法院对诉讼对象进行有罪判决的权力。[1] 实体公诉权伴随着犯罪行为的发生而产生，这是一种实体性权力，其目的在于保护刑法所确立的社会秩序和法律利益。[2] 在诉讼活动中，形式公诉权受制于实体公诉权。实体公诉权是形式公诉权提起的内在根据。在诉讼实践中，公诉机关只有确信存在实体公诉权时，才会积极地行使公诉权。作为一项程序性权力，形式公诉权的提起同样需要具备一定的形式要件。与形式公诉权相比，实体公诉权的存在是关键，它是公诉机关能否胜诉的前提。为保证实体公诉权的正当行使，必须对形式公诉权进行科学的制度设计。比如，为了防止实体公诉权的滥用，许多国家在本国的诉讼制度中都规定了公诉审查制度，由专门的审查机构对案件进行审查，将不符合提起公诉条件的案件拦截在法庭审判之外。

---

[1] 王新环：《公诉权原论》，中国人民公安大学出版社2006年版，第2页。
[2] 宋英辉、吴宏耀：《刑事审判前程序研究》，中国政法大学出版社2002年版，第286页。

(二) 抽象公诉权与具体公诉权

抽象公诉权是指存在于法律层面的静态的公诉权。抽象意义上的公诉权并不针对具体的诉讼对象，而是用于说明公诉权的行使主体。[1] 例如，"检察机关对刑事公诉案件有公诉权"就是对抽象公诉权的表述。抽象公诉权仅明确公诉机关与其他法律主体之间的权力分配关系，只有依法享有抽象公诉权的主体才能对实施犯罪行为的特定公民提起公诉。但是，抽象公诉权必须凭借具体公诉权才能发挥其功能。具体公诉权就是检察官对某一特定对象实施公诉，提请法院审判的权力。具体公诉权是指公诉机关针对具体的个案所享有的动态的公诉权。[2] 具体公诉权是就具体案件而言的公诉权，是抽象公诉权的现实化。具体公诉权的行使必须具备基本的诉讼条件，如犯罪事实的发生，犯罪者应当承担刑事责任，等等。当诉讼条件成就时，具体公诉权的价值才可能实现。

(三) 积极公诉权与消极公诉权

积极公诉权，即狭义的起诉权，是指启动审判程序并积极地推动诉讼向前发展的公诉权。该权力具体表现为："提起公诉、支持公诉、变更公诉（包括变更指控、撤回指控、追加指控等内容）、抗诉等推进诉讼活动的控诉性诉讼行为。"[3] 消极公诉权是指消极公诉层面上的不起诉权和撤销案件权。积极公诉权和消极公诉权体现出公诉机关对案件的不同处理方式。在案件不具备法定起诉条件的情况下，检察官必须行使消极公诉权，放弃起诉或撤销案件；在案件具备法定起诉条件的情况下，检察官应当行使积极公诉权，提起指控。积极公诉权意味着诉讼活动积极向前推进，如果公诉权被滥用，意味着无罪的人有可能受到法院的审判，并面临被追究刑事责任的危险；消极公诉权很重要的特征就是不起诉，即检察机关在审查起诉阶段作出不将案件提交法院审判的处理决定。消极公诉权如果适用得当，将会产生及时保护被追诉人合法权益的效果；而如果检察机关滥用消极公诉权，就会导致犯罪分子被放纵，正常的社会秩序遭到破坏。检察机关选

---

[1] 宋英辉、吴宏耀：《刑事审判前程序研究》，中国政法大学出版社2002年版，第287页。
[2] 宋英辉、吴宏耀：《刑事审判前程序研究》，中国政法大学出版社2002年版，第287—288页。
[3] 宋英辉、吴宏耀：《刑事审判前程序研究》，中国政法大学出版社2002年版，第288页。

择行使积极公诉权还是消极公诉权并不能依其意志随意而为，必须以法律为基础，在尊重事实和法律的基础上，作出合理、合法的选择。

（四）裁量性公诉权与非裁量性公诉权

"从法理上分析，公诉权可以其能否裁量行使为标准，分为裁量性公诉权与非裁量性公诉权。"[1] 裁量性公诉权是指法律允许裁量行使的公诉权，即在符合提起公诉条件的情况下，公诉机关也可以斟酌是否行使公诉权。而非裁量性公诉权则是指不允许公诉机关享有任何的裁量权，只要符合法律规定的条件，公诉机关就必须依照法律规定提起公诉或者依照法律规定放弃追诉，没有其他选择。比如，我国《刑事诉讼法》（2018年修正）第177条第2款规定的酌定不起诉就是裁量性公诉权，根据该条规定，检察机关对于法律规定的轻微犯罪案件，可以裁量行使其公诉权，作出是否提起公诉的决定。而我国《刑事诉讼法》第177条第1款规定的法定不起诉就是非裁量性公诉权。依据该条款，犯罪嫌疑人没有犯罪事实，或者有《刑事诉讼法》第16条规定的情形之一的，检察院应当作出不起诉决定，没有其他选择，否则就是滥用公诉权。与非裁量性公诉权相比，裁量性公诉权具有更大的灵活性，公诉机关可以根据案件具体情况作出处理决定；而非裁量性公诉权则强调起诉的原则性和慎重性，不允许公诉机关进行任何的灵活处断，必须严格按照法定条件对案件进行处断。两种公诉权各有优劣，非裁量性公诉权虽然欠缺灵活性，但是能保证案件处断的统一，不容易发生差别对待的问题。而裁量性公诉权虽具有灵活性，但是如果欠缺合理的制度制约，容易发生公诉权的滥用。目前，世界上许多国家都面临着案件数量激增的问题，非裁量性公诉权虽然易于保证案件的公正和统一处理，但是难以满足现实司法实践的需要。因此，多数国家都选择赋予本国检察机关裁量性公诉权，裁量性公诉权在公诉机关所行使的权力中占据着越来越重要的位置。

三、公诉权的权能

公诉活动是刑事诉讼活动中不可或缺的重要环节，"公诉程序是侦查和

---

[1] 周长军等：《刑事裁量权规制的实证研究》，中国法制出版社2011年版，第48页。

审判的连接点,可以说公诉的状态决定了整个刑事司法的状态"[1]。公诉活动如何进行直接受制于该国对公诉权的配置,不同的公诉权配置使得各国的公诉活动呈现出不同的特征。一个国家如何配置公诉权与该国的法律传统和价值观,以及现实需要有很大关系。"公诉权应被赋予多大权能,不仅涉及国家权力与公民权利的关系以及刑事诉讼的模式,而且关系到刑事诉讼惩罚犯罪与保障人权的平衡与实现。"[2] "世界上多数国家的公诉权包括审查起诉权、决定起诉和不起诉权、公诉变更权、出庭支持公诉权和抗诉权。公诉变更权一般包括撤回起诉、追加起诉、补充起诉、变更起诉等权力。"[3] 而在我国,检察机关根据《刑事诉讼法》及相关法律规定,享有包括起诉权、支持公诉权、公诉变更权、量刑建议权、不起诉权、上诉(抗诉)权等多项权能。

(一) 起诉权

起诉权是指公诉机关对侦查终结的刑事案件进行审查后,决定将案件提交法院进行审判的权力。在刑事诉讼活动中,起诉权是一项非常重要的权能。起诉权连接侦查权和审判权,承上启下,保证整个刑事诉讼活动的顺利运转。刑事案件经侦查机关侦查终结进入公诉程序,公诉机关对侦查的成果和质量进行检验,认为案件符合提起公诉条件的,则将案件提交法院。公诉对于刑事案件的正确处理具有重要意义,通过诉审分离、相互制约,从程序上和实体上实现对案件的公正审理。从程序上来看,随着公诉的提起,案件被提交至法院。经过法院审查后[4],被告人才能获得正式审判的地位,国家对犯罪的追究和制裁才能实现。

依照我国《刑事诉讼法》的规定,检察机关是在我国刑事诉讼活动中拥有起诉权的主体,公民个人仅对《刑事诉讼法》规定的刑事自诉案件享有起诉权。在英国,由于其传统上实行私诉,所以在1986年以前,警察实际上负责大多数刑事案件的起诉工作。警察的指控被认为属于私人指控。

---

[1] [日] 田口守一:《刑事诉讼法》(第5版),张凌、于秀峰译,中国政法大学出版社2010年版,第122页。
[2] 朱孝清、张智辉主编:《检察学》,中国检察出版社2010年版,第379页。
[3] 朱孝清、张智辉主编:《检察学》,中国检察出版社2010年版,第8—9页。
[4] 我国的立法保留了法院在开庭审理之前对提起公诉的案件进行程序审查的权力。在有些国家,如日本,检察官提起公诉直接启动案件的审判程序,无须经过法院的审查。

1985年5月《犯罪起诉法》的通过标志着英国的起诉制度发生了重大变革。根据该法规定，自1986年1月1日起，在英格兰和威尔士地区，警察在案件侦查终结后，认为应当起诉的，必须移送检察机关，由后者决定是否提起公诉。[1] 在美国，传统上是由大陪审团负责决定是否提起公诉。但是根据联邦最高法院判例，该项制度并不适用于各州。在美国，有半数的州实行检察官起诉制，即检察官履行起诉职能。而在联邦和另外半数的州，检察官只对轻罪案件负责起诉，重罪案件则应被告人要求由大陪审团决定是否起诉。[2] 大陆法系国家实行职权主义诉讼模式，一般都注重国家职权作用的充分发挥，因而通常都由检察机关行使起诉权。如大陆法系的德国和日本，都只有检察机关有权对刑事案件提起公诉。法国的起诉制度相当复杂，预审法官、检察官、上诉法院起诉审查庭、某些特定的行政部门分别负责特定案件的起诉工作。而对于重罪案件的起诉，法国实行两级预审制，实际上是由预审法官和上诉法院起诉审查庭共同决定案件是否起诉。[3]

（二）支持公诉权

支持公诉权是指公诉机关以国家公诉人的身份出席法庭，支持对被告人的指控，要求被告人承担刑事责任的权力。一般而言，公诉机关提起公诉是因为其认为被告人违反刑法之规定，应当接受刑罚处罚。但是公诉机关不享有最终的判决权。被告人究竟是否构成犯罪及应当给予何种刑事处罚，依法需要由法院通过审判确定。公诉机关派员出庭支持公诉，其目的就在于：一方面，在法庭上充分运用证据说服法官相信起诉书指控的犯罪事实，从而追究犯罪人的刑事责任；另一方面，公诉机关通过出庭支持公诉又能够对审判进行监督制约。在我国，检察机关承担提起公诉职能，同时检察机关又是法律监督机关，有权对庭审活动的合法性进行监督，如果发现法院的审判活动违反了法律规定，检察机关有权指出并要求法院纠正。支持公诉权也是世界各国公诉机关共有的权力：英国的检察官接到法院通知后有出庭支持公诉的权力；美国的检察官有代表政府出庭

---

[1] 宋英辉、吴宏耀：《刑事审判前程序研究》，中国政法大学出版社，第299页。
[2] 宋英辉、吴宏耀：《刑事审判前程序研究》，中国政法大学出版社，第300页。
[3] 宋英辉、吴宏耀：《刑事审判前程序研究》，中国政法大学出版社，第300—301页。

支持公诉的权力；德国和法国的检察官有出席法庭审判并支持公诉的权力。

（三）公诉变更权

公诉变更权是指公诉机关对于已经提起公诉的案件，在法院作出判决前，享有改变、撤回或追加控诉的权力。常见的公诉变更权包括公诉改变、公诉撤回和公诉追加三种情况。世界各国大都在不同程度上对本国刑事司法制度中的公诉变更权作出规定。比如，《美国联邦刑事诉讼规则和证据规则》第48条对撤销起诉作出了规定。[1] 在德国，检察官提起公诉后，有权变更公诉内容。德国《刑事诉讼法》第266条对追加控诉进行了明确规定。根据该条文的规定，如果案件已经被检察机关提交审判，案件处于审判过程中，检察官可以口头提出追加起诉，前提条件是法院对检察机关追加的罪行享有管辖权，并且法院裁定准许检察机关追加起诉。公诉变更权是检察机关公诉权不可分割的重要组成部分，检察机关公诉变更权的行使有助于检察机关及时纠正错误或者弥补已经提出的公诉之不足，以保证公诉职能的公正履行。但是公诉变更权的行使必须满足一定的条件，并且对该条件严格限制，以保证公诉权的严肃行使。

公诉权毕竟是检察机关代表国家行使的一项专门权力，具有严肃性。一旦确定了向法院提起指控的内容后就不能轻易地进行变更，否则有失司法的威严。但是特殊情况下，由于多方面因素，检察机关的指控可能发生错误或者需要进行补充，的确有进行变更的需要，如果坚持错误的指控必然会造成严重的后果，在这种情况下，公诉变更权又是检察机关必不可少的一项权力。因此，公诉变更权有存在的必要，但是又不宜频繁适用，只有在确有必要的情况下才能行使。而且在行使公诉变更权时要以符合法律的规范要件以及不损害相关当事人的合法利益为前提条件，唯有如此，才

---

[1]《美国联邦刑事诉讼规则和证据规则》第48条规定："总检察长或联邦检察官经法庭许可，可以撤销大陪审团起诉书、检察官起诉书或控告书，终止起诉。在审判期间，未经被告人同意，不可以撤销。如果在向大陪审团提交指控，或者对已经在地区法院接受询问的被告人发出检察官起诉书时存在不必要的迟延，或者如果在将被告人交付审判时存在不必要的迟延，法庭可以撤销大陪审团起诉书、检察官起诉书或控告书。"参见《美国联邦刑事诉讼规则和证据规则》，卞建林译，中国政法大学出版社1996年版，第88—89页。

能确保公诉变更权的良性运行。

（四）量刑建议权

量刑建议权是指在刑事诉讼中，公诉机关就被告人应当被判处的刑罚向法院提出建议的一项权力。量刑建议权既是检察机关的一项权力，又是检察机关的一项法定职责。量刑建议权的行使有助于检察机关更充分地反映其公诉意见，履行提起公诉职责。两大法系由于历史文化传统的不同，对量刑建议的规定也不尽相同。在英美法系国家，量刑程序与定罪程序有清楚的划分。在法庭确定被告人有罪后，检察官可就被告人的量刑向法官提出建议，法官可以根据检察官提出的量刑建议对被告人进行量刑。但最终的量刑决定权在法官手里，检察官提出的量刑建议只是参考，对法官的量刑不能产生拘束力。检察官是否提出量刑建议或者对什么类型的案件提出量刑建议，并没有明确的限定，而是由检察官根据案件情况自行决定。在大陆法系国家，定罪程序与量刑程序没有截然分开，检察官的量刑建议贯穿于整个审判过程中。比如，在德国，检察官的量刑建议既体现在法庭审理阶段，也规定在具体的处罚令程序中。检察官可以提出书面量刑建议，法官或陪审法庭依据检察院的书面申请，可以不经审判而以书面处罚令的形式确定对被告人的刑事处罚。[1] 至于量刑建议的效力，各国都遵循一个原则，即不对法官产生拘束力。法官是否接受量刑建议取决于检察官的执法水平，法官往往会考虑有经验的检察官提出的量刑建议。但如果检察官认为法官的量刑畸轻畸重，也可以上诉。

我国刑事审判中定罪程序和量刑程序也没有明显的界限，即使2012年《刑事诉讼法》修正后庭审模式发生了变化，也依然更多地体现出大陆法系的庭审特色，定罪程序明显在整个审判程序中占有较大的比重，量刑程序几乎被忽视。随着认罪认罚从宽制度在2018年《刑事诉讼法》中确立，量刑建议成为检察机关提起公诉的硬性要求，但是也只针对认罪认罚案件。检察机关的量刑建议也并没有作为检察官提起指控的硬性指标，是否提出量刑建议都由检察官自行决定。笔者认为，检察机关提出量

---

〔1〕 蔡巍：《检察官自由裁量权比较研究》，中国检察出版社2009年版，第62页。

刑建议有助于法官全面掌握案情，也有助于法官公正裁决。因此，应鼓励检察官在司法实践中使用量刑建议权，这也是检察官表达其公诉意见的补充方式。

（五）不起诉权

不起诉权是指公诉机关根据法律规定，认为案件不符合起诉条件或不适宜起诉，从而决定不将案件移送法院审判的权力。从各国法律规定来看，各国检察官或检察机关都有不起诉权，只是不起诉权在各国的适用范围和行使方式不同而已。[1] 例如，英国的检察官对不构成犯罪的案件或不需要判刑的案件拥有决定不起诉的权力；美国检察官对不符合起诉条件的案件，有权决定不起诉；在法国，根据刑事诉讼法的规定，检察官对不构成犯罪的案件有决定不起诉的权力；日本的检察官对不构成犯罪或不应判处刑罚的案件有决定不起诉的权力。检察机关通过行使不起诉权，可以使一部分案件在起诉阶段终结，从而减轻了讼累，节约了司法资源，有利于提高诉讼效率。

（六）上诉（抗诉）权

上诉（抗诉）权是指公诉机关如果认为法院的判决有错误，可以要求法院对案件进行重新审判的权力。各国检察机关一般都享有上诉（抗诉）权。如英国和美国的检察官都有权对法院的判决提出上诉。大陆法系的德国和日本也拥有对法院的判决提出上诉的权力。德国的检察官对法院的判决享有广泛的上诉权，如果检察机关不服上诉审法院作出的判决，还可以就判决中的法律问题二次上诉。在日本，检察官有多种上诉途径——控诉、上告和抗告三种形式，如果检察官认为法院的判决有错误，无论是事实错误还是法律适用错误或者是二者皆有之，检察官原则上都有权提出上诉。法国的检察官对法院的刑事判决同样享有广泛的上诉权，有权对轻罪法院、违警罪法院作出的未生效判决向上级法院提出上诉。

根据以上对部分国家公诉权内容进行的分析，可以看出，英美法系国家与大陆法系国家在公诉权的内容设置上虽有差异，但是基本内容仍属一

---

[1] 邓思清：《检察权研究》，北京大学出版社2007年版，第58页。

致。我国公诉权的内容设置与上述国家的规定总体上保持一致。

四、公诉权的行使原则

公诉权的行使原则是指检察机关行使公诉权必须遵守的基本准则。公诉权的行使原则指导公诉权的运行，决定公诉权的运行路径，体现了公诉权的价值追求。基于公诉权相通的内在属性，不同国家公诉权有相同的行使原则；由于各国国情、历史和社会发展状况不同，公诉权的行使原则在不同时期、不同国家有时又表现出不同的特点。在此，笔者将公诉权的行使原则分为两类：一类是宏观、抽象、共通的行使原则；另一类是微观、具体、差异的行使原则。

（一）公诉权行使的通行原则

公诉权行使的通行原则是指对公诉权行使具有普遍指导意义和规范作用的基本行为准则。本书在此处介绍的原则并非公诉权的专有原则，这些原则既适用于指导公诉权的运行，也是其他诉讼活动需要遵守的准则。但是由于这些原则与公诉权的行使有密切联系，此处将其作为公诉权行使的通行原则进行介绍。

1. 法治原则

法治相对于人治而言，代表着法的统治，是现代国家和社会发展的必然选择。法治包括两层含义：形式意义上的法治和实质意义上的法治。形式意义上的法治强调法律内容之完备，要求制定系统完备的法律制度，这是法治的前提；实质意义上的法治强调"以法治国"，是指国家事务制度化、法律化，严格执法、公正司法。法治原则贯穿于治国的方方面面，检察机关的公诉活动是一国司法活动的重要组成部分，必然贯彻法治原则。法治原则对公诉权的行使提出两项要求：第一，建立完善的有关检察权行使的法律制度。"系统完备的法制是指建立一个部门齐全、结构和谐、体例科学的法律体系。这是法治的象征和法治运作的前提条件。"[1] 第二，严格依法公正地行使公诉权。严格公正执法是实现法治的重要保障，也是

---

[1] 邓思清：《检察权研究》，北京大学出版社2007年版，第92页。

法治的基本要求。只有现实地适用法律，法治才有可能实现。公诉权与公民的切身利益息息相关，它是保护公民权利、实现社会正义的有力武器。公诉权用之不当，就会损害公民的合法权益，损害司法的权威。公诉权的行使一定要谨慎，要严格依法适用。

"在某种意义上，法治就是程序之治。"[1] 公正合理的程序不仅有助于实现实体公正，还有助于增强司法的公信力和权威性；离开程序规范的公诉权将会演变为专断性的绝对权力，难以保证司法的独立和公正。检察机关在行使公诉权时，必须遵守法律的明确规定，不得超越法律的授权。这既是检察机关职责之所在，也是法律的要求。检察机关本来就是实现法律正义的机关，更有义务带头遵守法律。程序正当是保障实体公正的手段，公诉权的程序正当主要体现在两方面：其一，检察权是程序性权力，这决定了检察权是贯穿刑事诉讼全过程的唯一权力，而且检察权的本质在于以程序性的追诉权（或回复权）来追求实体权的实现。[2] 在刑事诉讼过程中，检察机关是代表国家行使公诉权的权力主体，应当严格依照程序法的规定运作。其二，公诉权的行使应当贯彻正当程序理念。检察官的一个关键职能，乃负责第一线的把关工作。所以检察官的把关角色相当重要，不当运用可能会压缩法官独立审判的空间，这可以说是与控诉原则相生相随的危险，也是采行法定原则，科予检察官法定性义务的原因所在。[3]

2. 公正原则

公正是司法的终极目的，是司法活动的本质要求。公诉活动作为司法活动，必然离不开公正的目标。衡量案件是否公正通常从实体公正和程序公正两方面入手。检察机关在行使公诉权时遵守的公正同样体现在实体公正和程序公正两个方面。实体公正的实现以检察机关准确及时地查明案件事实为前提，案件事实的准确查明是检察机关作出正确处理决定的重要依据。正确地适用法律是实体公正的又一重要体现。检察机关在公诉活动中必须正确地适用实体法。错误地适用法律，将会导致对案件的错误处理。检察机关在行使公诉权时，应严格按照法律规定的程序。同时，在司法实

---

[1] 张文显：《司法的实践理性》，法律出版社2016年版，第97页。
[2] 邓思清：《检察权研究》，北京大学出版社2007年版，第85页。
[3] 林钰雄：《刑事诉讼法》（上册 总论编），中国人民大学出版社2005年版，第104页。

践中，检察机关还应保护各个诉讼参与人的诉讼权利，及时告知诉讼参与人享有的诉讼权利，为诉讼参与人行使诉讼权利提供必要的便利条件。

3. 依法独立原则

依法独立是司法公正的重要保障，独立行使司法权是各国司法制度普遍认可和确立的基本要求。检察机关在行使检察权时应当保持一定的独立性。检察权的独立性意味着检察机关依照法律规定独立行使检察权，不受任何行政机关、社会团体和个人的干涉。但这种独立并不是绝对独立，而是相对独立。检察权的独立行使不能脱离法律的框架，不能摆脱党的领导。在我国，检察机关是在党的领导下依法独立行使检察权的，党对检察机关的领导主要体现在政治思想和方针政策方面，而不是对具体案件的指导。检察机关必须在党的领导下行使检察权，还要接受人大及其常委会的监督。检察机关依法独立行使检察权有三层含义：第一，检察机关独立行使检察权是指，检察机关行使职权不受行政机关、社会团体和个人的干涉。第二，检察机关独立行使检察权是指，检察机关在行使检察权时必须严格遵守宪法和法律的各项规定。第三，检察机关依法独立行使检察权，并不是指检察官独立行使检察权，而是指检察机关作为一个整体独立行使检察权，并且由检察机关集体对检察权的行使负责。[1]

4. 诉讼经济原则

随着司法资源的有限性与社会需求无限性之间的矛盾凸显，面对日益攀升的犯罪率，各国开始寄希望于赋予检察机关起诉裁量权以实现诉讼效益的最大化。20世纪70年代，以理查德·艾伦·波斯纳（Richard Allen Posner）为代表的经济分析法学在美国兴起，该方法随之被运用于法学实践，成为现代诉讼活动的一项原则。诉讼经济原则的实质是提高诉讼的投入与产出比，其目标是降低诉讼成本、提高诉讼效率。在刑事诉讼活动中，要实现诉讼经济原则。一方面，诉讼经济原则要求降低诉讼成本。这就需要合理配置司法资源，最大限度地提高司法资源的利用率，而并非单纯地降低司法资源的投入。司法资源的投入与一国对司法资源的需求本应成正比，但由于一国司法资源的投入是有限的，无法满足全部司法需求，因此从诉讼经济原则出发，司法机关应尽量在总量保持不变的情况下，合

---

[1] 参见卞建林主编：《刑事诉讼法学》，中国政法大学出版社2012年版，第75—76页。

理地配置司法资源，以最大限度地提高司法资源的使用效益。在司法资源紧张的情况下，如果对所有案件平均分配司法资源，要求每一起案件都完整地经历侦查、起诉和审判三个诉讼阶段，既会浪费司法资源，也不利于案件的公正审理。正因如此，现代法治国家往往在诉讼活动中实行程序分流机制：对简单的案件采用简易程序加快案件的办理；对复杂的案件投入较多的人力和物力，通过普通程序加以审理。

另一方面，诉讼经济原则要求提高办案效率。这就要求在同等的诉讼成本下更多的案件能够得到快速处理，减少案件的积压。提高办案效率需要两方面因素紧密配合：一是办案人员。提高办案效率要求配备高素质的审判人员，他们不仅要具备较高的办案素养，也需要具备敬业的职业情操。二是制度。没有良好的制度作保障，素质再高的人员也无法实现其远大的目标。只有建立合理的办案制度，方能保证案件的高效处理。合理的办案制度既要有利于激励法官的工作热情，又要能保证案件的公正审理。否则，只强调法官加快办案进度，却不能保证审判质量，最终的结果也只能是欲速则不达。我国一系列司法改革都体现了诉讼经济原则，比如，刑事速裁程序改革，认罪认罚从宽制度。适用速裁程序的案件，其法庭审理程序被大大简化，庭审节奏加快。

（二）公诉权行使的具体原则

公诉权行使的具体原则是指仅适用于国家专门机关在行使公诉权时遵循的原则，体现了不同国家、不同历史时期的基本价值。这些原则主要包括国家追诉原则、起诉书一本主义原则、起诉法定原则、起诉便宜原则。

1. 国家追诉原则

国家追诉原则又被称为起诉垄断原则或起诉独占原则，是指刑事案件的起诉权由国家垄断行使，其他任何机关和个人都无权行使对案件的起诉权。公诉机关是否提起公诉，不以被害人的意志为转移。世界上许多国家的宪法或刑事诉讼法都规定了国家追诉原则，日本就是实行国家追诉原则的代表国家。[1] 国家追诉原则是对犯罪本质认识的不断深化和国家权力强化的结果，也是诉讼历史发展的必然要求。由国家统一行使追诉权，可以

---

[1] 日本《刑事诉讼法》第247条规定："公诉，由检察官提起。"

避免私人起诉带来的滥诉弊端，保证全国范围内追诉标准的统一，有利于公平地行使追诉权。同时，由国家作为追诉机关能保证司法资源的投入，弥补被害人及其亲属可能无力追诉的缺陷。国家追诉能保证追诉手段和措施的充分、有效使用，有利于准确、及时地查明犯罪、追究犯罪和惩罚犯罪。

2. 起诉书一本主义原则

起诉书一本主义原则又被称为唯起诉书主义原则，是指公诉机关在提起公诉时，除起诉书外，不得附带提出任何可能使法官对案件产生预判的文书或证物。日本是实行该原则的代表国家。日本《刑事诉讼法》第256条第6款规定："起诉书，不得添附可以使审判官对案件产生预先判断的文书和其他物品，或引用该文书内容。"日本的田口守一教授认为："通过起诉书一本主义，其一排除了法官的先入观念，'公平的法院'得以实现；其二法官没有事先接触证据的机会，因此就不得不将证据调查的主导权交给当事人。"[1] 起诉书一本主义的最大优点就在于可以防止法官庭前预断，确保案件审理的公平公正。许多国家正是认识到了这一点，纷纷运用该原则设置了相应制度，这一原则在世界范围内产生了深远影响。

3. 起诉法定原则

起诉法定原则是指，只要犯罪嫌疑人符合起诉的法定条件，公诉机关就必须提起公诉，排除公诉机关根据案件具体情况对起诉与否进行裁量的权力。"起诉法定原则以刑法上的报应刑思想为理论依据，是罪刑法定、有罪必罚等刑法基本原则在刑事诉讼程序中的具体体现。"[2] 起诉法定原则是刑事诉讼必须遵循的基本原则，实行起诉法定原则有助于国家刑罚权的实现，防止公诉权被滥用，保证追诉的公平性和平等性；有助于在对犯罪进行追诉的问题上统一标准，维护法制的统一，保障有效地追究犯罪；对于公诉机关积极履行职权，避免追诉犯罪时受到非法干扰和不当影响具有积极意义。但是，严格的起诉法定原则本身也存在许多难以弥补的缺陷，比如，难以发挥刑事政策对犯罪嫌疑人的作用。有罪必诉、有罪必罚的良好愿望在实际上未必能完全实现。犯罪学上的犯罪黑数研究显示，发

---

[1] [日] 田口守一：《刑事诉讼法》（第5版），张凌、于秀峰译，中国政法大学出版社2010年版，第164页。

[2] 蔡巍：《检察官自由裁量权比较研究》，中国检察出版社2009年版，第39—40页。

生的犯罪永远超过被追诉的犯罪。[1] 过于严苛地贯彻起诉法定原则，实际上会导致大量的案件无法得到及时处理，其结果不是平等与正义，也无法实现刑事诉讼的目的。随着目的刑理论的兴起，绝对的起诉法定原则面临严峻的挑战。由于起诉法定原则已经不能满足对犯罪有效预防的现实需求，绝对的起诉法定原则逐渐被各国刑事诉讼制度所摒弃，起诉便宜原则成为当今世界各国的通行原则。

4. 起诉便宜原则

起诉便宜原则是指，公诉机关并非对一切犯罪都必须提起公诉，即便具备法律规定的起诉条件，公诉机关仍可斟酌案件具体情况，区别犯罪人及犯罪的具体情况权衡案件是否有追诉的必要，再决定是否起诉。张丽卿教授认为，"所谓便宜原则系指，得不依照法律义务规定，执行刑事诉追机关之公务员（检察官）得为裁量。在此之便宜原则，是指对于可以诉追的犯罪行为之不诉追的决定，亦即，对得诉追的犯罪行为在某些特定条件之下，检察官有裁量的空间；使该犯罪行为就此不再续行刑事诉讼程序，并且不为诉之提起。"[2] 林钰雄教授认为，"便宜原则，是指准许检察官依其'裁量'来决定案件是否提起公诉。亦即，纵使案件合乎起诉要件，检察官也可以依照合目的性的考量，自行权衡案件'宜否'提起公诉"[3]。实行起诉便宜原则意味着，公诉机关在其认为不需要交由法院审判时，可以裁量决定不起诉，表明公诉机关享有是否追诉的裁量权。

自20世纪初期刑罚的目的刑理论取代报应刑理论后，起诉便宜原则逐渐为国际社会所承认。从起诉法定原则到起诉便宜原则，看起来只有两字之差，却经历了相当长的历史时期，起诉制度的变化反映出人们法治观念的进步和对刑罚理念认识的深入，是人类法治观的一次大的进步。但是起诉便宜原则并非完美无缺，"便宜原则的运用可能忽略了个案之间的差异性，让人觉得这种非正式诉讼程序的解决，会让某些社会阶层得到利益，而且，由于欠缺正式的诉讼程序，也损及了被告及被害人正式参与诉讼程序的机会，同时也可能丧失对构成要件透明化及检验的可能性"[4]。正因

---

[1] 林钰雄：《刑事诉讼法》（上册 总论编），中国人民大学出版社2005年版，第48页。
[2] 张丽卿：《刑事诉讼制度与刑事证据》，中国检察出版社2016年版，第54页。
[3] 林钰雄：《刑事诉讼法》（上册 总论编），中国人民大学出版社2005年版，第46—47页。
[4] 张丽卿：《刑事诉讼制度与刑事证据》，中国检察出版社2016年版，第63页。

如此，现代社会实行起诉便宜原则的国家大都会在本国的刑事诉讼制度中规定相应的控制制度，对本国公诉机关的追诉裁量权予以控制。[1]

第二节 公诉裁量权的界定

公诉裁量权是在公诉权基础上产生的一项派生权力，在刑事诉讼运行机制中占据着重要的地位。公诉裁量制度设计的合理化程度直接影响公诉权制度的发展完善。研究公诉裁量制度，首先应对其内涵有充分的认识和把握。

一、公诉裁量权的内涵

"内涵"本来是逻辑学上的概念，是指事物本质属性的总和。公诉裁量权的内涵即公诉裁量权的本质内容是什么。公诉裁量权包含在自由裁量权中，其既具有裁量权的共性，又具有自身特有的属性。

（一）自由裁量权的含义

自由裁量权，指根据具体情况作出决定或裁定的权限，其作出的决定或裁定应是正义、公平、公正、平等和合理的。[2] 对于裁量的概念，行政法领域的学术巨匠肯尼斯·卡尔普·戴维斯（Kenneth Culp Davis）认为："只要公职人员权力的实际界限允许其在可能的作为抑或不作为方案中自由作出选择，那么他就拥有裁量。"[3] 而我国学者王守安则认为，裁量具有三方面的含义：一是必须有法律依据；二是体现为谨慎选择的权力，即

---

[1] 如日本规定了准起诉制度。对于其《刑法》第193条至第196条（滥用职权）和《防止破坏活动法》第45条（公安调查官滥用职权）规定的犯罪进行控告的人，如对不起诉处分不服，可以在法定期间内向作出不起诉处分的检察官提出请求书。检察官认为有理由时，可以提起公诉。检察官坚持不起诉的，由管辖地方法院依法确定是否将案件交付法院审判。决定交付审判的，由法院指定律师公诉。参见宋英辉、孙长永、刘新魁等：《外国刑事诉讼法》，法律出版社2006年版，第622页。

[2] [英] 戴维·M. 沃克：《牛津法律大辞典》，李双元译，法律出版社2003年版，第329页。

[3] 参见 [美] 肯尼斯·卡尔普·戴维斯：《裁量正义——一项初步的研究》，毕洪海译，商务印书馆2009年版，第2页。

裁量权体现为在特定情况下的行为选择权；三是为了实现权力行使的合理性。[1]

综上所述，我们可以发现，尽管中外研究人员对"裁量"的表述不尽相同，但是对"裁量"的看法却大同小异。概括而言，自由裁量权实际上是指行为主体决定进行某一行为或者不进行某一行为的权力。行为主体作出这种选择并非任意的、专断的，而是合法的、合理的，其中每一个可选择项皆是合法的。即使裁量权的行使必须以法律授权为前提，行为主体在行使裁量权时也必须慎之又慎，"要在从规则到裁量的刻度尺上找到最佳的位置"[2]。裁量合理适当，有利于社会公平正义的实现；裁量不当，反而会破坏法制的统一性和损害公民个人的合法权益，无法实现法律规定自由裁量权的目的。

（二）公诉裁量权的概念

在起诉法定基础之上赋予检察机关起诉裁量权是现代公诉制度的显著特征之一。公诉裁量权是公诉机关基于其自由判断而决定是否提起公诉的一项权力，究其本质，公诉裁量权是在起诉法定基础上的一次发展，即使公诉机关拥有裁量权，也并不意味着公诉机关抛弃了起诉法定主义。实际上，公诉机关对于符合起诉条件的一般刑事案件仍然必须提起诉讼，没有任何选择权；此外，在符合法律规定的特定情形下，法律赋予公诉机关对于部分刑事案件的自由裁量权，公诉机关有权对这部分案件选择是否起诉以及如何起诉。

关于公诉裁量权的概念，我国学术界还没有达成完全统一的认识，公诉裁量权概念的学说主要有以下四种：卞建林教授从起诉条件出发对公诉裁量权的概念进行分析，着重强调公诉裁量权的适用范围。"起诉裁量，是指检察机关对于符合起诉基本条件的案件，根据其具体情况和对公共利益的考量，在法律允许的范围内，权衡作出适当的处理。起诉裁量表现为两个方面：一是起诉与否的裁量，即起诉或者不起诉或缓起诉；二是起诉

---

[1] 王守安：《检察裁量制度理论与实践》，中国人民公安大学出版社2011年版，第2页。
[2] [美] 肯尼斯·卡尔普·戴维斯：《裁量正义——一项初步的研究》，毕洪海译，商务印书馆2009年版，第15页。

内容的裁量,即选择起诉或变更起诉"[1]。胡志坚则从证据角度出发来分析公诉裁量权,他认为"公诉裁量权是指公诉机关按照法律的规定,在审查相关案件证据的基础上,就符合法定起诉条件的犯罪嫌疑人是否提起公诉问题进行斟酌、选择进而作出处理决定的权力"[2]。谢小剑在其概念中突出了公诉裁量权的公共利益因素,"公诉裁量权是指按照法律的规定,在审查案件相关证据的基础上,对符合公诉证据条件的案件,进行公共利益考量,对是否起诉犯罪嫌疑人进行斟酌、选择进而作出决定的权力"[3]。王圣扬教授则强调公诉裁量权的选择性,他认为,"公诉裁量,即公诉案件的起诉裁量,是指某些移送审查起诉的案件,虽然经审查有足够证据证明有犯罪事实,且具备起诉条件,但审查机关既可作出提起公诉的决定,也可作出不起诉决定,甚至在决定提起公诉时可以有条件地变更起诉,减轻控诉罪名或刑罚"[4]。

综上所述,可以发现,学者给出的概念虽然在语言表述上不同,但是都包含了两个核心要素,即案件符合法定起诉条件和公诉机关享有选择权力。笔者认为,公诉裁量权是指对于移送审查起诉的案件,公诉机关经审查认为符合起诉条件,但是根据案件具体情况和对公共利益的考虑,在法律授权范围内享有的斟酌决定如何处理的权力。

我国台湾学者张丽卿认为,检察官起诉裁量权可以分为四种情形:微罪不追诉;起诉保留;起诉犹豫;放弃起诉。微罪不追诉,即检察官针对轻微犯罪的犯罪人,认为对其追诉并无公共利益之考量必要,也没有处罚必要,而对犯罪人作出不起诉决定,如德国《刑事诉讼法》第 153 条、第 154 条规定的情形。起诉保留是指在规定的保留诉追期间内,检察官根据犯罪人与被害人之间的和解情况以及缓起诉后的生活行为情况决定是否起诉,如德国《刑事诉讼法》第 153a 条规定的情形。对有些轻微罪虽有追诉之必要,但因被告人已受命令或指令的处罚,不再具有追诉的必要性,

---

[1] 卞建林、李晶:《宽严相济刑事政策下的公诉制度改革若干问题》,载《人民检察》2009 年第 11 期。
[2] 胡志坚:《论公诉裁量权的理性规制》,载《人民检察》2004 年第 10 期。
[3] 谢小剑:《公诉权制约制度研究》,法律出版社 2009 年版,第 31 页。
[4] 王圣扬、李生斌:《中外公诉裁量制度初探》,载《安徽大学学报(哲学社会科学版)》2001 年第 2 期。

则不予追诉。[1] 起诉犹豫是指检察官将缓起诉的犯罪人再交付保护管束，在保留追诉期间内要求犯罪人遵守相关的保护管束规定；如果犯罪人在保留追诉期间内遵守了检察机关对犯罪人的保护管束规定，犯罪人的缓起诉决定将被检察官撤销；如果犯罪人违反了保留追诉期间内的保护管束规定，检察官将对犯罪人重新发动起诉。起诉保留不同于放弃起诉，前者意味着检察官并没有完全放弃对犯罪人的起诉，只是暂时不起诉，检察官最终是否作出对犯罪人的起诉决定，要根据犯罪人在保留追诉期间的表现而定，可以说这是一个"悬而未决"的决定。而放弃起诉则意味着诉讼活动的终结，检察官直接对犯罪人作出不起诉决定。一般情况下，检察官不会重新起诉犯罪人，只有在发生"重大的情事"的前提下，才有可能再行起诉，如日本《刑事诉讼法》第 248 条规定的情形。[2]

笔者以为，起诉裁量权包括提起公诉权、选择起诉权、变更公诉权，变更公诉权又可以包括撤回公诉权、追加公诉权、补充起诉权、改变公诉内容权；不起诉裁量权包括不起诉权、暂缓起诉权。狭义上的公诉裁量权就是指不起诉裁量权。张丽卿教授所指的检察官起诉裁量权的四种类型实际上就是不起诉裁量权，对应我国《刑事诉讼法》及相关司法解释规定的相对不起诉、附条件不起诉及撤回公诉。广义的公诉裁量权包括三个方面的裁量权：第一，在符合立法规定的起诉条件的情况下，公诉机关享有不提起或暂缓提起公诉的裁量权力，即不起诉裁量权；第二，在符合立法规定的起诉条件的情况下，公诉机关享有在起诉对象、起诉罪名和要求被控方承担的刑事责任方面进行裁量的权力，即选择起诉裁量权；第三，公诉机关享有在提起公诉之后撤回公诉或变更起诉事项的裁量权力，即公诉变更裁量权。本书采用广义的公诉裁量权概念。

二、公诉裁量权的特性

公诉裁量权的特性是指公诉裁量权区别于其他公权力的特有属性。关

---

[1] 宋英辉、孙长永、刘新魁等：《外国刑事诉讼法》，法律出版社 2006 年版，第 395 页。
[2] 参见张丽卿：《刑事诉讼制度与刑事证据》，中国检察出版社 2016 年版，第 55—56 页。日本《刑事诉讼法》第 248 条确立了起诉便宜原则，规定"根据犯人的性格、年龄及境遇、犯罪的轻重及情节和犯罪后的情况，没有必要追诉时，检察官可以不提起公诉"。

于公诉裁量权的特性，主要表现在以下三个方面。

（一）公诉裁量权具有公权力属性

公诉裁量权是国家公诉机关根据案件具体情况裁量决定是否提起公诉的权力，究其本质仍然属于公诉权的组成部分。公诉权具有国家公权力性质，检察机关行使公诉裁量权代表的是国家意志，而非检察机关或检察官个人的意志。公诉裁量权的本质仍然是国家对犯罪人发动的追诉，追诉的前提与公诉权的行使前提一样，仍然是国家对犯罪的追诉权。公诉裁量权行使的前提条件必须是犯罪行为客观存在，检察机关只有确认犯罪人确实实施了侵害国家和社会利益的犯罪行为，才可以行使公诉裁量权对犯罪人作出裁量决定。检察机关行使公诉裁量权的目的并没有发生任何变化，仍然是追究和惩罚犯罪，恢复被犯罪行为破坏的法律秩序。国家授予公诉机关"裁量权"的目的则是希冀以一种更佳的方式追诉犯罪。所以公诉裁量权的核心仍然是国家公诉权，这一项权力来源于国家法律的授权，公诉裁量权的行使必须以国家法律授权的范围为限。尽管实际行使裁量权的主体是公诉机关，但公诉机关的每一次裁量都代表国家，裁量不当必然会对国家司法权威造成损害，所以对待公诉裁量权必须慎重，它是公诉权行使的一种表现形式，行使不当，给国家和社会带来的危害甚至更严重。

（二）公诉裁量权具有灵活性

公诉裁量权具有灵活性是指只要是在法律授权范围内，检察官可以斟酌案件的具体情况，并在多种处理决定中作出选择：其既可以选择起诉，也可以选择不起诉；既可以选择附条件不起诉，也可以选择不附条件不起诉；既可以在多项犯罪行为中选择起诉，也可以在多名犯罪人中选择起诉；既可以选择以罚金作为不起诉的附加条件，也可以选择以提供社区劳动作为不起诉的附加条件。这种选择性使检察机关行使权力具有了一定的灵活性，检察机关不再完全受到拘束，而是有了一定的选择空间。这种裁量性给予检察官一定的斟酌空间，使其可以充分发挥主观能动性，全面衡量案件中的多种因素，在法律赋予的多种处理方式中挑选最适宜的决定。公诉裁量权的这种灵活性有助于调动检察官的公诉热情，使其权力行使更具有"人情味"，而不显得古板僵化。

（三）公诉裁量权具有法律性

公诉裁量权虽然是一项选择权，更多地表现为公诉机关对具体案件中各方面因素进行的评价和权衡，但是这并不意味着公诉机关的评价和权衡没有任何依据。相反，任何一项权力都必须受到法律的约束，公诉裁量权也是如此。公诉裁量权的法律性主要表现在以下方面：首先，公诉机关的裁量权必须是依法设立的，有明确的法律依据。比如，德国的附条件不起诉制度、处罚令程序，美国的辩诉交易制度都是国家成文法明确赋予检察官的公诉裁量权的体现。其次，公诉机关的裁量权必须依法行使，不能超出法律授权的范围。总之，公诉裁量权在任何情况下都必须在法律授权的范围内行使，遵循立法所规定的裁量权适用范围和行使程序。公诉裁量权赋予公诉机关选择权，使公诉机关有了斟酌、权衡的余地，但公诉机关的裁量权仍然是法律轨道之上的裁量，无论其裁量权的行使还是裁量决定的作出并没有赋予公诉机关法律之外的自由，其一切活动仍必须受到法律的约束。当今世界各国公诉裁量权的司法实践也证明了公诉裁量权仍然是法律之下的权力，其行使程序和适用范围都有明确的法律依据。

三、公诉裁量权的模式

"根据现代汉语习惯，模式是指某种事物的标准形式或使人可以照着做的标准样式。"[1] 刑事诉讼模式，又被称为刑事诉讼构造、刑事诉讼结构、刑事诉讼形式。李心鉴是中国较早对刑事诉讼模式进行深入研究的学者，他认为："刑事诉讼构造是由一定的诉讼目的所决定的，并由主要诉讼程序和证据规则中的诉讼基本方式所体现的控诉、辩护、裁判三方的法律地位和相互关系。"[2] 从刑事诉讼模式的概念可以看出，刑事诉讼模式注重从刑事诉讼的整体框架出发对其内部不同主体的诉讼地位和相互关系进行研究，其关心的是制度的框架设计。研究刑事诉讼模式，有助于我们透过纷繁复杂的制度细节，清楚地把握特定诉讼制度的基本特征。公诉裁量权是刑事诉讼中的一项重要权力，我们可以从其模式出发进行分析研

---

[1] 李心鉴：《刑事诉讼构造论》，中国政法大学出版社1992年版，第2页。
[2] 李心鉴：《刑事诉讼构造论》，中国政法大学出版社1992年版，第7页。

究,由此帮助我们更加全面地认识公诉裁量权,并且从整体上清晰地把握公诉裁量权的运行。

(一) 犯罪控制模式与正当程序模式[1]

犯罪控制模式与正当程序模式的提出与公诉裁量权并无直接联系,但是该模式的提出为后来公诉裁量权的研究者开启了一扇大门,以便我们从模式这个角度对公诉裁量权更好地进行理解和把握。犯罪控制模式与正当程序模式由美国人帕卡于19世纪60年代首次提出,拉开了关于模式问题的论证序幕。李心鉴博士在《刑事诉讼构造论》中共介绍了五组有关模式的学说:犯罪控制模式与正当程序模式;职权纠明模式与当事人抗争模式;弹劾模式与纠问模式;争斗模式与家庭模式;阶层模式与同位模式。但这些模式中,帕卡提出的犯罪控制模式与正当程序模式产生的影响最大。

在帕卡提出该模式前,人们对美国刑事司法制度的基本认识是,整个美国刑事司法程序就像一场战争,国家与被告是敌对的两方,代表国家的司法机关在不遗余力地追逐犯罪,而被追逐的被告一方则想尽办法逃避抓捕。要实现控制犯罪就必须提高案件处理的效率,要维护程序就必须制约权力。在此认识基础上,帕卡提出了彼此对立的犯罪控制模式与正当程序模式。犯罪控制模式主张刑事诉讼程序最重要的机能就是抑制犯罪,即维护公共秩序,犯罪行为必须被置于严格的统治之下。因而这一模式强调程序效率,认为多数被起诉的被告事实上是有罪的,主张高效率的检举和有罪判决,如果被检举人不是犯罪的人,就应尽快使被检举人脱离程序,转而迅速地寻找并抓获真正犯罪的人。在起诉问题上,犯罪控制模式主张由检察官决定是否提起公诉,不应由治安法官通过预审程序决定。相反,正当程序模式以个人优先的观念以及为了保障个人权利不受侵犯而对国家权力进行制约的观念为基础,主张限制国家权力,保护被告人的权利。这种模式认为,一个被控犯罪者并非一个犯罪人,与控制犯罪相比,它更关心程序的正当性,主张将被告人的权利置于优先考虑的位置,坚持要求国家在诉讼中必须约束公权力,保护个人的合法权利,不主张在诉讼中强调高效率地控制犯罪。在起诉问题上,主张在起诉前设置一个过滤的程序,由

---

[1] 本部分内容系参考李心鉴:《刑事诉讼构造论》,中国政法大学出版社1992年版。

治安法官进行预审。检察官应提出充分的证据以证明足以起诉被告。[1]

由于犯罪控制模式主张高效打击和惩罚犯罪,检察官提起公诉的过程实质上也是一个犯罪控制的过程。犯罪控制模式主张充分发挥检察机关的公诉职能,赋予检察官广泛的公诉裁量权,使检察官可以有效发挥过滤和筛选案件的职能,通过多种非正式的司法程序加快处理案件的速度,因而检察官得以在犯罪控制模式下拥有更大的公诉裁量权。而正当程序模式推崇程序的正当性,保障被告人的权利,强调不能为了达到发现真实的目的而损害正当程序,注重正当程序的切实执行,设立预审程序对公诉权加以限制,保证程序的正当性。因此,在正当程序模式下公诉裁量权的运行空间被压缩。"帕卡的两个模式理论之间的关系也许可以这样建构:控制犯罪是刑事程序的根本目的,实现这一目的必须通过合理的方式——正当程序来进行。"[2]

帕卡的犯罪控制模式与正当程序模式虽然有其局限性,但是在他所处的年代,提出这样的理论显然功不可没。在帕卡理论的指导下,刑事诉讼的模式理论得到了长足发展。世界各国通过互相借鉴,在设计本国刑事诉讼制度时已经从本国实际出发将犯罪控制与正当程序进行了有机融合。

(二) 操作效率模式、恢复模式和社会公信模式[3]

英国的朱丽叶·方达(Julia Fionda)在帕卡提出的犯罪控制模式和正当程序模式基础之上,继续对公诉裁量权的模式进行了研究,将公诉裁量权的行使模式分为操作效率模式(the operational efficiency model)、恢复模式(the restorative model)和社会公信模式(the social credibility model)。[4]

---

[1] 参见李心鉴:《刑事诉讼构造论》,中国政法大学出版社1992年版,第26—40页。
[2] Andrew Ashworth, *The Criminal Process*, Oxford University Press, 1998, p.27. 转引自张泽涛:《反思帕卡的犯罪控制模式与正当程序模式》,载《法律科学(西北政法学院学报)》2005年第2期。
[3] 本部分内容参见王守安:《检控裁量模式及其适用——关于朱丽叶·方达检控裁量模式理论的介绍及启示》,载《中国刑事法杂志》2005年第2期。
[4] 参见王守安:《检控裁量模式及其适用——关于朱丽叶·方达检控裁量模式理论的介绍及启示》,载《中国刑事法杂志》2005年第2期。

操作效率模式是指以提高诉讼效率和节约司法资源为指导原则建立起来的起诉模式。该模式主张避免繁杂、耗费较多资源的法庭审判,用有限的司法资源去应对不断增加的工作。面对诉讼资源有限和案件数量增长之间不断加剧的矛盾,各国检察机关的公诉裁量权逐渐扩大。20世纪70年代,德国引入起诉便宜原则,荷兰对起诉便宜原则积极意义的解释以及苏格兰对检察罚金的引入,都是检察机关通过操作效率模式行使裁量权的结果。

恢复模式是指检察机关行使自由裁量权时,要以恢复被犯罪行为所破坏的社会平衡为目标。由于犯罪行为的发生,犯罪人与被害人之间的平衡被打破,虽然不可能重建被害人和犯罪人之间的"平等关系",但可以改变由犯罪行为引起的被害人与犯罪人之间的这种不平衡。过去的刑事司法执法活动只着眼于惩罚犯罪,强调在惩罚犯罪的过程中对被告人权利的保护,忽视了对刑事诉讼活动中被害人合法权益的保护。在恢复模式中,检察机关应致力于恢复被害人因犯罪行为所造成的"财产性"伤害,以及恢复被害人与犯罪人之间的"平等关系"。惩罚不是刑事司法的目的,金钱等形式的赔偿和被害人对特定案件处理结果的满意才是最主要的目标。被害人的诉求可以通过检察机关向法庭提出要求或建议来实现,检察机关通常是以要求被告人对被害人进行赔偿,或者向法庭建议对被告人进行补偿性量刑的方式保护被害人的权益。比如在苏格兰,为恢复平衡而特别设计了补偿和调解计划,赋予被害人在案件处理中有意义的角色,从而使案件处理结果有利于被害人。在德国,检察官在一种非常接近于恢复模式的制度中工作,特别是在未成年人犯罪领域。补偿性计划和个别案件的补偿性安排同样适用于整个德国。

社会公信模式是以在刑事诉讼的早期阶段处理轻微犯罪为指导原则,并且以惩罚和制止犯罪为目的而设立的执法模式,类似于帕卡的犯罪控制模式。它是刑事司法制度对公众需求的积极回应,目的在于使公众对刑事司法程序满意,使公众相信刑事司法程序能够保护他们的权利和自由。社会公信模式主张检察官在审前程序中可以履行准司法官职责,对轻微犯罪进行处罚,从而阻止他人实施同样的犯罪,给公众留下维护刑事司法制度的积极形象。运行社会公信模式的代表国家有荷兰等。朱丽叶·方达教授在荷兰、英格兰和威尔士等地调查时发现,公众对犯罪率的看法和被害的程度影响了他们对刑事司法制度的期待。被害人希望看到刑事司法机关对犯罪作出更有力的反应，但并不关注这种反应是否必须为惩罚性的。被害人更关心的是刑事司法制度能否采取积极应对措施控制犯罪。社会公信模式确保尽可能多地处罚犯罪者，同时尽可能地保持惩罚制度的简便和灵活。为了满足社会公众的期望，检察官被赋予直接处理日益增多的犯罪的职责以保护社会公众的财产和他们的人身自由。

为了不增加法院的负担，使进入法庭审理的案件数量保持相对稳定，人们期望检察机关能在起诉阶段直接对轻微犯罪行使处罚权，同时希望检察官对案件的处理更加严厉，以恢复公众对刑事司法制度的信心。比如，德国的处罚令和苏格兰检察罚金的引入，都在一定程度上增加了检察官干预案件的比例，减少了检察官无条件终止案件的数量，重建了公众对刑事司法制度的信心。荷兰在1990年制定了主要适用于轻微犯罪的新的刑事政策，扩大了交易制度的适用范围，将原来直接作不起诉处理的案件交给检察机关以交易的方式在审前阶段处理。其目的就是恢复被害人对刑事司法制度的信心，同时又不增加法院的负担。

（三）自主型裁量与非自主型裁量

以裁量者作出裁量决定是否受到外界干扰为标准，裁量模式可以分为自主型裁量模式和非自主型裁量模式。自主型裁量是指裁量权的行使没有受到任何法外因素的干扰，裁量者完全按照自己对法律、正义等问题的判断作出决定。非自主型裁量是指裁量者在裁量的过程中受到了私利的诱惑、外在社会力量的干扰等不得已作出决定。根据干扰因素的不同，非自主型裁量又可以分为私利型裁量、政策型裁量与压力型裁量。相比而言，由于自主型裁量没有受到外界因素的干扰，裁量者作出的裁量决定更贴近自己的本意，通常对案件的处理决定也更符合法律精神。私利型裁量则与此不同，裁量者的本意很难真正实现，因为，"裁量权的行使渗入了对裁量者个人或者其所在单位的私利的考虑，从而难免以个人标准取代公共法律标准"[1]。政策型裁量是指以实现特定公共政策的裁量。压力型裁量是指在公共舆论的压力下进行的裁量。从理论上讲，我们应当排斥私利型

---

[1] 参见周长军：《刑事裁量权论——在划一性与个别化之间》，中国人民公安大学出版社2006年版，第123—129页。

裁量与压力型裁量，合理地区分妥当的政策型裁量与不妥当的政策型裁量，创造条件鼓励自主型裁量。[1]

其实，完全的自主型裁量是很难实现的，裁量本身就是一个判断和斟酌的过程，避免不了要考虑外在的各种因素。所以非自主型裁量是现实司法实践的常态，而且往往很难区分具体类型，因为各种非自主型因素经常交叉在一起影响裁量者的判断，有时可能是私利起了主要作用，有时可能是压力起了决定作用。立法应对非自主型裁量加强制约，防止出现检察机关被迫裁量和非法裁量的情形。

四、公诉裁量权的价值

任何一项制度只有具备有用性，才有研究的价值和意义。公诉裁量权的价值即公诉裁量权对国家和社会能起到的积极作用。客观分析公诉裁量权的价值，有助于我们全面认识公诉裁量权，从而充分发挥公诉裁量权的制度价值。公诉裁量权的价值主要体现在以下四个方面。

(一) 保证刑事法律的正确实施和案件的公正处理

正常的社会秩序是人民安居乐业的保证，是社会稳定发展的前提。犯罪是对正常社会秩序的严重破坏，对社会和国家利益的严重损害，因此为人们所厌恶、为法律所禁止。为惩罚犯罪，维护正常社会秩序，公诉机关代表国家查明、证实犯罪活动，对犯罪进行追诉。公诉机关对犯罪的追诉事关被追诉人的刑事责任，直接影响被追诉人的人身利益和财产利益，因此，公诉权必须慎重行使、依法行使。公诉制度的基本价值之一就是保证刑事法律的正确实施和案件的公正处理。然而，法律是公正的，但又是滞后的。法律在平等地适用于每一个被追诉对象、实现一种公正的同时，又可能带来新的不公正。社会是复杂和多面的，个案的情况千差万别，即使是相同罪名的案件，其量刑也未必一致，因此，立法者应当授予司法者一定的裁量权，使其可以根据案件的具体情况裁量行事。而公诉裁量权则是法律授予公诉机关的一项重要裁量权力，它使公

---

[1] 参见周长军：《刑事裁量权论——在划一性与个别化之间》，中国人民公安大学出版社2006年版，第132页。

诉机关不再完全拘泥于法律的刻板，而是可以考虑到个案的具体情况灵活便宜地追诉犯罪。公诉权的裁量是在法律规定的范围内便宜处置。公诉裁量权的依法行使是公诉权在实体正义价值上的实现，也是公诉权运行的归宿。

（二）缓解诉讼资源紧张、实现诉讼经济

司法活动是一项耗费巨大的活动，任何一个国家在设计其刑事诉讼制度时都必须考虑司法活动的经济效益问题。20世纪六七十年代以来，犯罪率居高不下，犯罪活动日益复杂化，无论对国家的专门机关还是诉讼参与人而言，诉讼都成了一场"漫长的马拉松"。诉讼拖延带来的不仅是有限司法资源的浪费，更重要的是犯罪嫌疑人长期处于被羁押状态，其法律地位不确定，这对犯罪嫌疑人的合法权益是极大的侵害。英国有句法律格言——"迟来的正义为非正义"，这句话不仅要求最终裁判结果的作出应当及时，还指诉讼中的每一个环节都不应拖延。及时决定起诉或不起诉，不仅有利于维护国家利益，同时也是保护被追诉人合法权益的表现。在这种情况下，以突出诉讼效率为主导的司法改革在各国开展，公诉裁量权被广泛运用于各国刑事诉讼制度中并不断发展。依据刑事案件的具体情况，公诉机关作出灵活处理，对一些罪行轻微的案件作出不起诉的决定，使其不需要经过法院审判，从而减少诉讼环节，缩短诉讼时间，提高诉讼效率。公诉裁量机制的确立有利于弥补起诉法定主义的不足，通过对不同类型的案件进行程序分流从而提高诉讼效益。法国在2004年建立了有罪答辩制度，正是为了通过对轻微以及中等严重程度的案件适用该制度以节约司法资源，减轻审判压力。

（三）化解刑事纠纷、恢复被犯罪者损害的社会秩序

由于被追诉人的犯罪行为损害了国家利益和正常的社会秩序，在刑事诉讼中始终存在国家与被追诉人之间的矛盾。通过公诉裁量制度的适用，一些追诉活动得以在审前阶段终止，对被追诉人而言，这不仅可以减少讼累，降低遭受监禁的风险，免于被烙上犯罪人的印记，而且在很大程度上有利于避免被追诉人与社会之间的对立，使其悔过自新，早日回归社会。日本学者棚赖孝雄指出："就合意的形成而言，只有在当事者的意思渗透到

解决过程和结果的一切方面才具有真正的合理性。"[1] 犯罪行为其实也是一把"双刃剑",既伤害了被害人及其家人,也影响了犯罪人的家人。对犯罪行为的严惩虽然能一时地慰藉被害人及其亲友,但并不能从根本上化解犯罪行为带来的痛苦。犯罪人被判有罪服刑,从表面上看是受到了法律的惩罚,但是,如果犯罪人不能真心悔罪,意识到其犯罪行为带给被害人及其家人、社会的伤害,监禁也难以矫正其犯罪心理,刑罚目的也难以实现。因而,从有利于犯罪人改造、构建和谐社会的角度考虑,刑事司法制度不能仅仅以惩罚和监禁为目的,将犯罪人一关了事,而应该真正改造犯罪人,化解犯罪人与被害人之间的矛盾,使犯罪人从内心意识到其犯罪行为带来的社会危害性,从而积极地用行动、物质等手段补偿被害人,恢复被其犯罪行为损害的社会秩序,而司法机关也可以在法律规定的限度内帮助犯罪人与被害人化解矛盾冲突,如刑事和解就是这样的一种有效途径。[2]

(四) 保障和救济被害人的合法权益

一起刑事案件的发生可能造成多个主体的利益受到损害,其中受到损害最大的莫过于被害人。被害人往往既要承受物质上的损失,还要承受精神上的巨大痛苦。国家通过刑罚可以在一定程度上弥补犯罪对被害人的精神伤害,但是难以足额补偿被害人因犯罪行为遭受的物质方面的减损,例如,家中的经济支柱遭受犯罪行为的侵害导致家庭出现经济困难。从一些国家刑事司法制度的发展变化来看,被害人的利益正在逐渐受到人们的重视。有英国学者认为,恢复性司法理念是现代刑事诉讼中赋予和扩大检察机关起诉裁量权的重要理论基础。[3] 检察机关在行使起诉裁量权时,可以要求被追诉人积极向被害人赔礼道歉、赔偿损失,以换取被害人的谅解,使被追诉人可以获得检察机关在起诉方面的"优惠"。被追诉人通过其积

---

[1] [日] 棚濑孝雄:《纠纷的解决与审判制度》,王亚新译,中国政法大学出版社2004年版,第73页。
[2] 我国2018年《刑事诉讼法》第288—290条对刑事和解作出了规定,犯罪嫌疑人、被告人真诚悔罪,通过向被害人赔偿损失、赔礼道歉等方式获得被害人谅解,被害人自愿和解的,双方当事人可以和解。对于达成和解的案件,对于犯罪情节轻微,不需要判处刑罚的,检察机关可以作出不起诉的决定。
[3] 王守安:《检察裁量制度理论与实践》,中国人民公安大学出版社2011年版,第28页。

极悔罪的态度能得到检察机关追诉方面的"优惠",如不起诉等,因此被追诉人的赔偿意愿比较高;而被害人能及时得到来自被追诉人的赔偿也有利于减少或者化解其与被追诉人之间的对立。我国刑事诉讼法中的刑事和解制度就在一定程度上体现了恢复性司法理念,有利于保障被害人合法权益。同时,为防止检察机关滥用诉权侵犯被害人的合法权益,我国《刑事诉讼法》专门规定了保障被害人合法权益的相应制度,如公诉转自诉制度。[1]

---

[1] 如我国《刑事诉讼法》第180条规定,被害人不服不起诉决定的,可以自收到决定书后7日以内向上一级人民检察院申诉,请求提起公诉。被害人也可以不经申诉,直接向法院起诉。

第二章　公诉裁量权的理论基础

任何权力的来源必须有一定的理论根基，研究理论可以让我们更深刻地理解权力，从而更规范地行使权力。公诉裁量权作为刑事司法实践中一项重要的公共权力，关系到刑事司法活动的顺利进行，影响诉讼活动中多方主体的利益。因此，公诉裁量权必须具有坚实的理论依据，否则就无异于空中楼阁。本章主要从客观义务理论、起诉便宜理论、目的刑理论、刑事谦抑理论、诉讼经济理论五个方面对公诉裁量权的理论基础做介绍。

第一节　客观义务理论

一、客观义务的含义与内容

客观义务起源于19世纪中末叶的德国，并很快为大陆法系国家和英美法系国家所共同认可。检察官客观义务的基本内涵是，检察官在诉讼中不是一方当事人，"而是实现案件真实正义的忠实公仆，在追诉犯罪的同时要注意维护被追诉人的合法权益，无论是有利于还是不利于被追诉人的事实和证据都要关注，在执行职务有偏颇的嫌疑时要依法回避"[1]。检察机关的客观义务主要包括两部分内容：第一，在审前阶段，对证据进行客观全

---

[1] 参见孙谦：《检察：理念、制度与改革》，法律出版社2004年版，第194页。

面的收集和审查;第二,在审判阶段,对案件事实进行客观判断,要求法院判决无罪,或者为被告人提起上诉及再审请求。客观义务是检察官的一项基本行为准则。我国台湾学者林钰雄教授认为,检察官是法律的守护人,亦应为被告人之利益履行职务,不但应一律注意于被告有利及不利之情形,亦得为被告之利益提起上诉,再审或非常上诉。[1] 根据联合国《关于检察官作用的准则》第13条（a）项的要求,检察官应"不偏不倚地履行其职能",其中"不偏不倚"就是中立的体现。[2]

二、客观义务与公诉裁量权的关系

检察客观义务与公诉裁量权有着密切的关系。正是由于检察客观义务的存在,检察机关才被公众信任。而检察机关通过公诉裁量权的行使又可以更充分地发挥其法律守护人的角色,实现案件的公平正义。

（一）客观义务是公诉裁量权的前提和保障

客观义务的存在是检察机关公诉裁量权行使的前提和保障。公诉裁量权并不是天然地属于检察机关,它是随着法治社会的进步、法治理念的更新而出现的。公诉裁量权对检察机关提出了更高的要求和标准,它要求检察机关摆脱单一追诉者的角色,在刑事诉讼活动中能对案件进行全面、客观的审查,在此基础上权衡各方面利益,对被追诉人作出公正的处理决定。正是客观义务的存在使检察官不再被定位为一方当事人,而是准司法官。检察机关的身份决定了其在行使权力时应当从整体利益出发,在考虑国家利益、公众利益的同时,顾及被追诉人的合法利益,并且在诉讼活动中,以公共利益为指引,平衡诉讼活动中的各种权利,全面、客观、公正地审查案件以实现公平正义。在我国,检察机关还是重要的司法机关,司法机关的性质决定了检察机关不能只积极追求胜诉,还应当充当法律守护人的角色。犹如19世纪德国探讨检察官制时的名言:"检察官应担当法律守护人之光荣使命,追诉犯法者,保护受压迫者,并援助一切受国家照料之人民。""（在对被告的刑事程序中）检察官作为法律的守护人,负有彻

---

[1] 林钰雄:《刑事诉讼法》（上册 总论编）,中国人民大学出版社2005年版,第106页。
[2] 陈光中:《论检察》,中国检察出版社2013年版,第499页。

头彻尾实现法律要求的职权。"[1]

（二）公诉裁量权是客观义务的现实履行

检察官形式上是当事人，实质上以守护法制为使命，充当法律的守护人。检察官法律守护人的重要实现途径之一就是行使公诉裁量权。公诉裁量权虽然源于公诉权，但是又不同于公诉权，它使检察机关少了追诉的激情，将自己放在公允、独立的立场上去调查、审查、权衡整个案件，客观综合地评判犯罪人的犯罪情节、犯罪动机等因素。检察机关不再仅仅作为追诉机关出现在法庭上，当检察机关发现被告人无罪时，应当主动向法庭提出来；当检察机关发现法院的判决错误，也负有义务通过救济途径纠正判决。

英美法系国家的检察官在刑事诉讼活动中享有极大的自由裁量权，辩诉交易中检察官享有诉与不诉、诉何种罪名以及减轻量刑、降格指控等广泛的裁量权。自由裁量权是刑事诉讼活动中的一项重要权力，不仅关系到被追诉人的切实利益，也关乎检察机关的司法威信力。法律规定检察机关负有客观义务，就是希望检察机关能全面审查案件的情况，对犯罪嫌疑人、被告人有利或不利的事实和证据都应该被同等对待、认真审查，既要保证客观地追诉犯罪，不放纵犯罪，同时又不能忽视犯罪嫌疑人、被告人在刑事诉讼中的合法权利。可以说，检察机关如同刑事诉讼活动的一个"大管家"，它不同于侦查机关，也不同于审判机关。侦查机关只站在追诉犯罪的立场，快速准确地侦破案件、抓获犯罪嫌疑人是其唯一的目标。而对于法院而言，如何客观公正地审理案件，作出公正的判决是其唯一的目标。检察机关则不同，其在刑事诉讼活动中身兼数职，既要控诉犯罪，查明案件，又不能忽视对被追诉人合法权益的保护，以实现社会效果和法律效果的最佳统一。检察机关行使公诉裁量权是其客观义务的必然要求，而公诉裁量权的正当行使又恰恰体现了检察机关的客观义务。我国检察机关公诉机关和法律监督机关的双重身份，对检察机关包括公诉裁量权在内的职能行使提出了更高的要求。"这一角色定位不仅与'法律守护人'契合，而且比'法律守护人'更要求强化检察官客观义务。"[2]

---

[1] 参见林钰雄：《刑事诉讼法》（上册 总论编），中国人民大学出版社2005年版，第107页。
[2] 朱孝清：《检察官负有客观义务的缘由》，载《国家检察官学院学报》2015年第3期。

第二节 起诉便宜理论

起诉便宜主义是在起诉法定主义的基础上深化和发展起来的，以便使公诉权的运作更加符合刑事诉讼的目的，更加适应刑事政策的要求，重在合目的性、合理性。[1] 在奉行起诉便宜主义的国家，对于已经具备起诉法定条件的案件，检察机关享有根据自己对该案件的理解和判断起诉与否的裁量权。美国、英国、日本、意大利等国都在一定程度上肯定起诉便宜主义。

一、起诉便宜理论的内涵及价值

起诉便宜主义亦可称为起诉合理主义，是起诉法定主义的对称，它是基于刑事政策、诉讼经济原则以及刑事追诉的目的等方面的考虑，而赋予检察官较大的自由裁量权。[2] 起诉便宜主义并不是对起诉法定主义的完全否定，而是对起诉法定主义的继承和发展，反映了人们对起诉理论认识的深化。因此，许多国家在实行起诉法定主义的同时，兼采起诉便宜主义。概括而言，起诉便宜理论的价值主要体现在以下三个方面。

第一，有利于维护公共利益。公诉是检察机关代表国家提起的诉讼，检察机关可以通过对公共利益的考量，从多种起诉方式中选择最有利于实现公共利益的公诉方式，以更好地维护公共利益。

第二，有利于实现诉讼经济。起诉便宜使检察机关对案件起诉有了更大的裁量权，检察机关可以根据案件的具体情况作出不同的处理决定。对于无追诉必要的案件及时作出不起诉决定，对于有追诉必要的案件作出提起公诉的决定。通过对案件的适时分流，减少进入审判程序的案件，节约了司法资源，从而达到了诉讼经济的目的。

第三，有利于实现诉讼公正。诉讼公正不仅指案件实体结果正确无误，更重要的是，应实现社会效果和法律效果的统一。如果完全拘泥于起

---

[1] 卞建林：《刑事起诉制度的理论与实践》，中国检察出版社1993年版，第160页。
[2] 郝银钟：《刑事公诉权原理》，人民法院出版社2004年版，第92页。

诉的法定条件，必然会限制检察机关的手脚，使其难以根据案件的具体情况作出实质公正的处理决定。检察机关实际享有公诉裁量权，使其可以根据案件事实、证据、诉讼参与人和社会秩序等各方面的具体情况，选择更适合案件的处理方法和措施，有利于诉讼公正价值的实现。另外，检察机关通过在起诉阶段适时对案件进行分流，可以大大减少审判机关的工作量，使审判机关可以合理分配审判资源，集中精力审理疑难、复杂、重大的案件，保证案件的审判质量，实现诉讼公正。

二、起诉便宜理论与公诉裁量权的关系

起诉便宜理论是公诉裁量权的直接理论来源，一国采取何种起诉制度与其法律传统、诉讼理念等诸多因素密切相关。对待起诉便宜主义的态度直接决定了该国检察机关享有公诉裁量权的范围。一般而言，英美法系国家奉行起诉便宜主义，大陆法系国家传统上奉行起诉法定主义，检察官对于符合法定起诉条件的案件不加区分，一律提起公诉。因而，大陆法系检察官享有的公诉裁量权范围和程度都远远小于英美法系国家。值得一提的是，自20世纪以来，随着大陆法系观念的变化，检察官公诉裁量权也得到了快速发展，甚至在某些方面超越了英美法系国家。

第三节　目的刑理论

报应是人类社会最原始、最蒙昧的情感，在报应观念影响下，人们以为"以眼还眼，以牙还牙"就是原始的正义观，刑罚被定义为以恶治恶的工具。报应刑罚观其实质就是一种报复观。"报复完全是人类的天性，而且是极其危险的天性，人类往往要在生命和财产上付出高昂的代价。"[1] 报应刑理论认为，刑罚的科处应绝对以犯罪为其法律上的原因，此外绝不应追求任何目的，因而被称为绝对主义。近代的报应刑理论，由康德发其端，经过黑格尔，至宾丁大致完成。[2] 目的刑理论认为，刑罚不是以已然

---

〔1〕 [美] 房龙：《宽容》，胡允恒译，生活·读书·新知三联书店2009年版，第168页。
〔2〕 马克昌：《论刑罚的本质》，载《法学评论》1995年第5期。

之罪为绝对原因而对犯罪人科处的，而是为了预防未然之罪科处的，因而被称为相对主义。目的刑理论强调刑罚权的根据不是对犯罪的报应，而在于刑罚的合目的性。从报应刑罚观到目的刑罚观体现了人们刑罚观念的深刻转变，公诉裁量权的产生和发展在很大程度上与刑罚观念的转变密切相关。

一、目的刑理论的兴起及内容

"任何雄辩，任何说教，任何不那么卓越的真理，都不足以长久地约束活生生的物质刺激所诱发的欲望。"[1] 在物质诱惑面前，总有人冲出个人自由的藩篱而破坏他人的自由。为了个人自由不受侵扰，单个人之间联系在一起出让自己的最少量的自由，这些最少量自由凝结即形成惩罚权。人们依据行为对社会危害性的大小来衡量犯罪行为的严重性，根据法律的设定来实施刑罚。刑罚的存在一定是以行为人的犯罪行为为前提，正如近代刑法学之父费尔巴哈提出的"无法律则无刑罚；无犯罪则无刑罚；无法律规定的刑罚无犯罪"。

目的刑理论与报应刑理论代表着刑罚理论的新旧两派。19世纪中叶以前，世界各国盛行报应刑理论。传统报应刑观强调有罪必罚、有罪必诉，刑罚被看作是惩罚犯罪人、恢复正义、满足报复情感的工具。大量的犯罪嫌疑人和被告人被逮捕和监禁，这种手段对于惩罚犯罪确实有一定的积极作用。但是，不区别犯罪人的具体情况对其施以监禁也存在弊端。虽然监狱扩大，但犯罪和罪犯的数量依然如故，甚至还增多了。"监狱造成甚至鼓励了一种过失犯环境的形成。在这种环境中，过失犯称兄道弟，讲究义气，论资排辈，形成等级，随时准备支援和教唆任何未来的犯罪行动。"[2] 因此，监禁并不是最佳的惩罚措施，监禁措施也并不适用于每个人。单纯以报复为目的的刑罚很难实现刑罚的目的。以监禁措施为例，犯罪人一旦入狱，即意味着其原有的社会和家庭地位的丧失；监禁的适用又使犯罪人离开了家庭和社会，无法进行正常的社会交往，无处宣泄自己的情感，巨

---

[1] [意]切萨雷·贝卡里亚：《论犯罪与刑罚》，黄风译，北京大学出版社2008年版，第7页。
[2] 参见[法]米歇尔·福柯：《规训与惩罚》，刘北成、杨远婴译，生活·读书·新知三联书店2012年版，第298—301页。

大的心理落差和长期压抑的情感使很多被监禁的犯罪人容易产生心理疾病，而且犯罪人相互影响，还会发生"交叉感染"。如果心理问题没有得到及时的诊治，犯罪人即使出狱，也很难正常融入社会。有些犯罪人甚至自暴自弃，对社会产生更深的仇恨，这些都容易导致重新犯罪，加大了预防犯罪的难度。

到了19世纪末20世纪初，由于新技术的采用，生产力的发展，劳动力的需求日渐增长，大量人口涌向城市，导致城市人口迅猛增长，城市发生的犯罪尤其是财产类犯罪随之增多。激增的犯罪必然需要政府投入更多的诉讼资源去应对，然而政府的诉讼资源投入并不能一蹴而就，对犯罪的化解也不能立竿见影。人们发现，"严峻的刑罚造成了这样一种局面：罪犯所面临的恶果越大，也就越敢于规避刑罚"[1]。随着犯罪数量的增加，政府不能永无止境地加大对诉讼资源的投入，在这种情况下，人们开始反思报应刑理论，目的刑理论随之兴起。

目的刑理论又被称为相对主义，属于刑罚新派的理论。目的刑理论主要强调刑罚不是对犯罪的报应，其重点在于刑罚的合目的性、有用性。刑罚只有在预防犯罪的意义上才具有价值，"刑罚必须以抑制未来的犯罪为目的，只有在对防止犯罪来说必须且有效时才算正当"。刑罚针对的是已然之罪，事后的刑罚并不能弥补犯罪对被害人及整个社会造成的伤害，也无法恢复犯罪行为发生前的原貌。刑罚不仅应考虑其现实性，更应考虑其预防性，尤其是预防再犯的必要性。事实上，"刑罚只要是国家的，就不可能是原始本能的、冲动的东西，其自身一定会有某种必要性和目的性"[2]。

目的刑理论因其内容的不同又可以分为一般预防论与特殊预防论。一般预防论流行于18、19世纪的德国，费尔巴哈是主要的代表人物。该理论主张"通过惩罚犯罪人的方式，威吓、警诫社会上的不稳定分子，使其不敢犯罪，防止其重蹈覆辙"。特殊预防论又称个别预防论，产生于19世纪末，盛行于20世纪初，德国的李斯特是其代表人物。该理论主张，通过对犯罪人实施一定的刑罚，教育或者警告犯罪人使其将来不再犯罪。意大利著名刑法学家贝卡里亚（Beccaria）认为，"预防犯罪的最可靠也是最艰难

---

〔1〕［意］切萨雷·贝卡里亚：《论犯罪与刑罚》，黄风译，北京大学出版社2008年版，第62页。
〔2〕梁根林：《非刑罚化——当代刑法改革的主题》，载《现代法学》2000年第6期。

的措施是完善教育"[1]。刑罚本身不能消除犯罪,刑罚只不过"给人以肌肤之苦来抵消犯罪的促动力,它不可能消除犯罪的根源,甚至如果使用不当还可能成为新的动乱的原因"[2]。因为,犯罪其实是社会的产物,"犯罪是社会自己教给人们的,是社会的野蛮和蒙昧状态的自身产物"[3],要铲除犯罪的根源就必须改变唆使人们犯罪的不良的社会环境,而这需要国家采取一定的手段。"只要法律还没有采取在一个国家现有条件下尽量完善的措施去防范某一犯罪,那么,对该犯罪行为的刑罚,就不能说是完全正义的(即必要的)。"[4] 通过贝卡里亚的文字可以很清楚地看出他的刑罚观,尽管刑罚是由人们让渡的自由组成,只要刑罚的实施没有超出法律规定的限度就是正当的。但是刑罚只是消极治理犯罪的措施,刑罚只是手段,不是最终目的。实施刑罚是希望最终消灭犯罪,正因如此,才有"为了没有犯罪而科处刑罚"的经典表述。虽然说实现这个理想很困难,但刑罚的预防理论从特殊预防和一般预防两个方面致力于实现这个理想:刑罚的特殊预防着眼于已犯罪人,主张通过教育使犯罪人不再犯罪;刑罚的一般预防着眼于未犯罪人,主张通过惩罚犯罪人使其他人不要实施犯罪。教育和预防才是刑罚的最终目的,这也正是目的刑理论的观点。

二、目的刑理论与公诉裁量权的联系

综上所述,目的刑理论的重要贡献在于:第一,发展了刑罚的目的理论,主张刑罚不应仅仅被看作是对已然之罪的惩罚,而应注重刑罚的未来预防功能;第二,注重刑罚的特殊预防,主张适用刑罚的最终目的不是为了惩罚而惩罚,而是教育犯罪人使其将来不再犯罪,能早日适应社会生活而复归社会;第三,主张刑罚的科处应"以人为本",而不是单纯以"行为"作为评价标准。传统的报应刑理论只单纯强调犯罪人行为的危害性,根据危害性的大小确定刑罚的轻重。这种做法虽然没有错,但不能充分体现刑罚的目的。事实上,即使犯罪人实施了相同的犯罪行为,但是犯罪人

---

[1] [意] 切萨雷·贝卡里亚:《论犯罪与刑罚》,黄风译,北京大学出版社2008年版,第109页。
[2] [意] 切萨雷·贝卡里亚:《论犯罪与刑罚》,黄风译,北京大学出版社2008年版,第136页。
[3] [意] 切萨雷·贝卡里亚:《论犯罪与刑罚》,黄风译,北京大学出版社2008年版,第136页。
[4] [意] 切萨雷·贝卡里亚:《论犯罪与刑罚》,黄风译,北京大学出版社2008年版,第81页。

的具体情况可能并不相同,所以对犯罪人科处刑罚必须根据行为人的不同情况区别对待,才能实现特别预防的目的。李斯特被认为是最先提出目的刑概念的著名学者。他主张刑罚个别化,根据犯罪人的不同情况,以犯罪人的性格和心理状况为标准,给予不同犯罪人不同刑罚处遇。

由于报应刑理论主张以犯罪本身的危害程度为基准科以刑罚,刑罚的程度应与犯罪本身的危害程度尤其是犯罪的客观侵害结果相适应,即使从预防角度而言,完全没有必要科处刑罚的也必须科处刑罚,强调有罪必罚、有罪必诉、罚当其罪。因此,在报应刑理论流行期间,起诉法定主义被广泛采用,公诉机关没有任何裁量的余地,只要符合起诉条件,公诉机关就必须提起公诉。而目的刑理论主张从社会角度来论证刑罚的正当性,注重刑罚的特殊预防,主张科处刑罚不仅应考虑犯罪人的行为,更应考虑犯罪人的个别情况,比如少年犯、累犯等。[1]"过于严厉的刑罚既可能超出报应的限度,也可能是预防犯罪所不必要的,而过于轻缓的刑罚既可能没有体现报应的正义性,也可能难以满足预防犯罪的要求。"[2] 二战后,目的刑理论兴起,传统的报应刑理论开始发生动摇,世界各国在刑事司法中逐渐普及非拘禁刑。正是在这样的历史背景下,大陆法系国家一贯的起诉法定主义传统也开始松动,公诉裁量权呈扩大的趋势。

第四节 刑事谦抑理论

"从一定意义上说,对被追诉人是否谦抑、对犯罪人是否宽容是衡量一个社会文明程度的重要标志。"[3] 检察机关在刑事诉讼中占据着十分重要的地位,检察权的行使也应当与刑事法的谦抑理念相吻合,酌定不起诉、辩诉交易等制度的实行正是检察机关谦抑品行的体现。

---

[1] 日本《改正刑法草案》第48条第1项规定:"刑罚应当根据犯罪的责任量定。"第2项规定:"适用刑罚时,应当考虑犯罪人的年龄、性格、经历与环境,犯罪的动机、方法、结果与社会影响、犯罪人在犯罪后的态度以及其他情节,并应当以有利于抑止犯罪和促进犯罪人的改善更生为目的。"
[2] 参见张明楷:《新刑法与合并主义》,载《中国社会科学》2000年第1期。
[3] 郭云忠:《刑事诉讼谦抑论》,北京大学出版社2008年版,第333页。

一、刑事谦抑理论的内涵与价值

"谦抑"本是刑法上的一项定罪原则,意指用最轻的刑罚换取最大的效果。刑法谦抑性是刑事政策的基础。日本刑法学者主观主义大师宫本英修首次提出了刑法谦抑性的概念,并将其作为一种理念深入刑法理论的各个领域,影响深远。[1] 关于刑法的谦抑性,日本刑法学者平野龙一指出它具有三层含义:第一是刑法的补充性;第二是刑法的不完整性;第三是刑法的宽容性,或者可以说是自由尊重性。即使市民的安全受到侵犯,其他控制手段没有充分发挥效果,刑法也没有必要无遗漏地处罚。[2] "谦抑"同样适用于刑事诉讼。刑事诉讼谦抑理念是针对刑事诉讼实践中的刑事诉讼仪式化和刑事诉讼刑罚化的弊端而提出的,宗旨是改变刑事诉讼中的刑罚化、有罪推定、滥用强制措施、刑讯逼供等状况,使刑事诉讼朝着更加文明、人道、和缓、克制、妥协、宽容的方向发展。[3] 刑事诉讼中的谦抑思想并不是孤立存在的,而是人类谦抑思想的一个重要组成部分,也可以说是人类谦抑思想在刑事诉讼领域中的沉淀。[4]

(一)刑事谦抑理论的内涵

刑事谦抑理论是指,国家在使用刑事手段时一定要慎重。由于刑事手段的严厉性和不可逆性,适用刑事手段处理案件时,应优先选用轻缓的方式,只有在轻缓的方式不能奏效时,才可以考虑采用相对严苛的手段。刑事谦抑理论是伴随着刑事诉讼的发展而出现的,是刑事诉讼规律的体现,代表着刑事诉讼发展的方向。自刑事诉讼活动产生以来,我们发现随着人类社会的向前发展,刑事司法活动总体上呈现出从野蛮到文明、从残酷到仁爱、从苛责到宽容的趋势,而且时至今日,绝大多数国家的刑事司法都不再强调严刑苛法式的治理,不再突出国家与被追诉人

---

[1] 徐岱、王军明:《刑法谦抑理念下的刑事和解法律规制》,载《吉林大学社会科学学报》2007年第5期。
[2] 张明楷:《论刑法的谦抑性》,载《法商研究(中南政法学院学报)》1995年第4期。
[3] 郭云忠:《刑事诉讼谦抑论》,北京大学出版社2008年版,第6页。
[4] 郭云忠:《刑事诉讼谦抑论》,北京大学出版社2008年版,第13页。

在诉讼活动中的严重对立,谦抑成为刑事诉讼规律的外在表现。"任何刑事司法都不会想对一切非法活动提出起诉。"[1] 刑事诉讼的立法活动和执法活动逐渐体现了谦抑的特性。原本充满了火药味和血腥味的刑事诉讼活动,也开始展现出温情和宽和,比如协商性司法的推行。

刑事谦抑理论同时又是刑事诉讼人文关怀的体现。随着人类社会的发展,以人为本的观念逐渐深入人心。以人为本要求尊重人的目的性和个体尊严,反对严刑酷罚,追求刑罚的轻缓化、文明化。而传统的刑事司法模式是"以暴制暴",用强力惩罚犯罪和打击犯罪,比如我国的"严打"模式。事实证明,这种刑事司法模式只能一时有效,并不能长期有效。中国历史上也曾出现过依靠严刑峻法治理国家的模式,有的被证明是行之有效的,但大多数被证明是失败的,最终导致了人民的反抗。相反,中国历史上的盛世局面如"文景之治"重视"以德化民",废除严刑酷法,使得统治时期社会安定、经济发展,成为中国历史上第一个盛世。"刑"字代表着对犯罪的惩罚,其本身就带有残酷之意。如《管子·心术》语:"刑者,恶之末也。"《说苑·政理》曰:"刑者,惩恶而禁后者也。"这些讲的都是刑的严酷及其作用。但是对刑罚的适用也不必一律严苛。指导刑事司法活动的理念和方式不能停滞不前,而应该随着社会经济的发展和人们观念的更新而进步。即使在同一时期,刑事司法活动采用的方式也不能一成不变,而应该根据犯罪人的具体情况和案件的实际情况进行调整,比如对未成年人实施犯罪的处罚方式不同于成年人,对初犯的处罚方式不同于累犯。

现代社会更加强调对公民权利的尊重和保护,罪犯在刑事诉讼活动中也应被当作主体对待。近些年,我国的刑事司法制度也越来越注重对公民权利的尊重和保护。我国《刑法修正案(八)》和《刑法修正案(九)》两次废除死刑的罪名共达 22 个,全国人大常委会的发言人在接受记者采访时也表示,严格控制死刑和慎重适用死刑是我国一贯坚持的刑事政策。减少死刑要根据社会发展、犯罪情况的变化和当时的社会环境来决定。[2] 我

---

[1] [法] 米歇尔·福柯:《规训与惩罚》,刘北成、杨远婴译,生活·读书·新知三联书店 2012 年版,第 318 页。

[2] 《法工委:严控死刑、逐步减少死刑是中国刑法的方向》,载新华网 2015 年 8 月 29 日,http://www.xinhuanet.com/politics/2015-08/29/c-128179612.htm。

国《刑事诉讼法》经过两次修正后，将保障人权、非法证据排除规则、不被强迫自证其罪等正式写入条文中。这些都反映出我国刑事司法制度已经开始使用谦抑的理念指导实践。孟德斯鸠说过，所有拥有权力的人都容易滥用权力，这是一条亘古不变的经验。刑事司法活动也不例外。在现代社会司法工作人员更要秉持谦抑原则，具体到刑事诉讼中就是指强化刑事诉讼的人权保障，尤其是保障犯罪嫌疑人、被告人的人权。比如对于轻微犯罪尽量采用非刑罚化的处理方式，可以通过不起诉、社区矫正等非刑罚化措施实现矫治犯罪人的目的。对于某些犯罪情节较轻的案件或者刑事自诉案件，可以进行刑事和解，使刑事案件不必经过漫长的司法过程就可了结。

根据刑事诉讼活动的阶段，谦抑可以分为三种：侦查权的谦抑、检察权的谦抑、审判权的谦抑。鉴于本书主要研究公诉裁量权，所以本节主要论述公诉权的谦抑。公诉权的谦抑是指在刑事诉讼活动中，检察机关在行使公诉权时应保持克制，能不诉的坚持不诉，只有在确实有必要的情况下才提起公诉，尽量在审查起诉阶段用非刑罚的方式处理案件。

（二）刑事谦抑理论的价值

具体而言，刑事谦抑理论在诉讼活动中的价值主要体现在以下三个方面。

第一，谦抑有利于实现公正。公正是诉讼活动追求的目标，刑事诉讼中专门机关权力的行使也必须围绕实现公正而进行。《刑事诉讼法》既是一部规定如何追究犯罪、惩罚犯罪的法律，又是一部限制权力、保护权利，以保证案件公正处理的法律。权利在权力面前永远都是弱势，在刑事诉讼中更是如此。刑事诉讼活动中，在强势的国家专门机关面前，诉讼参与人都是弱者，如果他们的权利在诉讼活动中得不到尊重甚至被侵犯，而侵犯者就是执法者，那么被侵犯者甚至无从维护自己的合法权利。当权力与权利的关系严重失衡，正当的权利将无处生存。被害人的合法权益遭受犯罪行为的侵害而得不到及时救济；犯罪嫌疑人、被告人面对刑讯逼供而被逼认罪。这必然使刑事诉讼陷入混乱，离公正的目标渐行渐远。因而，在刑事诉讼中，权力既要被尊重，也需要警惕和克制。

检察机关的公诉权是刑事诉讼中的一项核心权力，涉及公民的自尊、生命、自由和财产，检察机关在行使公诉权过程中更要保持警惕和克制。警惕和克制并非让公诉权止步不前，而是要让其运行在法定的轨道上，不能超出法定的限度。权力与权利应处于合理、良性、动态调整的范围内，权力不能随意扩张，权利也不能任意行使，代表国家行使公共权力的检察机关应该适时调整公诉权与诉讼参与人权利的关系，对公诉权进行合理的约束，以保证诉讼参与人权利的正当行使，促使案件得到公正处理。案件的公正处理既需要实体事实的准确查明，也需要程序规则的合理适用。检察机关在处理案件时一定要恪守谦抑原则，规范权力在处理实体和程序事项范围内的合法适用。

第二，谦抑有利于保障人权。刑事诉讼是一把"双刃剑"，既可以实现惩罚犯罪的目标，也可能在追诉犯罪的过程中伤及无辜。而且由于刑事司法活动的不可回溯性，这种错误往往不可避免。但是不可避免并不是完全不能避免，有些刑事司法错误受限于当时司法人员和技术手段水平，不可避免，而有些错误则是源自司法人员的重大过失甚或不良动机。为了尽量不伤及无辜，一方面要求国家投入必要的财力，完善刑事司法技术装备和培养高素质的司法工作人员；另一方面则要求国家专门机关在追诉犯罪的过程中保持谦抑，谨慎使用追诉权，既不能盲目追诉，对不符合追诉条件的诉讼参与人免于提起公诉，也不要扩大追诉范围，对被追诉人没有实施的犯罪不应提起公诉。否则，导致的结果要么是检察机关不得已撤回公诉，要么是迫使法院做疑罪从轻的有罪宣判。而无论哪一种情况都是对被追诉人合法权益的践踏，都是侵犯人权的做法。因此，检察机关在事实条件和证据条件不充分的前提下，对待公诉权一定要谨慎，能不起诉就不起诉，能采用非刑罚方式处理案件的就不要采取刑罚方式处理案件，这样可以在一定程度上防止刑事诉讼的"锋刃"伤及无辜或者损害被追诉人的合法权益。检察机关的这种做法并非消极怠工，恰恰相反，检察机关通过谦抑行使其公诉权，表达了对公诉权的尊重，保证了公诉权的正当行使，同时也保障了人权。

第三，谦抑有利于诉讼民主和社会和谐。美国学者科恩（Carl Cohen）认为："民主国家的公民须乐于以妥协办法解决他们的分歧。民主的所有条件之中，这是最重要的，因为没有妥协就没有民主，而有关各方如不愿妥协,即无达成妥协的可能。"[1] 刑事诉讼实质上是解决国家和犯罪人之间纠纷的活动,妥协同样适用于刑事诉讼。要解决纠纷离不开双方的妥协,在刑事诉讼中就表现为追诉机关和被追诉人之间的合作和配合,比如辩诉交易就是通过检察官与被告人及其辩护律师的相互妥协、合作而解决纠纷的范例。检察官的这种妥协其实就是对公诉权力的一种克制,而另一面则体现了对犯罪人的宽容。刑事诉讼中的不起诉制度同样体现了检察机关对权力的克制和对犯罪人的宽容。检察机关对本来可以提起公诉的案件,作出了不起诉的决定,使被不起诉人尽早脱离了刑事诉讼程序,减少了刑事诉讼所带来的负担和影响,有助于被追诉人早日重返社会,而这种权力行使过程中的克制正是刑事谦抑理念的具体体现。用刑事谦抑理念指导刑事诉讼,可以使刑事诉讼中的主体更积极地参与纠纷解决,积极协商,体现了诉讼民主的一面;同时,由于被追诉人亲自面对其处罚结果产生的全过程,并且得到了宽容的处理结果,又有利于化解被追诉人与国家和社会之间的对立情绪,使被追诉人从内心更能接受处罚,从而积极改造,有利于社会的和谐稳定。

二、刑事谦抑理论与公诉裁量权的联系

"非犯罪化和非刑罚化作为当代世界性刑法改革运动的两大主题,是作为现代刑法基本刑事政策的刑法谦抑原则的直接要求。"[2] 刑事谦抑理论的出现契合了当今刑事司法活动的现实需要,是社会经济发展的必然产物。而公诉裁量权作为公诉权的内容之一,也是现实中司法实践呼唤的结果。刑事谦抑理论与公诉裁量权看起来一为现实理论,另一为现实权力,存在较大差距,然而二者作为司法实践的产物这一点却是共通的。

(一) 刑事谦抑理论指导公诉裁量权

"刑事谦抑原则主要包括两个方面:首先严格收缩刑法干预范围即法定犯罪圈,能不作犯罪处理的违法行为尽量不作犯罪处理。刑法谦抑原则

---

[1] [美]科恩:《论民主》,聂崇信、朱秀贤译,商务印书馆1988年版,第182页。转引自郭云忠:《刑事诉讼谦抑论》,北京大学出版社2008年版,第10页。
[2] 梁根林:《非刑罚化——当代刑法改革的主题》,载《现代法学》2000年第6期。

还要求严格收缩法定刑罚圈,广泛适用刑罚替代措施。在能不适用刑罚、采用其他非刑罚处理手段也能达到预防和控制犯罪的目的时,即排除刑罚的适用,改用非刑罚处理手段。"[1] 刑罚谦抑性应主要通过非犯罪化和轻刑化两种途径实现。检察机关通过运用公诉裁量权,对案件做非犯罪化处理。

"刑法的谦抑性必然要求刑法节俭,即所谓的刑法经济性。经济不意味着不使用或者一味地少用刑法,而是以最小的成本投入来获取最大的效益,即立法后的综合效益高于立法和司法成本,从而实现刑法的经济性。"[2] 而公诉裁量权出现的重要前提之一就是司法效率的需要。检察机关将符合提起公诉条件的案件向法院提起公诉;对犯罪情节轻微的案件可以斟酌做不起诉决定。检察机关通过对案件的筛选,实现对案件的分流,从而保证轻微案件得到快速处理,严重复杂案件可以得到重点审理,从而提高了诉讼效率。

(二) 公诉裁量权的充分行使是对刑事谦抑理论的积极回应

刑事谦抑理念指导刑事司法实践活动,而公诉裁量权的制度落实亦践行着刑事谦抑理念。替代性的非刑罚处罚方式最符合刑事谦抑理念,而刑事诉讼中替代性的非刑罚处罚方式的落实则要首推公诉裁量权制度。"在运用刑法——社会关系的最后调整利器的过程中,我们的目标就是使犯罪成本最大化,而使实现刑事责任、惩罚犯罪的制度(包括立案、侦查、起诉、审判、执行等一系列司法制度)的运转成本实现最小化,优化资源配置,从而实现刑法的正义性、安定性、合目的性。"[3] 基于诉讼效率的考虑,现代各国广泛适用非刑罚制裁措施。对于轻微犯罪尽量采用非刑罚化的处理方式,实际上等于承认了刑罚的最后手段性。检察机关通过行使公诉裁量权作出不起诉决定,有利于实现司法资源的合理配置,缓解司法压力,修复被犯罪嫌疑人破坏的社会关系,是对刑事谦抑理论的积极回应。

---

[1] 梁根林:《非刑罚化——当代刑法改革的主题》,载《现代法学》2000 年第 6 期。
[2] 徐岱、王军明:《刑法谦抑理念下的刑事和解法律规制》,载《吉林大学社会科学学报》2007 年第 5 期。
[3] 徐岱、王军明:《刑法谦抑理念下的刑事和解法律规制》,载《吉林大学社会科学学报》2007 年第 5 期。

第五节 诉讼经济理论

我国台湾学者陈朴生认为:"刑事诉讼法之机能,在于维护公共秩序,保障基本人权……不计程序之繁琐,进行之迟缓,于个人无益,于国家有损。故诉讼经济于诉讼制度之建立实不可忽视。"[1] 诉讼经济理论是有关诉讼活动的重要理论,公诉裁量权的出现正是诉讼经济原则在起诉阶段的具体体现。

一、诉讼经济理论的兴起及内容

法律活动和经济活动看似风马牛不相及,实则不然,自从人类社会出现了法律活动和经济活动,二者就注定联系在一起。相比法学,经济学是一门"年轻"的学科,一般以1776年亚当·斯密的《国富论》为标志,宣告经济学的诞生。"在工业革命之前,至少在英国法庭里,封建贵族的影响力极其显著。在产品责任(譬如,汽水瓶炸伤消费者)的官司里,厂商通常和封建贵族阶级关系密切的利益,往往是法庭裁决时的关键考量。然而,随着工业革命和大量生产,中产阶级逐渐形成,他们的利益慢慢成为主导判决的考量。"[2] 效率不过是近几百年的产物,是经济活动大幅增加之后才发展出来的概念。效率,隐含了更高、更远、更快、更大的企图和目标,同时也隐含了以有形和有限的资源,去探索和实现无限的可能。[3] 正义本是法律活动的价值目标,效率本是经济活动的价值目标,然而,随着20世纪70年代以来经济分析法学的兴起,正义价值和效率价值被诉讼经济理论糅合在一起,成为诉讼经济理论的重要组成部分。人们不再孤立地看待二者,而是将二者关联起来,比如在创设法律制度时,人们逐渐开始考虑诉讼经济问题。著名的经济学家理查德·A.波斯纳认为:"恰当的

---

[1] 陈朴生:《刑事诉讼法实务》,台湾海天印刷厂有限公司1981年版,第328页。
[2] 熊秉元:《正义的效益:一场法学与经济学的思辨之旅》,东方出版社2016年版,第149页。
[3] 参见熊秉元:《正义的效益:一场法学与经济学的思辨之旅》,东方出版社2016年版,第116—117页。

司法程序不仅应当通过裁决使资源分配达到效益最大化，而且诉讼程序本身必须做到尽可能地降低成本，提高裁决收益。"[1] 把效率的概念引入法学，有助于思辨论述，在斟酌取舍时，可以使正义的概念更有操作性，更明确可鉴！[2]

二、诉讼经济理论与公诉裁量权的关系

在现代社会，效率和公正已成为诉讼活动的两大价值目标。各国都在努力寻找诉讼经济与公平正义的最佳结合点：一方面通过简化审判程序，加快案件的审理速度；另一方面通过赋予检察官起诉自由裁量权，提高审前程序案件的处理效率。

毋庸置疑，诉讼经济理论是公诉裁量权兴起的理论前提。刑事诉讼是一项需要耗费大量资源的活动，为了惩罚犯罪，国家需要配置专门的机关和人员从事查明犯罪的活动，查明犯罪是一个回溯犯罪的过程，需要大量的人员、设备和技术的支撑，不仅需要消耗时间，还需要付出体力、财力。随着现代科技的发展和犯罪人反侦查意识的增强，有些犯罪的查明甚至需要经年累月的努力，其中耗费的资源难以计算。然而追究犯罪人的责任是一项要求较高的活动，容不得半点马虎，比如不能为了加快办案速度而省略必要的调查取证环节。问题是国家的资源是有限的，在一定时期也很难快速增长，所以分配到诉讼活动中的资源不可能随着诉讼需求增加而迅速得到补充。而刑事案件的数量总体上在不断增长。因此，诉讼活动的顺利进行离不开经济支持。公诉裁量权正是伴随着诉讼经济理论对司法实践的呼声应运而生。由检察官在审查起诉阶段行使公诉裁量权，根据具体案件的不同情况和当事人的不同处境对案件进行程序分流，是符合诉讼经济原则的。

在案件数量难以减少，诉讼资源又无法快速增长的背景下，要实现诉讼经济的目的，只有一个途径——合理配置司法资源，降低诉讼成本。传统司法活动追求有罪必罚、有罪必诉，严格约束检察机关的起诉权，不对案件进行区分，无须根据犯罪人的具体情况进行权衡，这使得所有案件都

---

[1] 顾培东：《法学与经济学的探索》，中国人民公安大学出版社1994年版，第11页。
[2] 熊秉元：《正义的效益：一场法学与经济学的思辨之旅》，东方出版社2016年版，第131页。

经历一个完整诉讼周期，案件大量堆积，无论起诉部门还是审判部门都面临着巨大的办案压力。要想以较少的司法资源投入获得较高效的刑事案件处理结果，就必须优化诉讼资源配置。优化诉讼资源配置要求对案件进行细化，轻罪和重罪案件适用不同的程序办理。这就需要扩大检察机关的裁量权，检察机关在审查起诉阶段，可以根据案件的具体情况采用案件分流机制。需要提起公诉的案件，进入审判程序；不需要提起公诉的案件，可以不起诉。检察机关将那些情节轻微、危害不大、主观恶性较小的刑事案件在审查起诉阶段终结，从而简化了刑事诉讼程序，缩短了诉讼时间，减轻了讼累，节省了人力、物力、财力等司法资源，使检察机关和法院可以将主要精力投入更为严重的刑事案件中，以提高诉讼质量和诉讼效率。

第三章 公诉裁量权的发展和政策演进

公诉裁量权是检察机关的一项重要权力，检察制度的发展就是公诉裁量权赖以生存的前提条件。检察机关在国家中的权力地位变化直接影响检察机关公诉裁量权的行使。检察机关权力的变化不仅与国家的政治、经济、文化等现实国情有着密切联系，而且也离不开该国刑事政策的指引。考察公诉裁量权的变化必须将其放在该国检察制度的历史发展过程中，除此之外，还应仔细研究该国的刑事政策演进。检察机关的公诉裁量权与刑事政策密切相关，现实国情的变化决定刑事政策的演进，刑事政策又影响检察机关公诉裁量权的发展变化。透过刑事政策的面纱，可以看到公诉裁量权在不同历史时期的行使方式和内容，研究刑事政策的历史发展轨迹对于正确认识和客观分析公诉裁量权有着重要的价值。

第一节 我国公诉裁量权的发展

要梳理我国公诉裁量制度的发展轨迹，首先要搞清楚我国检察制度的发展历程。回顾历史可以发现，我国检察制度的形成和发展经历了一个曲折的过程，从产生到废除，再到重建，可谓一波三折。尽管如此，时至今日，公诉职能依然是检察机关的核心职能和基本职能，作为公诉权重要组成部分的公诉裁量权也随着检察机关地位和权力的变化而发生变化。

一、我国检察制度的形成和发展

(一) 我国检察制度的建立

我国的检察制度始于清末变法修律。[1] 1906年，清政府宣布"预备立宪"，派出五大臣出使欧、美、日，考察西方宪政。自1906年开始，清政府采取了一系列措施，变法修律。当时清政府特遣专使去日本交涉聘请刑法专家讲授外国检察制度。[2] 法学专家的讲授和大臣的出国考察对清政府建立检察制度产生了积极影响，奠定了清政府以大陆法系检察制度作为立法体例的理论基础。1906年年底，清政府颁行《大理院审判编制法》，依据该法的规定，我国成立了早期的检察机构，即京师检察局。京师检察局成立伊始并没有独立的办事机构，而是附设在京师各级审判厅内，相当于今天的法院。各检察局设置检察长一人。1909年12月28日，《法院编制法》批准颁行，按照《法院编制法》的规定，各审判衙门要分别配置检察机构。1901年到1911年4月，京外各级审判衙门基本设立，清末地方检察机构普遍建立。[3] 这时，我国近代的检察制度初步形成。检察机构的职能主要限于刑事诉讼，包括调查刑事案件、提起公诉、监督审判以及执行判决。及至《法院编制法》颁布，检察机构才有权介入民事诉讼活动，为诉讼当事人或公益代表，实行特定事宜。当时，除现行犯附伪证罪及亲告罪案件外，刑事案件经警署受理并调查后都必须交由检察机关提起公诉，检察官必须对公诉范围内的案件提起诉讼。

(二) 北洋政府统治时期检察制度的发展

北洋政府基本沿袭了清末修律成果，实行审检合署，在审判厅内设置检察厅。检察厅独立行使公诉职能和诉讼监督职能。但随着军阀派系政权更迭，检察体制也发生了相应的变动。1914年，设置于初级审判厅的初级

---

[1] 参见张培田、张华：《近现代中国审判检察制度的演变》，中国政法大学出版社2004年版，第237页。
[2] 张培田、张华：《近现代中国审判检察制度的演变》，中国政法大学出版社2004年版，第238页。
[3] 张培田、张华：《近现代中国审判检察制度的演变》，中国政法大学出版社2004年版，第245页。

检察厅随着初级审判厅的裁撤被相应撤销,总检察厅厅长被改为检察长。初级审判厅和检察厅被撤销后,地方行政、检察和审判权统一由当时的地方长官(县知事)负责,导致地方各县司法审判和刑事指控呈失控状态。在这种情况下,北洋政府出台了《暂行各县地方分庭组织法》,该法取消了检察分厅的设置,改设检察官。北洋政府时期,检察官的职权没有发生大的变化,检察机关在刑事简易起诉审判中的权力得以增强。

(三) 国民政府统治时期检察制度的变化

1927年,国民政府时期,检察机关的设置方式开始发生变化。1927年8月16日,国民政府宣布第148号训令,对检察体制进行了改革,各级检察厅被撤销,重新配置于各法院内,但检察职权没有发生变化。[1] 1927年10月25日,国民政府在《最高法院组织暂行条例》中规定,取消在各级审判厅设置检察厅,在法院设置检察官执行检察事务。1929年8月,国民党立法院又基于提高最高法院检察机构地位的考虑,在最高法院内恢复检察署的设置,并在该检察署内恢复了检察长职务。[2] 国民党一党专政时期,检察官在刑事诉讼中的各项职权得以扩大,不仅侦查权、刑罚执行监督权得以强化,其公诉自由裁量权也得以扩大。

(四) 中华苏维埃时期检察体制的确立

1931年,中华苏维埃共和国红色政权建立后,中华苏维埃着手组建各级审判体制和检察体制。1932年6月,工农民主政权检察制度得以确立。"按《中华苏维埃共和国裁判部暂行组织及裁判条例》规定,工农民主政权检察制度采取审检并署的机构。"[3] 这一时期无论是检察机构还是人员都附设于法院,检察机关主要承担刑事案件的预审、提起公诉和出庭支持公诉等职能。

抗日战争开始后,原来的司法部及省、县、区裁判部(科)撤销,陆续在抗日民主根据地建立了高等法院、地方法院,检察机构仍设在各级法

---

[1] 参见国民政府司法院参事处编纂:《增订国民政府司法例规》(上),1931年版,第163页。转引自最高人民检察院研究室编《检察制度参考资料》第2编。
[2] 张培田、张华:《近现代中国审判检察制度的演变》,中国政法大学出版社2004年版,第272—273页。
[3] 张培田、张华:《近现代中国审判检察制度的演变》,中国政法大学出版社2004年版,第286页。

院内。到了解放战争时期，检察机关仍设在各审判机关内，由于检察人员不多，主要由公安机关代行检察职务。这一时期，检察机关只对普通刑事案件行使检察权，诸如破坏根据地等重大案件都是由公安机关侦查和提起公诉。根据1944年《晋冀鲁豫边区太岳区暂行司法制度》的规定，机关、团体、部队或司法干部也有权对部分刑事案件提起诉讼。1949年9月27日通过的《中华人民共和国中央人民政府组织法》终于改变了审检合署体制，使检察机关成为独立于行政机关和审判机关的国家机关。

(五) 新中国成立后检察制度的发展

新中国成立后，检察体制发生了重大变化。1949年10月22日，最高人民检察署宣告成立。紧接着，1949年12月20日《中央人民政府最高人民检察署试行组织条例》（以下简称《组织条例》）颁布，新中国第一部有关检察制度的单行法规诞生了。《组织条例》的诞生为新中国检察机关体制、职权、机构和原则的确立提供了基本的法律依据。根据《组织条例》的规定，检察机关不再与法院合署办公，而是审检并立。检察机关享有检察权、抗议权、侦查权、公诉权、监所行刑检察权、民事行政诉讼参与权、复议审查权。为了满足新中国检察制度建设的需要，新的《中央人民政府最高人民检察署暂行组织条例》（以下简称新《组织条例》）及《各级地方人民检察署组织通则》相继于1951年颁行。新《组织条例》在沿袭《组织条例》确立的检察体制的基础上，对检察机关的职权、机构等方面作出了修正。1954年《宪法》是我国第一部宪法，这部宪法的颁行对检察机关具有重要意义，该法对检察院的设置、职权、领导关系和活动原则等都作出规定，并且将检察院与法院审检分立办公的司法体制用宪法的形式加以确定。同年9月21日，《中华人民共和国人民检察院组织法》（以下简称《人民检察院组织法》）通过。这是我国第一部《人民检察院组织法》，系统规定了人民检察院的设置、职权、行使职权的程序、组织与活动的原则等内容。其主要特点是：改人民检察署为人民检察院，确立审检并立的体制；撤销原大行政区检察机构；增加人民检察机关行使职权的权限与程序的规定；改变对审判机关判决的抗议为抗诉；确立人民检察院检察长列席审判委员会会议制和有关会议机制；增加检察机关行使职权的对象和义务的规定；增加检察院人员任免制度的规定。1954年《宪法》和

《人民检察院组织法》的颁布推动新中国检察制度的发展,"一府两院"格局即国务院、最高人民法院、最高人民检察院从此形成。[1]

(六)检察机关被取消的事实在法律上的确认

1957年的反右派斗争、1958—1960年的"大跃进"运动和人民公社化运动,对刚刚步入正轨的检察工作造成很大冲击。这一时期,检察机关的正常运转被严重干扰。受"左"倾思想的冲击,检察业务受到严重影响,检察工作的另一个显著变化是"三长办公""一长代三长"。"三长办公"是指公安局局长、检察院检察长和法院院长联合办案。"一长代三长"是指公安机关统领法院、检察院,检察机关成为公安机关的"检察科""法制科"。1960年11月11日,经中共中央批复同意,最高人民检察院与公安部、最高人民法院合署办公,在体制上归属公安部党组领导。1962年1月,中共中央召开扩大的中央工作会议,纠正"左"倾错误,检察机关才开始恢复。然而,受"文化大革命"冲击,检察工作再一次被中断。检察机构被撤销,业务实际上被取消。1975年颁行的第二部《宪法》则从法律上进一步确认了检察机关被取消的事实。我国的检察工作暂时中断。

(七)我国检察制度的恢复重建

1976年10月,江青反革命集团被粉碎,检察制度的恢复重建事项被提上中央议事日程。1978年3月5日,第五届全国人大第一次会议通过了第三部《宪法》,该部宪法从法律上明确了检察机关的职责和权力划分,以及上下级检察机关之间的领导与被领导关系。1979年,新的《人民检察院组织法》顺利通过,根据该法,检察机关成为我国的法律监督机关,在原有刑事检察职能的基础上,还承担着对诉讼活动的全面法律监督职能。但是在法律监督工作的早期,刑事案件的监督仍是检察机关的监督重点,检察机关在这一时期还不具备对民事案件的监督权。1982年,第五届全国人大第五次会议通过了第四部《宪法》,该法为我国社会主义现代化建设指明了正确方向,提供了根本的法治保障。1982年《宪法》规定了"国家行政机关、审判机关、检察机关都由人民代表大会产生","最高人民检

---

[1]《党领导人民制定的共和国第一部人民检察院组织法》,载《检察日报》2021年6月17日,https://www.spp.gov.cn/spp/bwcxyjtx/202106/t20210617_537368.shtml。

察院和地方各级人民检察院，都由本级国家权力机关产生，并对本级国家权力机关负责"。我国检察机关的运行开始步入正常轨道。

二、我国公诉裁量权的历史梳理

从上述论述可以看出，我国检察制度的发展经历了一个漫长的过程。清政府时期，检察机关就长期依附于法院，与法院合署办公。新中国成立后，检察机关才真正成为独立于行政机关和审判机关的国家机关。1954年，《人民检察院组织法》颁布，建立了相对独立的各级检察机构。新中国检察机关公诉权的发展随着检察机关跌宕起伏，也经历了一个曲折的过程。但有一点始终没有改变，那就是除了特殊时期，绝大部分案件的公诉权始终由检察机关专门行使。我国检察机关的公诉权可以说是伴随着检察机关的诞生而产生的。但是在当时，检察权并非由检察机关集中行使，检察机关有权对某些重大刑事案件提起公诉，公安机关、政府机关、社会团体和企事业单位也可以就某些刑事案件向法院起诉。直到1955年年底，检察机关才基本上全面行使对刑事案件的公诉权。

（一）公诉裁量权的首次出现

追溯我国检察机关公诉裁量权的发展历程可以发现，早在1927年国民政府时期公诉裁量权就已出现。根据《最高法院组织暂行条例》，除初级法院管辖的直接侵害个人合法权益和不告不理的案件，被害人可以直接向法院起诉外，其他刑事案件都由检察官提起诉讼。而且检察官享有一定的裁量权，可以斟酌案件的具体情况，作出不起诉的决定。有关检察机关公诉裁量权的立法表述，最早见于1954年9月21日颁布的《人民检察院组织法》，该法第11条第2款首次确认了检察机关统一行使公诉权的职权。[1]

（二）免予起诉和公诉裁量权的扩大

免予起诉是检察机关在新中国成立后处理有关反革命分子投案自首案

---

[1]《人民检察院组织法》第11条第2款明确规定："公安机关提起的刑事案件，侦查终结后，认为需要起诉的，应当按照法律的规定移送人民检察院审查，决定起诉或不起诉。"

件时创造的制度,标志着我国检察机关自由裁量权的发展进入了一个新的阶段。1950年10月,镇压反革命运动开始,检察机关担负起全面审查批捕、审查起诉的工作。1956年4月25日,免予起诉由《全国人民代表大会常务委员会关于处理在押日本侵略中国战争中战争分子的决定》从立法上加以确认。1979年,第五届全国人大第二次会议通过的《人民检察院组织法》确立了免予起诉制度。[1] 1979年《刑事诉讼法》进一步从立法上确认了检察机关的免予起诉权。[2] 这表明检察机关免予起诉的裁量权得到了法律的确认。免予起诉制度产生后,一度在司法实践中保持着较高的适用率。但由于理论界普遍认为免予起诉制度违背控审分离的原则,僭越了法院的审判权,且容易造成公诉权的滥用,免予起诉制度适用逐渐被收紧,至1996年修正《刑事诉讼法》,免予起诉制度被废除。

(三) 公诉裁量权的发展

1996年,我国《刑事诉讼法》进行了第一次修正,免予起诉制度在这次修正中被取消,相对不起诉制度取而代之。相对不起诉被认为是检察机关公诉裁量权的重要表现,是检察机关行使不起诉裁量权的重要形式。除此之外,体现我国检察机关公诉裁量权的其他重要形式也陆续在司法解释中出现。1998年通过的《最高人民法院〈关于适用中华人民共和国刑事诉讼法〉的解释》(法释〔1998〕23号,以下简称1998年《刑事诉讼法解释》)和1998年修订的《人民检察院刑事诉讼规则(试行)》(高检发释字〔1999〕1号,以下简称1999年《刑事诉讼规则》)还对撤回起诉、变更起诉作出规定。2012年,我国《刑事诉讼法》第二次修正,增加了未成年人诉讼程序,在该程序中规定了附条件不起诉。2012年修订的《最高人民法院〈关于适用中华人民共和国刑事诉讼法〉的解释》(法释〔2012〕21号,以下简称2012年《刑事诉讼法解释》)、《人民检察院刑事诉讼规则(试行)》(高检发释字〔2012〕2号,以下简称2012年《刑事诉讼规则》)和《最高人民法院、最高人民检察院、公安部、国家安全部、司法部、全

---

[1] 1979年《人民检察院组织法》第13条规定:"人民检察院对于公安机关要求起诉的案件,应当进行审查,决定起诉、免予起诉或者不起诉。"
[2] 1979年《刑事诉讼法》第101条规定:"依照刑法规定不需要判处刑罚或者免除刑罚的,人民检察院可以免予起诉。"

国人大常委会法制工作委员会关于实施刑事诉讼法若干问题的规定》（以下简称《六部委规定》）在原司法解释的基础上进行了适当的修改，仍然保留了撤回起诉、变更起诉制度，并且扩大了撤回起诉的适用范围。随着刑事案件数量的上升，诉讼效率的价值观越来越受到重视，司法实践不断探索新的公诉裁量权行使形式。2018年我国《刑事诉讼法》进行了第三次修改，对速裁程序、认罪认罚程序作了专门规定，并且在第182条[1]对特殊犯罪嫌疑人的不起诉作出了规定，这标志着我国检察机关公诉裁量权的范围进一步扩大。

三、我国台湾地区的公诉裁量权

台湾自古就是中国的神圣领土，虽然出于历史原因，大陆与台湾地区的制度经历了不同的发展路径，但是两岸拥有共同的历史文化传统和文化渊源，渗透着许多相通的法治理念。

（一）台湾地区公诉裁量权的产生及发展

1896年5月，日本殖民时期的台湾总督府发布律令第1号法院条例，设置"台湾总督府法院"，同时设置检察官。检察官的职权是实施侦查、提起公诉，实行公诉及指挥刑事裁判的执行。[2] 1945年，日本宣布投降，台湾摆脱了日本的殖民统治。1947年12月25日，台湾地区检察制度的主要法律依据改为《中华民国宪法》及《法院组织法》。[3] 台湾地区实行审检合署，"最高法院"设置"最高法院检察署"，高等法院以下各级法院及其分院内设检察处，配置检察官。刑事追诉权由检察机关统一行使。1960年8月15日，"司法院"大法官会议作出释字第86号解释，初定台湾地区"司法体制"改革方针。[4] "审检分隶"改革被提上日程。1980年7月1日，台湾地区实现"审检分隶"，这是台湾地区检察制度变更的重要里程

---

[1] 2018年《刑事诉讼法》第182条规定："犯罪嫌疑人自愿如实供述涉嫌犯罪的事实，有重大立功或者案件涉及国家重大利益的，经最高人民检察院核准，公安机关可以撤销案件，人民检察院可以作出不起诉决定，也可以对涉嫌数罪中的一项或者多项不起诉。"
[2] 甄贞等：《检察制度比较研究》，法律出版社2010年版，第419页。
[3] 甄贞等：《检察制度比较研究》，法律出版社2010年版，第421页。
[4] 甄贞等：《检察制度比较研究》，法律出版社2010年版，第423页。

碑。从此,其各级检察机关与各级法院不相隶属。

虽然台湾地区所谓"法院组织法"几经修订,但检察机关一直处于刑事诉讼制度的核心位置,其身处司法官地位,担当公诉的大任一直没有改变。1991年,台湾地区爆发"华隆集团炒作股票案",当时负责该案的台北"地检署"检察官许阿桂在侦办该案过程中,羁押了华隆集团负责人翁有铭。由于华隆案的涉案人员皆为当时的政商界名人,因此案件遭遇重重阻力,在当时产生了较大的社会影响。该事件引起了"有关部门"的注意,由此开始了关于检察官羁押权是否"合宪"的争论,至1997年12月终于以台湾地区所谓的"刑事诉讼法"的修正宣告结束,此后该"法"又陆续经过多次修订将检察机关的强制处分权、决定权改由法院行使。这一做法在限制检察机关权力的同时增加了法院的工作量。为阻止不必要的案件进入审判程序,减轻法院的审判负担,1995年10月,台湾地区所谓"刑事诉讼法"的修正将检察官不起诉处分的范围扩张至包含台湾地区所谓"刑法"第376条所规定的案件,同时将原本适用于其所谓"刑法"第61条所指案件的简易程序扩大适用于该"法"第376条所指案件类型,但简易程序的发动主体也不再专属于检察官。[1]

1999年7月,由台湾地区法务主管部门主持召开的"司法改革会议"通过了诸多"司法改革"措施,台湾地区的刑事诉讼结构逐渐从"职权主义"转向"改良式当事人进行主义"。2002年修正的所谓"刑事诉讼法"一方面扩大了检察机关的公诉裁量权,增加了缓起诉制度,扩大了微罪不举的范围;另一方面又仿照德国的强制起诉程序,规定了起诉审查制。起诉审查制的目的在于敦促检察官慎重起诉,防止检察官滥诉。由法院对检察官提交诉讼的案件进行庭前审查,审查包括对检察官起诉理由和起诉证据两方面的实质审查。有关起诉审查制被规定在台湾地区所谓"刑事诉讼法"第161条中。[2] 2003年1月该"法"再次修正,向"改良式当事人进行主义"继续前进,检察官被要求切实履行出庭支持公诉的职责。为满足快速处理刑事案件的需求,2004年3月23日,"台湾立法主管部门"再

---

[1] 甄贞等:《检察制度比较研究》,法律出版社2010年版,第430页。
[2] 台湾地区所谓"刑事诉讼法"第161条规定:"法院于第一次审判期日前,认为检察官指出之证明方法显不足认定被告有成立犯罪之可能时,应以裁定定期通知检察官补正;逾期未补正者,得以裁定驳回起诉。"

次修正其所谓"刑事诉讼法",增加了协商程序。[1]

(二) 台湾地区公诉裁量权的特点

我国台湾地区刑事诉讼制度源自大陆法系,总体上采用大陆法系职权主义诉讼制度,在起诉制度上以起诉法定主义为主,以起诉便宜主义为辅。近年来,我国台湾地区一直致力于推动"司法改革",其中的一项重点内容就是扩大检察官的公诉裁量权。随着缓起诉制度于2002年在我国台湾地区所谓的"刑事诉讼法"中增设,起诉便宜主义随之也成为台湾地区重要的起诉原则。一般认为,台湾地区检察官的公诉权包括四项权能[2]:

第一,提起公诉。提起公诉是指当有证据证明犯罪嫌疑人有"足够犯罪嫌疑"时,检察官向法院提起刑事指控。第二,不起诉与缓起诉。不起诉包括应不起诉、得不起诉和因其他法定理由不起诉。应不起诉即法定不起诉,得不起诉相当于相对不起诉,是指检察官对于轻微犯罪案件可以斟酌案情决定是否起诉。这里的轻微犯罪案件包括不得上诉"第三审"法院的案件,包括最轻本刑在三年以下的有期徒刑之罪,以及窃盗、侵占、诈欺、背信、恐吓与赃物比较轻微的案件。[3] 依其所谓"刑事诉讼法"第253条规定,检察官对于轻微犯罪,只要依据其所谓"刑法"第57条所列之事项,认为做不起诉决定比较适宜即可。其他法定理由是指没有包含在法条中的其他应当作出不起诉决定的理由。第三,出庭支持公诉。由于台湾地区的检察官事务繁忙,人手紧张,检察机关并没有专设公诉人员,出庭检察官往往并非办案人员,对案件并不熟悉,无法发挥出庭的实质作用。为此,1990—1991年,台湾地区法务主管部门指示基隆地方法院检察署试点"落实检察官到庭制度",板桥地方法院检察署也于1998年7月至1999年7月开始试点"刑事诉讼当事人主

---

[1] "所谓的协商程序,乃在通常程序或简易程序中,检察官与被告就科刑等事项达成协商之合意,由检察官向法院声请改依协商程序而为判决,法院在讯问被告及向被告为权利告知后,如认定案件与法定要件相符,即得不经言词辩论,于当事人协商合意范围内而为判决,对于此一判决,当事人原则上不得上诉。第二审对于协商案件之上诉审理采事后审及法律审,而非覆审制。"参见王兆鹏:《新刑诉·新思维》,中国检察出版社2016年版,第127—128页。

[2] 该部分内容参见万毅:《台湾地区检察制度》,中国检察出版社2011年版,第75—82页。

[3] 陈光中主编:《21世纪域外刑事诉讼立法最新发展》,中国政法大学出版社2004年版,第463页。

义之精神,强化检察官法庭活动"。1999 年,台湾地区召开"司法改革会议",会议决定由"职权主义"向"改良式当事人进行主义"模式转型,并使检察官"去法官化"、朝"当事人化"方向改变。[1] 2003 年修订后的台湾地区所谓"刑事诉讼法"确立了"改良式当事人进行主义"模式,检察官出庭形式化的问题得以缓解。第四,变更公诉。台湾地区的公诉变更权包括撤回起诉权、追加起诉权和更正起诉权。依据 2010 年台湾地区所谓"刑事诉讼法"第 269 条规定,检察官于第一审辩论终结前,发现有应不起诉或以不起诉为适当之情形者,得撤回起诉。撤回起诉,应提出撤回书叙述理由。[2] 依据其所谓"刑事诉讼法"第 265 条规定:检察官"于第一审辩论终结前,得就与本案相牵连之犯罪或本罪之诬告罪,追加起诉"。在台湾地区的司法实践中,追加起诉包括下述类型:被告之追加;同一被告犯罪事实之追加;不同被告与不同犯罪事实之追加;本罪之诬告罪之追加。[3] 所谓更正起诉是指检察官在原起诉范围内对被告或其犯罪事实进行变更。台湾地区所谓"刑事诉讼法"没有对更正起诉作出明确规定。

根据上述介绍可以看出,台湾地区的公诉裁量权主要包括微罪不起诉、缓起诉、撤回起诉、追加起诉和更正起诉。其特征主要表现为以下四个方面:第一,适用范围较窄,检察官可以裁量的范围有限。微罪不举的范围主要限于三年以下有期徒刑的轻微犯罪,包括单处罚金和并处罚金。第二,检察官裁量条件宽松。依据台湾地区所谓"刑事诉讼法"第 253 条、第 67 条规定,检察机关在决定起诉与否时主要考虑是否为微罪,不考虑其他附加条件,如英国、德国等国家和地区,还以是否符合公共利益作为裁量起诉的条件之一。第三,体现对未成年人利益的保护,专门设置所谓"少年事件处理法"处理少年犯罪问题,适用少年案件不起诉处分的范围宽于成年人案件。依台湾地区所谓的"少年事件处理法"第 67 条规定,检察官依调查之结果,对少年犯最重本刑五年以下有期徒刑之罪,参酌台湾地区所谓的"刑法"第 57 条规定的因素,认为以不起诉处分为适当者,得为不起诉处分。第四,于执行刑无实益的不起诉,以台湾地区所谓的

---

[1] 万毅:《台湾地区检察制度》,中国检察出版社 2011 年版,第 79 页。
[2] 张建伟:《论公诉之撤回及其效力》,载《国家检察官学院学报》2012 年第 4 期。
[3] 万毅:《台湾地区检察制度》,中国检察出版社 2011 年版,第 81 页。

"刑事诉讼法"第254条为代表。[1] 1989—2000年4月,依据台湾地区法务主管部门统计,各地方法院检察署终结刑事侦查案件,不起诉处分人数占侦结总人数的比例,大致呈逐年递减的趋势。同样地,各地方法院检察署检察官依职权不起诉的案件数,也是呈逐年递减的情形。而台湾地区法务主管部门自1981年就陆续发函,要求检察官体认当前刑事政策,妥为裁量。司法实践的现实情况正好与台湾地区法务主管部门的发函精神相反。分析其原因,除公诉裁量的适用范围过窄外,与下列因素不无关系:"依检察官办案成绩考查办法,起诉维持率占办案成绩之比例较高。而当事人折服率所占比例较低,检察官为争取较高之办案成绩,对于罪证明确之简易案件,遂不愿依职权处分不起诉"[2]。

为监督检察官的公诉裁量权,台湾地区所谓"刑事诉讼法"规定了起诉审查制、再议程序以及交付审判程序。再议程序包括告诉人声请再议、检察官依职权再议、被告声请再议。告诉人声请再议是指告诉人不服检察官作出的不起诉决定声请再议,规定在其所谓"刑事诉讼法"第161条。[3] 检察官依职权再议仅限于重罪案件,是指检察官因犯罪嫌疑不足,作出不起诉处分或缓起诉处分后,如果没有人声请再议,办理该案的原检察官可以依职权向上级法院"检察署检察长"或"检察总长"声请再议。被告声请再议是指被告不服检察官撤销缓起诉处分得向上级法院"检察署检察长"或"检察总长"声请再议。交付审判程序在当事人声请再议失败后为当事人设置的补充救济程序。[4]

四、我国澳门地区的公诉裁量权

基于特殊的历史原因,澳门法律制度受葡萄牙大陆法系传统的影响,被刻上了大陆法系的烙印。1999年12月20日澳门回归祖国。回归后,澳

---

[1] 依据台湾地区所谓"刑事诉讼法"第254条的规定,被告犯数罪时,其一罪已受重刑之确定判决,检察官认为他罪虽行起诉,与应执行之刑无重大关系者,得为不起诉处分。
[2] 参见张丽卿:《刑事诉讼制度与刑事证据》,中国检察出版社2016年版,第59—60页。
[3] 依据台湾地区所谓"刑事诉讼法"第161条的规定:"告诉人接受不起诉或缓起诉处分书后,得于七日内以书状叙述不服之理由,经原检察官直接向上级法院'检察署检察长'或'检察总长'声请再议。"
[4] 参见万毅:《台湾地区检察制度》,中国检察出版社2011年版,第98—100页。

门的法律体系在相当长的时间内仍保留其原有的区域自治特色。《澳门特别行政区基本法》在澳门具有宪法性质,具有最高法律效力;《刑事诉讼法典》则是澳门的基本程序法之一。澳门最早适用的刑事诉讼法是1929年的葡萄牙《刑事诉讼法典》。20世纪70年代,欧洲各国纷纷进行刑事诉讼制度改革。葡萄牙也于这个时期对本国《刑事诉讼法典》进行了修订。1987年2月27日,葡萄牙颁布了新的《刑事诉讼法典》,同时废止了旧法典。[1] 新法典并没有在澳门适用,但是,新法典依然对澳门的刑事诉讼制度产生了影响。现行的澳门《刑事诉讼法典》是由澳门立法会在澳门回归前于1996年9月2日公布的,其在内容和形式上吸收和借鉴了欧洲大陆刑事诉讼法的许多制度,以葡萄牙、意大利法典为主。二战以来世界两大法系相互融合与借鉴,澳门的刑事诉讼制度也融合了澳门文化传统和欧陆法律文化的法律特色。

澳门的检察机关只有一家,即澳门特别行政区检察院,检察院设检察长、副检察长和检察官,分设三级法院。检察机关实行检察长负责制和检察一体制,一般情况下,下级检察官要服从上级检察机关的指示。但是对于上级检察机关作出的违法指示,下级检察官有拒绝权。澳门检察官与法官同属司法官,享有较高的法律地位。在刑事诉讼活动中,根据《澳门特别行政区基本法》第90条的规定,"澳门特别行政区检察院独立行使法律赋予的检察职能,不受任何干涉"。但是,澳门检察机关在刑事诉讼中并非完全独立于法官。一方面,澳门实行审检分立,检察机关承担控诉职能;另一方面,检察机关负有客观义务,即协助法官全面发现案件真相。

在澳门,刑事案件被分为三类:公诉案、准公诉案和自诉案。自诉案由自诉人提起,检察机关对自诉案虽无提起权,但有协助自诉的权力。检察机关"可以于辅助人提出自诉后的五日以内,以相同于自诉的事实或就自诉事实的一部分提出控诉,也可以就对自诉事实不构成实质性变更的新事实提出控诉"[2]。公诉案则由检察机关提起,但并非所有符合起诉条件的案件都交付审判。根据法律规定,在案件侦查结束后,检察机关可以对案件作出三种处理结果:其一,提出控诉;其二,将案件归档;其三,中

---

[1] 周士敏:《澳门刑事诉讼制度论》,国家行政学院出版社2001年版,第9页。
[2] 周士敏:《澳门刑事诉讼制度论》,国家行政学院出版社2001年版,第154页。

止诉讼。中止诉讼是澳门刑事诉讼中的一项具有特色的制度,又称缓诉或诉讼程序的暂时中止,实际上类似于附条件不起诉制度。在符合法律规定的条件时,检察院则向预审法官建议暂时不对嫌犯提出控诉,而是对嫌犯施加强制命令,并设置嫌犯必须遵守的行为规则,当嫌犯在预定的期限内遵守这些要求时,检察院不再对其提出控诉;同时对被暂时中止诉讼的人,要求社会重返部门协助进行考察。[1] 澳门的缓诉制度主要适用于可能判处三年以下有期徒刑的案件,且嫌犯主观方面恶性不大,无犯罪前科。对于是否作出缓诉决定,检察官仅有建议权,最终的决定权在预审法官手里。除此之外,缓诉决定的作出还必须征得嫌犯、辅助人以及被害人的同意。中止诉讼的最长时间一般为2年,如果嫌犯在中止期内履行了设定的义务,检察机关将不对嫌犯提出起诉,并且今后也不得重启诉讼。

为了防止检察机关滥诉,澳门实行法官预审制度。但是随着新《刑事诉讼法典》的修改,预审范围发生了变化,根据修改前的《刑事诉讼法典》,预审法官必须对检察机关提起控诉或决定归档的案件进行预审。而依据新法,预审程序不再是必经程序,如果嫌犯或辅助人没有提出预审申请,预审程序将不会被启动。"嫌犯或辅助人可声请进行预审,预审法官经预审进行司法核实后,再根据事实和证据情况,维持或改变检察院的决定。"[2] 预审法官与审判法官通常由不同法官担任,对于可适用简易程序的案件,预审法官可以不经审判法官直接作出判决,这使预审法官兼具控诉和审判职能。经过预审程序后,预审法官可以作出是否起诉、是否归档的裁定,如果需要部分起诉的,也可以作出部分起诉的裁定。

第二节 公诉裁量权在刑事政策中的体现

刑事政策(criminal policy)体系庞杂、内容深奥,国外对刑事政策的研究方兴未艾,费尔巴哈、李斯特、马克·安塞尔等著名的刑事政策研究者都是刑事政策发展过程中特定时期的领军人物。近年来我国学者也在研

---

[1] 周士敏:《澳门刑事诉讼制度论》,国家行政学院出版社2001年版,第154页。
[2] 周士敏:《澳门刑事诉讼制度论》,国家行政学院出版社2001年版,第26页。

究刑事政策,但是研究尚不深入,在某种程度上与国际通说的"刑事政策"在内容上存在差别,这影响了刑事政策学与国际学术的研究接轨,制约了刑事政策学科体系的发展。陈兴良教授认为:"我国政治生活广泛使用的政策通常是指党的政策,这种政策往往是指政党为实现一定历史时期的路线和任务而规定的行动准则。我国当前的刑事政策学基本上就是对这些现存的刑事政策的注释与解说。"[1] 目前,研究刑事政策的多为刑法学者,他们多以刑事政策为视角对我国罪与罚的对策展开探讨。其实就刑事诉讼领域而言,刑事政策同样对刑事诉讼活动有重要的影响,本节主要通过考察刑事政策演进的历程,探究刑事政策对刑事司法活动中公诉裁量权的指引作用。公诉裁量权是公诉权中不可缺少的一项重要内容,而刑事政策的制定是公诉裁量权行使的前提,并影响其广度和深度;公诉裁量权的行使状况直接反映了刑事政策的贯彻落实情况,刑事政策的贯彻落实离不开公诉权的能动支撑。

一、刑事政策概述

刑事政策是以犯罪治理为基本内容的对策设计与制度安排,它既是刑事立法的核心,也是刑事司法的灵魂。刑事政策的核心是探索如何系统、科学、有效地治理犯罪。刑事政策的变化往往对一国刑事司法制度产生较大的影响,甚至引起法律的修正。检察职能的重要方面就是刑事部分,因此刑事政策会在检察工作中有明显的体现,刑事政策是指导检察工作的重要方针。刑事政策的变化会在检察职能尤其是公诉裁量权上反映明显,反过来,包括公诉裁量权在内的刑事诉讼司法实践直接反映特定国家在特定时期的刑事政策。

(一)刑事政策的概念

刑事政策一词源于德国,由德国著名刑法学家费尔巴哈提出,德语为"Kriminalpolitik"。费尔巴哈认为,刑事政策的范围仅限于刑事立法。刑事政策是国家与犯罪作斗争的惩罚措施的总和,是立法国家的智慧和

---

[1] 参见陈兴良:《刑法的人性基础》,中国方正出版社1996年版,第373页。

技术。[1] 20世纪初,德国刑法学家冯·李斯特在费尔巴哈理论的基础上对刑事政策重新进行了定义,他认为:"刑事政策是在赋予现行法以价值判断的基准,以便发现更妥善之法律。"李斯特提出的这一定义被概括为"最好的社会政策,也就是最好的刑事政策",并且产生了较大的社会影响。二战以后,法国法学家马克·安塞尔扩充了刑事政策的内容,他给刑事政策所下的定义被认为是当代最具影响力的。马克·安塞尔认为刑事政策是"集体对犯罪的、越轨的或反社会活动的有组织的果敢的反应",强调刑事政策既是观察的科学,又是反犯罪斗争的方法、战略或艺术的双重性。马克·安塞尔提出的刑事政策观已经成为现代西方刑事政策学的主流观点。自马克·安塞尔对刑事政策重新界定以来,西方大多数法学家或刑事政策学家都倾向于认为,"刑事政策是一国公共政策的基本组成部分,是研究公共事务与犯罪问题应对之策的科学"[2]。20世纪60—90年代,刑事政策在苏联及东欧社会主义国家受到关注,这些国家将刑事政策视为其国家总政策体系的一部分。而在英美国家,刑事政策一词直到第二次世界大战后才出现。[3]

我国学者对刑事政策的概念争议较大,见仁见智。杨春洗教授认为:"所谓刑事政策是指国家或执政党为了达到抗制犯罪的目的,根据本国的犯罪总态势并采取刑罚和非刑罚等手段所制定的一系列方针和策略的总和。"[4] 储槐植教授认为:"我国的刑事政策是我们党和国家为有效地惩罚和预防犯罪,依据我国的犯罪状况和犯罪产生的原因而确定的,对犯罪行为和犯罪人,区别不同情况,运用刑罚或其他处遇手段的行动准则和方略。"[5] 魏克家教授认为:"刑事政策是指掌握国家政权的统治阶级为维护自己的政治统治和社会秩序,实现一定历史时期的路线和任务而制定的打击、预防、控制犯罪的战略、策略和行动准则。"[6] 曲新久教授认为:"刑事政策是国家基于指导打击及预防犯罪的活动而制定的各种原则的总称,

---

[1] 参见严励等:《中国刑事政策原理》,法律出版社2011年版,第5页。
[2] 卢建平、姜瀛:《治理现代化视野下的刑事政策重述》,载《社会科学战线》2015年第9期。
[3] 参见严励等:《中国刑事政策原理》,法律出版社2011年版,第5页。
[4] 杨春洗、余诤:《论刑事政策视野中的"严打"》,载《人民检察》2001年第12期。
[5] 储槐植:《刑事一体化与关系刑法学》,北京大学出版社1997年版。
[6] 魏克家:《论刑事政策的几个问题》,载《政法论坛》1994年第2期。

是国家政策体系的有机组成部分。"[1] 各位学者对刑事政策的表述虽不一致，但也存在共性。学者们在刑事政策的主体这一点上认识一致，都认为执政党和政府等国家机关是刑事政策的制定者和执行者，都认为刑事政策是解决犯罪问题的方针、准则，是"一种高于刑法的政治考虑，它是对待犯罪的一种宏观的战略"[2]，对刑事司法起指导作用。综上所述，刑事政策本质上是对刑事资源进行合理配置的一种方式，"具有综合性、灵活性、开放性、指引性与倡导性等特性，它不限于对犯罪人及具有犯罪危险性的人所采取的强制措施即单纯刑法层面的政策，还应包括国家司法机关所采取的各种影响犯罪控制与预防的政策"[3]。

分析研究刑事政策的定义可以发现，刑事政策与法律尤其是刑事法律关系密切。刑事政策的发展历程与国家出现的犯罪问题密切联系。在法治社会中，法律是制度性和普遍性的规范，政策是工具性和特殊性的规范。[4] 法治社会应当强调法律至上，但是又离不开政策的指引。法律和政策既相互依存，又相互独立；既不能混为一谈，又不能完全剥离。过于强调刑事政策而否定法律，或者过于强调法律而否定刑事政策的作用都是不正确的。毫无疑问，现代社会法治原则居第一位，其地位无可替代。法律就是司法机关的唯一准绳，任何时候都不能被代替。政策可以指引法律，但不能代替法律。不可否认，刑事法律面对现实有其自身的局限性，需要刑事政策予以补充。法律的稳定性和静态性使其不能及时应对新的法律问题；而政策恰恰弥补了法律的不足，政策的灵活性和可调整性使其可以随时根据一定时期的社会政治、经济变化及社会形势作出相应调整，如刑事司法实践中的认罪协商、速裁程序等制度都能看到刑事政策的影子。司法工作人员在解释法律的弹性规定以及行使裁量权时，仍需要借助刑事政策。一般而言，在制定法律前往往是政策先行，根据政策制定法律，法律是政策的表现形式；但是法律制定后，就具有相应的法律效力，政策对法律的修改必须依照法定程序进行，在有法可依的前提下，必须首

---

[1] 何秉松主编：《刑事政策学》，群众出版社2002年版，第39页。
[2] 卢建平：《刑事政策与刑法》，中国人民公安大学出版社2004年版，第11页。
[3] 周长军：《刑事裁量权论——在划一性与个别化之间》，中国人民公安大学出版社2006年版，第233页。
[4] 周长军：《刑事裁量权论——在划一性与个别化之间》，中国人民公安大学出版社2006年版，第226页。

先依法办事。司法机关处理案件的首要依据就是相应的法律规定,而不是政策。

(二) 刑事政策的发展和内容

纵观刑事政策的研究发展史,总体上可以分为三个阶段:19世纪以费尔巴哈为代表的古典主义阶段是第一阶段,刑事古典学派对中世纪的权威主义的刑罚制度进行了批判,他们主张"以正义和人道为基点,考虑刑罚的性质,尤其力倡死刑和刑讯逼供的废止"[1]。20世纪30年代以龙勃罗梭、菲利等学者为代表提出了社会防卫论,刑事政策的研究进入了刑事实证主义阶段,又被称为社会防卫学派,此为第二阶段。社会防卫学派主张用实证的方法分析犯罪原因和犯罪对策,该学派认为,犯罪来自社会就应通过社会政策消除犯罪,确立改造犯罪人的刑事政策。二战以后,新社会防卫学派出现了,新社会防卫学派反对单纯打击镇压传统刑法和刑罚制度,主张建立以切实保障公民权利自由为指导思想的刑事政策体系。此谓刑事政策研究的第三阶段。在这一刑事政策思想的指导下,第三次刑法改革拉开了帷幕,这次刑法改革以非犯罪化、非刑事化以及非司法化为主要内容。[2] 从刑事政策发展的三个重要阶段可以看出,刑事政策思想总的价值取向是刑罚逐渐轻缓化,反对苛刑;注重从社会层面对犯罪人进行改造;在惩罚犯罪的同时,强调人道主义,以人为本,更加注重犯罪预防。刑事政策价值取向的发展趋势对世界各国的刑事司法活动无疑具有一定的指引价值。

一个国家的刑事法律领域会存在各种各样的刑事政策,这些刑事政策的地位并不相同。作为打击和预防犯罪的一项系统工程,刑事政策由不同层次、不同结构的具体刑事政策组成,形成一个相互作用、相互依存、相互制约的有机整体。[3] 刑事政策可以从纵向和横向两个方面进行分析,"从纵向分析看,刑事政策的结构体系可以分为总的刑事政策、基本刑事政策、具体刑事政策三部分。从横向结构看,刑事政策可以分为刑事惩罚

---

[1] 参见严励等:《中国刑事政策原理》,法律出版社2011年版,第16页。
[2] 参见严励等:《中国刑事政策原理》,法律出版社2011年版,第7页。
[3] 严励等:《中国刑事政策原理》,法律出版社2011年版,第17页。

政策和社会预防政策"[1]。在整个刑事政策体系中，总的刑事政策等级最高，基本刑事政策居于中间，具体刑事政策则等级最低，这三个刑事政策共同组成了刑事政策体系。由于地位不同，三种刑事政策发挥的作用也不相同：总的刑事政策等级最高，因此要指导基本刑事政策和具体刑事政策的制定和实施；基本刑事政策在政策等级中位于中间位置，承上启下，是落实总的刑事政策的关键一环，基本刑事政策是总的刑事政策的具体化；具体刑事政策等级最低，它是基本刑事政策的具体化。总的刑事政策和基本刑事政策最后都需要由每一个具体的刑事政策加以贯彻和落实。基本刑事政策与具体刑事政策之间具有内在性质上的符合性：具体刑事政策应当而且必须体现基本刑事政策，基本刑事政策在相当程度上制约着具体刑事政策。[2] 在我国目前的刑事政策体系中，总的刑事政策是社会治安综合治理；基本刑事政策即"打防结合，预防为主"；具体刑事政策主要表现为刑事惩罚政策和刑事预防政策。刑事惩罚政策又可分为刑事立法政策、刑事司法政策、刑事执行政策，刑事预防政策包括宏观预防政策和微观预防政策。[3]

各国刑事政策不尽相同，目前还不存在全世界通行的刑事政策。刑事政策的制定与发展必须建构在本国的国情之上，受制于本国社会发展和社会治安形势的需要，随着本国犯罪态势的变化不断地进行调整。刑事政策作为指导同犯罪作斗争的行动准则，其制定离不开决策者的价值取向，也离不开其赖以存在的社会结构形态。不同的社会结构形态会产生不同的刑事政策，"在符合社会结构形态的刑事政策产生之前，先进的刑事政策思想总是提前出现，"[4] 对刑事政策的决策者的文化基础产生影响。文化因素对刑事政策选择的影响更多隐含在刑事政策制定者与实施者的思维模式和价值观念之中。在刑事政策产生之前，刑事政策的制定受制于包括文化、价值取向及政治基础在内的多种因素；在刑事政策产生之后，刑事政策具备了一定的独立性，反过来对社会结构形态产生影响。

随着现代刑法理论的不断发展和人权保障理念的深入人心，对轻微犯

---

[1] 参见严励等：《中国刑事政策原理》，法律出版社2011年版，第17页。
[2] 参见陈兴良：《宽严相济刑事政策研究》，载《法学杂志》2006年第1期。
[3] 参见严励等：《中国刑事政策原理》，法律出版社2011年版，第17页。
[4] 严励等：《中国刑事政策原理》，法律出版社2011年版，第19页。

罪实行非刑事化以及侧重特殊预防,已经成为当下刑事政策的重点。我国的刑事政策也在不断进行调整,刑事立法和司法实践逐渐改变对非犯罪化的偏见,建立起犯罪化与非犯罪化[1]并行的模式。在刑罚处理上,逐渐改变"重刑主义",向刑罚轻缓化发展,逐渐增加对非刑罚措施的适用。比如,在立法上减少死刑罪名,完善死刑复核制度;在司法中采取起诉便宜主义,在行刑中推广社区矫正,扩大缓刑的适用,等等。

(三)公诉裁量权与刑事政策的关系

刑事政策是政府与司法之间的重要桥梁,具有影响或决定公诉裁量过程的先天优势,天然亲近政府的公诉权当然地成为政府的首选。公诉权作为刑事诉讼中承上启下的一项重要国家权力,在刑事诉讼活动中占据着重要的位置。

刑事政策指导和影响公诉裁量权的运行。在我国,刑事政策是检察机关裁量起诉的重要依据,是检察机关在公诉活动中作出不同诉讼行为的重要依据,极大地影响着刑事裁量活动的价值导向与运作空间的大小。[2]检察机关公诉裁量权的行使必须在刑事政策的指导下进行,刑事政策具有一定的现实性和灵活性,往往能根据社会形势的变化及时调整,而法律的修改往往滞后于现实,因此,刑事政策更能适应社会形势的需要,其对公诉裁量权的指导往往具有很强的现实性和针对性。通过刑事政策的引导,检察机关可以及时更新观念,根据社会形势对其公诉职能进行适当调整,以应对社会形势的变化。所以,刑事政策不是一成不变的,而是根据社会形势和刑事司法的需要进行调整,而作为刑事政策的重要贯彻者,检察机关也会随着刑事政策的调整不断改变公诉方针。例如,20世纪80年代初我国治安形势严峻,犯罪高发,我国制定了"严打"的刑事政策,这一时期

---

[1] 犯罪化是指将不是犯罪的行为在法律上作为犯罪,使其成为刑事制裁的对象。犯罪化必须受立法的制约。非犯罪化有狭义和广义之分,狭义的非犯罪化是指立法机关将原本由法律规定为犯罪的行为从法律中剔除,使其正当化或者行政违法化;广义的非犯罪化是指立法机关或司法机关将一些社会危害不大,没有必要予以刑事惩罚但又被发现时法律规定为犯罪的行为,通过立法不再作为犯罪或通过司法不认定为犯罪。参见严励等:《中国刑事政策原理》,法律出版社2011年版,第19—20页。
[2] 参见周长军:《刑事裁量权论——在划一性与个别化之间》,中国人民公安大学出版社2006年版,第236页。

的刑事政策强调"从严从重打击";而随着治安形势的好转,我国逐渐放弃了"严打"政策,开始实行"宽严相济"的刑事政策。在"严打"政策指导下,我国公诉工作注重对犯罪的一般预防,由此导致对不起诉的适用更为严格。而在"宽严相济"刑事政策的指导下,检察机关被鼓励适用不起诉,对被追诉人区别处理,以利于犯罪人重新回归社会。

公诉裁量权是贯彻和落实刑事政策的手段。刑事裁量活动蕴含重要的刑事政策意义。[1] 刑事政策作为指导刑事司法活动的重要策略,其贯彻落实必须借助检察机关才能完成,而公诉裁量权的灵活性与刑事政策性的灵活性不谋而合,使前者成为检察机关贯彻刑事政策的重要权力。也唯有公诉裁量权能使检察机关根据刑事政策的调整及时更新起诉政策,从而根据社会形势的变化全面权衡起诉的必要性和合理性,最终作出相应的裁量决定。"现代社会中检察机关在行使起诉裁量权时,需要考虑的刑事政策目标是复杂的、多元的,如犯罪预防、被害人利益的保护、诉讼程序的分流以及有限司法资源的配置等。"[2] 不同的刑事政策目标之间经常会发生冲突,需要检察机关根据案件的具体情况对刑事政策目标作出不同的选择,检察机关因此充当了贯彻和调控刑事政策的手段。例如,"轻轻重重"的刑事政策,提出对罪行轻微的犯罪采取比较缓和的刑罚甚至非刑罚化。综观世界各国,非刑罚化的方式有实体处理和程序处理两种,其中程序性的实现方式就包括运用公诉裁量权。检察机关通过运用起诉裁量权,斟酌案件的具体情况,对符合条件的案件作出不起诉或暂缓起诉的决定,其结果是终止追究犯罪人刑事责任的程序,不失为一条实现非刑罚化的重要途径。

二、"轻轻重重"刑事政策

20世纪60年代以来,随着刑事犯罪案件数量的上升,世界各国开始调整本国的刑事政策,形成"两极化刑事政策"。"两极化刑事政策是西

---

[1] 周长军:《刑事裁量权论——在划一性与个别化之间》,中国人民公安大学出版社2006年版,第234页。

[2] 周长军:《刑事裁量权论——在划一性与个别化之间》,中国人民公安大学出版社2006年版,第236页。

方社会在深刻反思矫正刑、教育刑弊端的前提下提出的一种新的刑事政策。"[1] 两极化刑事政策顾名思义，就是指刑事政策朝着两个"极端"的方向发展，一个是宽松刑事政策，另一个则是严厉刑事政策。在中国，也有学者认为我国的"轻轻重重"刑事政策实质上就是"两极化刑事政策"。

"轻轻重重"刑事政策包括"轻轻"和"重重"两方面。"轻轻"是指检察机关从轻处理轻微犯罪，包括偶犯、初犯、过失犯等主观恶性不大的犯罪；"重重"是指检察机关对于重罪或者人身危险性较大的犯罪予以严惩。"轻轻"和"重重"是统一在"轻轻重重"刑事政策中的，不能将二者截然分开。事实上，有些案件由于同时具有从轻和从重的情节，在这种情况下，"轻轻"和"重重"都可能被适用，因而，要用统一的眼光来审视"轻轻重重"刑事政策，而不能将其两部分内容擅自割裂。根据"轻轻重重"刑事政策的内涵，可以看出采取这种刑事政策的目的在于，一方面通过适用"轻轻"政策给满足条件的犯罪人提供改过自新的机会，使其能早日重返社会；另一方面通过"重重"政策的适用，严厉打击恶性犯罪，降低重大刑事案件的发生率，维护正常的社会秩序。"轻轻"政策的策略是鉴于犯罪人的人身危险性较小，处置"非犯罪化"，量刑"轻刑化"或者"非刑罚化"，以大量采用缓刑、假释、保护观察等非拘禁的刑事处分代替大量适用自由刑，以减少犯罪人之间的"交叉感染"，促进犯罪人的再社会化，维护社会秩序的稳定。"重重"政策的策略是鉴于犯罪人的主观恶性较大，处置"犯罪化"，量刑"从重化"或者"长期监禁"，充分发挥刑罚的惩罚作用和隔离作用，对犯罪人进行长期教育改造，防止其对社会造成再次伤害。

"轻轻重重"刑事政策的实质是对犯罪案件进行区分处理，该政策是各国为解决司法资源紧张与犯罪案件数量上升之间的矛盾所采取的一种应对策略。"轻轻"与"重重"分别是刑事政策的两极，互为补充。"轻轻"政策的适用是为了"重重"政策的实现，通过对轻微犯罪进行轻化处理，可以缓解司法机关办案压力，从而有更多的精力来办理严重刑事犯罪案件，加快刑事案件的办理效率。该政策的适用，有助于司法资源的合理配

---

[1] 马献钊：《宽严相济刑事政策实证研究》，法律出版社2015年版，第50页。

置,缓解司法资源紧张的局面。但是"轻轻重重"的"两极化刑事政策"并非一个静止的刑事政策,该政策也随着各国的犯罪趋势与发展情况而进行调整。

　　基于国情的不同,各国运用"轻轻重重"刑事政策的重点并不一致,有些国家强调"重重"政策,如美国。随着犯罪率大幅增长,尤其是出于反恐的需要,美国将其刑事政策从一开始的"轻轻重重,以轻为主"向"轻轻重重,以重为主"进行调整。美国1994年通过的《暴力犯罪控制及执行条例》规定了"三振出局",即对于已经两次触犯重罪,或已经触犯重罪一次以上的暴力重罪犯,或重罪一次以上之毒品犯,若再犯一次暴力重罪,将被判处终身监禁,不得假释。有些国家强调"轻轻"政策,如西欧国家。在欧洲大陆国家,单纯的一般预防思想渐遭抛弃,转而走向以教育、矫正犯人为主,保护社会为辅的综合性对策,犯罪人的再社会化成为行刑的首要考虑。[1] 总体而言,世界上以宽松的刑事政策指导刑事案件处理的国家占比较大。美国的刑事政策虽然偏向"重重",但是美国通过辩诉交易解决的案件占其刑事案件总量的90%以上,而且目前这一比例仍在上升。在这些被交易的案件中,犯罪人通常在减少指控、降格指控抑或量刑方面得到了优惠,实际上规避了"重重"政策。也就是说,美国通过公诉裁量权的运用实际上调整了"轻轻重重"刑事政策的适用范围,虽然政策上"重重",但实际上运用宽松政策的案件占比较大。

　　综上可见,"轻轻重重"刑事政策对一国的刑事司法活动,包括对本国公诉裁量权的运用产生了相当广泛的影响。"重重"政策更多地强调刑事司法的严厉性,依法从严处理重罪案件,公诉机关必须对重罪案件做犯罪化处理,实际上限制了公诉裁量权;而对于轻微犯罪、偶犯、初犯、过失犯罪等实行"轻轻"政策,即非犯罪化、非刑罚化以及恢复性司法措施,由此给予公诉机关较为宽泛的裁量权,使其可以斟酌案件的具体情况作出裁量处理。目前,在世界各国的审前活动中,公诉机关以不起诉或者撤销案件等方式将案件予以分流处理就是"轻轻"政策的体现。"轻轻重重"的"两极化刑事政策"在刑事诉讼中的重大影响是,在刑事诉讼中处于承上启下地位的起诉机关的诉讼分流功能加强,检察机关普遍被赋予基于罪行轻

---

[1] 周长军:《刑事裁量权论——在划一性与个别化之间》,中国人民公安大学出版社2006年版,第252页。

重以及犯罪人的人身危险性大小等因素决定如何处理的裁量性权力。[1]

三、"镇压与宽大相结合"刑事政策

"镇压与宽大相结合"的刑事政策是新中国成立初期实行的一项刑事政策，这项政策的适用与当时的社会形势有密切的关系。当时，新中国刚成立，国内外各种反动势力不断伺机对我国新生政权进行破坏。1927年3月，为了保护新生革命政权，同时分化反革命势力，毛泽东同志在《湖南农民运动考察报告》中就提出"镇压与宽大相结合"的刑事政策。在第二次国内革命战争时期，毛泽东同志将这一政策作为苏维埃政权反抗国民党反动统治的基本策略。"镇压与宽大相结合"政策的形成时期应该是抗日战争时期。1940年12月25日，毛泽东在《论政策》一文中指出："应该坚决地镇压那些坚决的汉奸分子和坚决的反共分子，非此不足以保卫抗日的革命势力。但是决不可多杀人，决不可牵涉到任何无辜的分子。对于反动派中的动摇分子和胁从分子，应有宽大的处理。"[2] 1950年6月6日，毛泽东同志在《为争取国家财政经济状况的基本好转而斗争》一文中指出："必须坚决地肃清一切危害人民的土匪、特务、恶霸及其他反革命分子。在这个问题上，必须实行镇压与宽大相结合的政策，即首恶者必办，胁从者不问，立功者受奖的政策，不可偏废。"[3] 1955年9月，公安部部长罗瑞卿在《为保卫祖国的经济建设而斗争》的报告中指出，我们要继续贯彻"镇压与宽大相结合"的政策，具体地说，就是坦白从宽、抗拒从严，从而进一步丰富这一政策的内容。

四、"惩办与宽大相结合"刑事政策

随着镇压反革命运动的结束，我国社会的矛盾逐渐发生了变化。原有的刑事政策已经不能适应打击犯罪的需要，在这种情况下，中共中央出于

---

[1] 周长军：《刑事裁量权论——在划一性与个别化之间》，中国人民公安大学出版社2006年版，第240—241页。
[2] 《毛泽东选集》（第2卷），人民出版社1991年版，第767页。转引自马献钊：《宽严相济刑事政策实证研究》，法律出版社2015年版，第57页。
[3] 马献钊：《宽严相济刑事政策实证研究》，法律出版社2015年版，第58页。

打击犯罪、维护稳定之考虑,及时调整了刑事政策,制定了"惩办与宽大相结合"的刑事政策。中共中央制定这一政策的目的在于,既要惩罚反革命的犯罪,还要惩罚普通刑事犯罪,强调刑罚运用的严与宽。1956年9月,刘少奇同志在中共八大上提出"对反革命分子和其他犯罪分子一贯地实行惩办与宽大相结合的政策"[1]。1979年,立法机关将"惩办与宽大相结合"这一政策写进1979年《刑法》第1条,作为我国刑法的制定根据,从而完成了刑事政策与法律的衔接。

长期以来,"惩办与宽大相结合"的刑事政策被公认为我们党和国家同犯罪作斗争的基本刑事政策。这项政策对于争取改造多数、孤立打击少数、分化瓦解敌人有着重要的作用。[2] 但是,"文化大革命"时期,"惩办与宽大相结合"的刑事政策实际上无法得到切实运用。党的十一届三中全会以后,"惩办与宽大相结合"的刑事政策才得以恢复,并被写进1979年《刑法》。但在1997年《刑法》修订时,"惩办与宽大相结合"的刑事政策又从刑法条文中被删除。关于删除"惩办与宽大相结合"刑事政策的理由,立法者作出了解释:"惩办与宽大相结合"是我们党和国家同犯罪作斗争的基本刑事政策,这项政策对于争取改造多数、孤立打击少数有着重要的作用。由于《刑法》已经根据犯罪的不同情况作出一系列区别对待的规定,如对累犯、教唆未成年人犯罪规定了从重处罚,对从犯、胁从犯、未遂犯、中止犯和自首立功的犯罪分子规定可以从轻、减轻或者免除处罚,以及根据罪犯在执行刑罚中的表现还规定了减刑和假释,等等。这些规定都是"惩办与宽大相结合"刑事政策的具体体现,因此,《刑法》不再单独规定"惩办与宽大相结合"的政策。[3] 对此,陈兴良教授认为:"在1997年《刑法》修订时之所以删除关于惩办与宽大相结合刑事政策的规定,主要还是为了给严打刑事政策让路。对于惩办与宽大相结合刑事政策而言,这是一种不是变化的变化。"[4] 之后,在相当长的一段时间,"严打"成为我国刑事司法活动的主要政策,而"惩办与宽大相结合"的刑事政策在刑事司法中所起的作用日渐微弱。

---

[1] 马献钊:《宽严相济刑事政策实证研究》,法律出版社2015年版,第58页。
[2] 参见汪明亮:《"严打"的理性评价》,北京大学出版社2004年版,第33页。
[3] 胡康生、李福成主编:《中华人民共和国刑法释义》,法律出版社1997年版,第2页。
[4] 陈兴良:《宽严相济刑事政策研究》,载《法学杂志》2006年第1期。

五、"严打"刑事政策

"严打"政策是我国在特殊时期针对特殊的犯罪所采用的特殊的刑事政策，是我国的一项具体刑事政策。20世纪80年代开始的"严打"政策，在当时的历史条件下是一种无奈的选择，也是一种必然的选择。[1]

"严打"是中国的一项重要的刑事政策，"严打"即依法从重从快严厉打击严重刑事犯罪活动，"严打"的基本内容就是适用刑罚"从重"和在刑事程序上"从快"。"严打"在特定历史时期发挥了一定的积极作用，"不失为一种现实有效的措施"。但是不能期望通过"严打"来实现社会的长治久安。事实上，"严打"斗争已经对常态法治造成了较为严重的冲击，带来了许多负面影响。因此，"严打"可用而不可常用。"严打"刑事政策是党和国家为了"从重从快"打击严重危害社会治安的犯罪分子，应我国当时社会治安形势的需要而制定的。自1983年以来，"严打"成为我国刑事政策的主旋律。有学者将"严打"的内涵界定为："党和国家在社会治安形势严峻时为打击某几类严重刑事犯罪而制定的、由司法机关为主要执行主体的、以从重从快为基本要求的一种具体刑事政策，其以运动、战役的形式存在。"[2]所谓"从重"是指对于罪行严重的犯罪分子，依法从严惩处。所谓"从快"是指在办理刑事案件时应依法"从快"。"从重"体现了刑事实体法的要求，"从快"体现了刑事程序法的要求。无论"从重"还是"从快"，前提都必须是在法律规定的范围内，不能超出法律规定的幅度，不能违法办案。

一般认为，"严打"政策的正式出台以邓小平同志在1983年7月所作的《严厉打击刑事犯罪活动》的谈话、1983年8月通过的《关于严厉打击刑事犯罪活动的决定》、1983年9月第六届全国人大常委会第二次会议通过的《全国人民代表大会常务委员会关于严惩严重危害社会治安的犯罪分子的决定》为标志。[3]其实早在20世纪70年代末期，中央就已经制定了

---

[1] 陈兴良：《宽严相济刑事政策研究》，载《法学杂志》2006年第1期。
[2] 汪明亮：《"严打"的理性评价》，北京大学出版社2004年版，第33页。
[3] 参见樊崇义主编：《走向正义——刑事司法改革与刑事诉讼法的修改》，中国政法大学出版社2011年版，第12—13页。

从严打击犯罪的相关文件。例如，1978年中共中央批转的《第三次全国治安工作会议纪要》和中共中央于1978年制定的58号文件，就首先提出了新的犯罪对策思想的一些基本原则。[1] 1980年，彭真委员长提出了对严重刑事犯罪要实行依法从重从快惩处的方针。1981年，京、津、沪、穗、汉五大城市治安座谈会召开，会上明确提出了"全党动手，实行全面'综合治理'"的刑事政策。1983年8月，党中央针对当时犯罪活动猖獗，破坏社会治安、危害人民生命财产的突出问题，作出《关于严厉打击刑事犯罪活动的决定》，开展了三年"严打"战役，这一时期采取的刑事政策被称为"严打"的刑事政策。

"严打"期间出现了一些冤假错案，对正常司法秩序造成极大破坏。其实，"严打"政策之所以会在司法实践中出现这样或那样的问题，并不是"严打"政策本身有问题，而是实践中片面理解甚至曲解"严打"政策所造成的。[2] 中共中央《关于严厉打击刑事犯罪活动的决定》曾明确提出，"严打"必须严格遵守法律，不允许在法律之外从严打击犯罪。司法实践中的"严打"强调对应当惩办的犯罪从重处罚，不按程序加快办理，因此，本来就从严适用的不起诉制度在严打期间更加被忽略。随着2000年之后"宽严相济"政策的提出，不少学者认为"严打"政策被"宽严相济"政策所取代。但是实际上"宽严相济"政策与"严打"政策二者之间既没有对立，也没有相互替代。"严打"是"宽严相济"刑事司法政策的重要内容和有机组成部分，是贯彻"宽严相济"刑事司法政策的重要体现。而且，"宽严相济"刑事政策同样要进一步健全检察环节贯彻"严打"方针的经常性工作机制。[3]

六、"坦白从宽、抗拒从严"刑事政策

"坦白从宽，抗拒从严"曾是指导我国刑事司法实践的一项重要政策，在我国的司法实践中发挥了重要作用。"坦白"就是要求犯罪嫌疑人、被

---

[1] 严励等：《中国刑事政策原理》，法律出版社2011年版，前言第3页。
[2] 樊崇义：《刑事诉讼法再修改理性思考论纲》，载《国家检察官学院学报》2007年第10期。
[3] 参见2006年12月28日最高人民检察院第十届检察委员会第六十八次会议通过的《最高人民检察院关于在检察工作中贯彻宽严相济刑事司法政策的若干意见》。

告人如实供述自己所犯的罪行;"抗拒"就是指犯罪嫌疑人、被告人拒不交代或不如实陈述自己所犯的罪行。检察机关往往将被追诉人是否"坦白"作为评价其认罪态度的重要依据,并以此为标准提出起诉书和量刑建议。认罪态度好的犯罪嫌疑人和被告人一般会得到从宽处罚的量刑建议,法官一般也会考虑该量刑建议从而作出从轻处罚的判决。在某种程度上,"坦白从宽、抗拒从严"也带有检察官与犯罪嫌疑人、被告人"交易"的作用,犯罪嫌疑人、被告人积极认罪可以减轻检察官的工作量,加快办案节奏、提高办案效率,使检察官从中"得利";而犯罪嫌疑人、被告人以其认罪供述换取检察官"从轻"的量刑建议,从中得到实惠。

不容置疑,"坦白从宽、抗拒从严"这一政策有其积极一面,尤其是在犯罪率居高不下的情况下,有利于公安司法机关及时惩罚犯罪。任何一个社会都无法消灭犯罪,如果犯罪人能及时供述犯罪事实,案件侦办的效率将大大提高,犯罪案件能被及时处理,达到节约司法资源,实现刑事诉讼的目的。当然,这一政策的缺陷也是显而易见的。长期以来,"坦白从宽、抗拒从严"政策一直表现出适用上的不确定性。实际上,根据《刑法》的规定,坦白从宽在量刑中仅仅是酌定情节,对于坦白从宽者并非必须从轻、减轻处罚,有些罪犯被鼓励"坦白"后,不仅被定罪,还被施以重刑;而有些顽固不化的犯罪分子或者多次犯罪服刑的犯罪分子却洞悉法律的软肋,拒不坦白,最终可能因案件证据不足而逃脱法网。这种情况导致一种事实上的不公平:坦白者可能从重,抗拒者可能从宽。因此,法律界早就存在对"坦白从宽、抗拒从严"检讨的声音。许多人主张重塑这一刑事政策,改"坦白从宽、抗拒从严"为"坦白从宽、抗拒不从严"。"坦白从宽"本身有其合理性,这一政策并没有完全消亡。最高人民检察院法律政策研究室原主任万春介绍,进行认罪认罚从宽制度试点,应该说是我们国家现行法律规定的"坦白从宽"这项刑事政策的一种具体化、制度化、程序化、规范化的做法。[1]

---

[1]《最高检:认罪认罚从宽制度是"坦白从宽"具体化》,载中新网2016年9月3日,http://m.chinanews.com/wap/detail/chs/zw/7992997.shtwl。

七、"宽严相济"刑事政策

进入21世纪，出于社会形势发展的需要，我国再次对刑事政策作出调整。"宽严相济"的刑事政策逐渐成为指导我国刑事司法活动的重要刑事政策。"宽严相济"刑事政策的出台对我国的刑事司法活动产生了重要的影响，及至今日，"宽严相济"的刑事政策仍然在我国刑事政策体系中居于基础性地位，成为指导我国刑事司法实践的重要刑事政策。

有学者认为，"宽严相济"的刑事政策是在反思20世纪80年代以来实行的"严打"刑事政策的基础之上提出的新的刑事政策，是在总结"严打"刑事政策经验教训的基础上，向"惩办与宽大相结合"的刑事政策一定程度的回归。[1] 其实宽严相济的刑罚思想并非今天才有，早在先秦时期就有"刑罚世轻世重""宽猛相济"等刑事政策思想。[2] "宽严相济"的刑事政策可以说在我国具有深厚的历史文化渊源。"宽猛相济"与"宽严相济"基本精神一致，宽以济猛，猛以济宽，政是以和。

"宽严相济"刑事政策是一项合理平衡打击犯罪与保障人权的刑事政策，其不仅强调对犯罪的有效打击以维护社会秩序，而且注重人权保障，采用人道的手段对待犯罪人。"宽严相济"刑事政策内容主要包括以下三方面：其一，"宽严相济"刑事政策体现的是一种区别对待，这种区别对待包括两个方面：一是横向的区别对待，是指在同一时期但不同地区，根据犯罪人的犯罪情节及其当时的社会形势给予不同的处理；二是纵向的区别对待，是指不同时期，针对社会形势，将不同的犯罪作为重点打击对象。其二，"宽严相济"刑事政策的宽与严都应依法进行，严要有度，宽要有节。依法从宽或从严，不能突破法律的规定，要坚持罪刑法定原则、罪刑相适应原则。其三，"宽严相济"刑事政策的宽严应当相济。"相济"是指宽与严应当相互体现、相互配合与相互统一。"宽与严是相对而言，对重罪处以较重刑罚要能体现出轻罪所处刑之轻，对轻罪处以较轻刑罚要能

---

[1] 蔡巍：《检察官自由裁量权比较研究》，中国检察出版社2009年版，第27页。
[2] 马献钊：《宽严相济刑事政策实证研究》，法律出版社2015年版，第52页。

体现出重罪所处刑之重。"[1]

根据现有文献,"宽严相济"刑事政策的第一次提出是在2004年12月的全国政法工作会议上,时任中央政治局常委、政法委书记罗干提出"要认真贯彻宽严相济的刑事政策"。在2005年全国政法工作会议上,罗干同志又一次提到"宽严相济"的刑事政策,提出把贯彻"严打"方针置于"宽严相济"的刑事政策之下,明确提出"宽严相济是我们在维护社会治安的长期实践中形成的基本刑事政策",第一次明确了"宽严相济"的刑事政策是我国的基本刑事政策。2006年10月,党的十六届六中全会通过了《中共中央关于构建社会主义和谐社会若干重大问题的决定》,确立了"宽严相济"的刑事政策,"宽严相济"被定位为刑事司法政策。根据最高人民检察院2006年出台的意见,"宽严相济"刑事政策是我们党和国家的一项重要刑事司法政策,是检察机关正确适用国家法律的重要指针。检察机关贯彻"宽严相济"的刑事司法政策,就是要根据社会治安形势和犯罪分子的不同情况,在依法履行法律监督职能时实行区别对待,注重宽与严的有机统一,该严则严,当宽则宽,宽严互补,宽严有度,对严重犯罪依法从严打击,对轻微犯罪依法从宽处理,对严重犯罪中的从宽情节和轻微犯罪中的从严情节也要依法分别予以体现,对犯罪的实体处理和适用诉讼程序都要体现宽严相济的精神。在对严重犯罪依法严厉打击的同时,能依法争取犯罪分子的尽量争取,能挽救的尽量挽救,能从宽处理的尽量从宽处理,最大限度地化消极因素为积极因素,为构建社会主义和谐社会服务。[2]最高人民检察院出台的意见明确指出,"宽严相济"刑事政策并非一味地强调严,也并非绝对地强调宽,而是强调宽与严的辩证关系,无论宽或者严都要根据具体情况具体分析,"当宽则宽,该严则严"。

依据"宽严相济"刑事政策,检察机关可以根据犯罪的具体情节,结合当时的犯罪形势灵活处断,这其实是赋予了检察机关相应的公诉裁量权,例如,起诉和不起诉本身就体现了从严或从宽处理。当然,检察机关

---

[1] 参见樊崇义主编:《走向正义——刑事司法改革与刑事诉讼法的修改》,中国政法大学出版社2011年版,第11—12页。
[2] 参见2006年12月28日最高人民检察院第十届检察委员会第六十八次会议通过的《最高人民检察院关于在检察工作中贯彻宽严相济刑事司法政策的若干意见》。

必须在法律规定的前提下，在从宽与从严中作出适合犯罪人的选择，使检察机关对犯罪人的处理宽严有度，宽严合理。"宽严相济"的刑事政策是刑事司法实践中的一项重要政策，既可用于处理刑事实体问题，也可以用于处理刑事程序问题。直到现在，"宽严相济"刑事政策仍在我国司法实践中发挥着重要的作用，比如普通程序简易化审理和公诉案件和解程序都是在"宽严相济"的刑事政策下形成的。我国刑事诉讼法确立的认罪认罚从宽制度更是依法推动"宽严相济"刑事政策具体化、制度化的一次重要探索。关于认罪认罚从宽的制度，时任中央政法委书记孟建柱同志作出如下解读："要加强研究论证，在坚守司法公正的前提下，探索在刑事诉讼中对被告人自愿认罪、自愿接受处罚、积极退赃退赔的，及时简化或终止诉讼的程序制度，落实认罪认罚从宽政策，以节约司法资源，提高司法效率。"[1] 在这里，他将"认罪认罚从宽"作为一项刑事政策加以理解。从刑事政策的角度看"认罪认罚从宽"，可以说它滥觞于"宽严相济"和"坦白从宽、抗拒从严"的刑事政策，体现了"宽严相济"中的"宽"和"坦白从宽、抗拒从严"中的"坦白从宽"，同时，它又是对"坦白从宽"的一种发展，因为"认罪认罚"除了包括坦白，还包括自首、当庭认罪、退赃退赔、赔偿被害人损失、刑事和解等多种情形。[2] "宽严相济"刑事政策是我国经济社会发展所处阶段必然产生的政策，它符合社会主义初级阶段的基本国情，符合社会转型期矛盾发生发展的规律，符合我国现阶段犯罪发生发展的态势，符合广大人民群众的需要，所以该政策必然是伴随我国社会主义初级阶段整个进程的刑事政策。[3]

八、少捕慎诉慎押刑事司法政策

少捕慎诉慎押刑事司法政策是党中央在新的时代背景下针对我国刑事犯罪的变化和特点，为满足和适应我国当前刑事司法实践的需要于2021年4月提出的刑事政策。重罪案件占比持续下降，轻罪案件不断增多，刑事案件的总量仍处高位，司法资源存在短缺，这是我国提出少捕慎诉慎押政

---

〔1〕 孟建柱：《完善司法管理体制和司法权力运行机制》，载《人民日报》2014年11月7日，第6版。
〔2〕 熊秋红：《认罪认罚从宽的理论审视与制度完善》，载《法学》2016年第10期。
〔3〕 参见马献钊：《宽严相济刑事政策实证研究》，法律出版社2015年版，第48页。

策的基本背景。2021年4月，中央全面依法治国委员会把"坚持少捕慎诉慎押刑事司法政策，依法推进非羁押强制措施适用"列为2021年的工作要点。随后，最高人民检察院制定下发《"十四五"时期检察工作发展规划》（以下简称《发展规划》），对未来五年检察工作进行谋篇布局。《发展规划》强调，检察机关"十四五"时期要做优刑事检察，坚持依法惩治犯罪与保障人权相统一，全面贯彻宽严相济刑事政策，落实少捕慎诉慎押司法理念，切实履行指控证明犯罪主导责任。自此，少捕慎诉慎押成为我国一项重要的刑事司法政策。少捕慎诉慎押其实并不是一项全新的刑事政策，它与宽严相济刑事政策有紧密的联系，是新时期对宽严相济刑事司法政策的延续，也是对宽严相济刑事司法政策的完善发展。

根据最高人民检察院对少捕慎诉慎押刑事司法政策的解读，这一刑事司法政策与前述的刑事政策相比，最主要的一点是适用范围有限，重点适用轻罪案件，比如可能判处三年有期徒刑以下刑罚的轻微犯罪案件；罪行较轻的案件，如可能判处三年有期徒刑以上刑罚但系过失犯罪，初犯、偶犯，共同犯罪中的从犯、胁从犯等；犯罪嫌疑人、被告人认罪认罚，没有其他恶劣情节的案件；未成年人、老年人、在校学生、重大科研项目关键岗位的科研人员、没有社会危险性的企业经营者等，不予羁押不致产生社会危险且更符合社会公共利益的案件。

少捕慎诉慎押刑事司法政策的核心是"少捕"、"慎诉"和"慎押"。只有准确理解和把握"少捕"、"慎诉"和"慎押"，才能对这一刑事司法政策有清楚的认识。这一政策的提出是对检察机关传统办案误区"构罪即捕""有罪必诉"的纠偏。最高人民检察院要求全面准确贯彻宽严相济刑事政策，对严重刑事犯罪坚决从严打击，对较轻犯罪、初犯偶犯等少捕慎诉慎押，坚决防止不分罪行大小、情节轻重，构罪即捕、以捕代侦、一诉了之、一押到底，最大限度减少社会不和谐因素，促进社会持续稳定。"少捕"不是"不捕"，而是慎重逮捕，是指对于轻微犯罪案件，可捕可不捕的不捕。"慎诉"也不是不诉，而是指对于轻微犯罪案件，可诉可不诉的不诉。检察机关应当慎重对待起诉权的行使，充分运用起诉裁量权，对于认为不起诉更为适当的案件，应当尽量不起诉。例如，因邻里纠纷、民间矛盾引发的轻伤害案件。"慎押"是指尽可能适用非羁押强制措施，对于没有继续羁押必要的犯罪嫌疑人及时变更强制措施。"少捕"才可能"少诉","少捕"才可能"少押","少捕"、"慎诉"和"慎押"这三者有机联系,共同构成少捕慎诉慎押刑事司法政策。少捕慎诉慎押的本质是严格、准确、规范地把握逮捕、起诉、羁押的法定条件,将刑事强制措施、刑事追诉控制在合理且必要的限度内,体现刑法谦抑、审慎的要求,实现惩罚犯罪与保障人权的最佳平衡,最大限度发挥刑事司法对社会和谐稳定的促进作用。[1]

　　在司法实践中,正确适用少捕慎诉慎押刑事司法政策要注意:这一政策在我国司法实践中的确立,并不意味着司法机关对于犯罪行为人要一味从宽,"捕""诉""押"的适用是司法机关在综合考量个案的特殊情况和犯罪行为人情况的基础上作出的慎重选择。对于不符合条件的案件和犯罪嫌疑人可以不从宽,甚至对于诸如严重暴力、涉黑涉恶等严重犯罪,还可以依法严惩。实践中,检察机关通常会通过审慎评估社会危险性,运用检察听证方式,羁押必要性审查等方式,决定是否逮捕、是否起诉和是否羁押。少捕慎诉慎押刑事司法政策的贯彻实施有助于防止刑事诉讼因过度依赖逮捕羁押导致的刑事诉讼活动运转失灵,提高刑事诉讼的办案效率,推动社会矛盾化解。最高人民检察院工作报告显示,2019年之前我国的酌定不起诉占比始终低于10%,2020年达到11%左右。2021年不起诉率达到15.5%,2022年不起诉率达到26.3%,为历史新高。少捕慎诉慎押刑事司法政策对我国司法实践的指引作用已经凸显。

---

[1]《少捕慎诉慎押,如何正确理解、精准适用?最高检这么说》,载《新京报》2022年2月9日。

第四章　公诉裁量权的比较考察

"他山之石，可以攻玉"，各国都在借鉴吸收他国经验的基础上构建本国的检察制度。现代检察制度引入我国后，我国检察制度的发展更迭也或多或少受到了域外检察制度设计和理念的影响。综观各国检察制度的发展历史，公诉裁量权的确立和发展是检察制度发展的共同趋势。通过比较研究世界主要国家的检察制度，梳理公诉裁量权的发展脉络，可以发现，即使是在不同社会环境下运行的检察制度也有其共同遵循的规律，比较研究不同国家的制度设计可以获取先进的经验，从而促进我国公诉裁量权制度的发展。

第一节　大陆法系国家的公诉裁量权

一、法国的公诉裁量权

法国是公认的检察制度和公诉制度的发源国。1789年爆发的法国大革命对世界各国产生了深远影响，法国的检察制度也伴随着大革命的影响在世界各国传播，尤其是同属大陆法系的德国、日本等国家深受法国检察制度的影响，其本国的检察制度设计都体现了法国检察制度的特点。然而任何一个国家的法律制度都不是固化的，会随着本国经济社会的不断发展而不断变化。近年来，法国的公诉制度也随着本国国情的变化而悄然发生了变革，原本传统上实行严格法定主义的法国的公诉制度也随着世界法治潮流的变化进行相应的改革，法国的检察官不再严守法定主义的起诉原则，而是被赋予了广泛的公诉裁量权，而且这个公诉裁量权还有扩大的趋势。

回溯法国早期的诉讼制度，私诉是其典型特征，除非公民个人主动向法院提起诉讼，否则法院不受理案件。因而当时的法国国王为自己设立了专门处理民事法律纠纷的代理人，被称为"国王的律师和代理人"。当国王与诸侯发生法律纠纷（诸如财政、税务和领土方面的纠纷）时，则由"国王的律师和代理人"代表国王与国内诸侯进行交涉。随着社会的发展，人们逐渐认识到私诉形式的不足，为了弥补私诉形式的缺陷并加强中央集权，从菲利普四世（1285—1314 年）起，"国王的律师和代理人"的地位和作用开始发生变化，其不再专门为国王处理法律纠纷，而成为专职的国家官员。到了 17 世纪，路易十四统治法国时期，"国王的律师和代理人"的名称发生了变化，被称为总检察官，现代意义上的检察制度从此形成。这时法国总检察官享有"以政府公诉人的身份听取私人告密、进行侦查，提起公诉，在法庭上支持控诉，以及抗议法庭判决等职能"[1]。法国的检察官具有特殊性，一方面，法国的检察官属于政府机构的行政官员；另一方面，法国的检察官又是享有司法职权的司法官，在法国被称作"站着的司法官"。法国的检察官对绝大部分的刑事案件都有决定是否提起诉讼的权力，只有少数轻微刑事案件才允许被害人自诉，即实行以国家公诉为主，被害人自诉为辅的起诉制度。法国的公诉制度比较严格，检察机关一旦介入案件，要么向法院提起公诉，要么作出不起诉决定，不允许检察机关中途停止对案件的审查，更不得随意放弃案件，也不允许检察机关撤回已经向法院提起公诉的案件。这一点体现出了法国职权主义诉讼模式的特征，注重国家职权作用的充分发挥。

近些年，法国国内面临案件数量日益增加的问题，法院负担普遍加重，案件得不到及时审理，案件拖延问题愈发严重。在这种情况下，法国为了解决本国诉讼活动中出现的一系列问题，开始着手对本国刑事司法制度进行改造，简易程序被引入刑事诉讼活动中。随着简易程序在法国的推行，法国的检察官自由裁量制度开始出现，检察官由此获得了在处置被告人认罪案件方面的自由裁量权。检察官的裁量权主要体现在是否要对被告

---

[1] 参见王桂五主编：《中华人民共和国检察制度研究》，中国检察出版社 2008 年版，第 5 页。

人提起公诉,为了达到检察官和被告人都满意的结果,检察官可以和被告人在刑事诉讼中进行协商,协商主要围绕着对被告人的量刑以及对被告人的处理结果进行。随着协商制度的日渐发展,法国的检察官在刑事诉讼活动中的地位不断提高,最终获得刑事诉讼中的主导性地位。

此外,为限制正式起诉的案件数量,控制涌入上级法院的案件数量,法国还开展了轻罪矫治(correctionalisation)的司法实践,主要指检察官在案件侦查和指控方面享有自由裁量权。此外,根据法国《刑事诉讼法典》第41-2条和第41-3条的规定,检察官可以对承认实施犯罪行为的被追诉人采取一系列刑罚替代措施(composition pénale),以替代起诉。[1]"如果犯罪嫌疑人遵守了检察官对其适用的刑罚替代措施,则审判就不再进行了。刑罚替代措施将被载入犯罪人的个人犯罪记录。"[2] 2001—2009年,法国刑罚替代措施案件的数量从1500个上升到超过73000个。该措施使得检察官可以快速处理那些可能被判处罚金,或者5年及5年以下刑期的犯罪,如袭击(assault)、盗窃、刑事损害或者醉酒驾驶等。[3] 2004年,法国引入审前认罪程序(comparution sur reconnaissance préalable de culpabilité,CRPC)。这是一种涉及认罪和量刑的协商程序,由检察官或被告人及其辩护人提出,适用于可能被判处罚金或低于5年监禁的犯罪。该程序需要被告人及其辩护人与控方参与并达成量刑协议,法官仅限于拒绝或接受该量刑协议,实质上是法官与检察官分享了处分案件的权力。与英美法系认罪答辩不同的是,法国法官有责任核实被告人的罪行,以及指控是否有充分的法律基础。法官也要确保被告是在充分了解后果的基础上,自由地作出同意决定,而且要确保量刑是适当的。[4] 审前认罪程序虽然能提高司法效率,帮助法院快速消化案件,但是其弊端同样明显。法国国内质疑和反对审前认罪程序的一个原因就是,法国对效率的追求已经超过了

---

[1] 这些替代措施包括缴纳罚款、无薪工作、吊扣驾照以及给被害人支付赔偿金等,现在还增加了强制戒毒,限制被告人活动区域、接触人员范围的禁止令(例如,禁止与被害人、共同被告人联系),以及限制被告人使用信用卡,等等。
[2] 参见杰奎琳·霍奇森:《法国认罪程序带来的检察官职能演变》,俞亮译,载《国家检察官学院学报》2013年第3期。
[3] 参见[美]艾瑞克·卢拉、[英]玛丽安·L.韦德主编:《跨国视角下的检察官》,杨先德译,法律出版社2016年版,第116页。
[4] 参见[美]艾瑞克·卢拉、[英]玛丽安·L.韦德主编:《跨国视角下的检察官》,杨先德译,法律出版社2016年版,第117—118页。

对当事人权利的保护。"研究已经表明，为了结案，甚至当被指控人并不存在法律意义上的罪行或追诉基础并不充分的情况下，被指控人通常会屈服，并做有罪供述。"[1]

在法国刑事诉讼程序中，检察官处于一个核心位置，不仅能对侦查机关形成制约，同时也能对案件的流向以及审判产生影响。在诉讼活动中，如果是处于侦查阶段，检察官有权监督警察的侦查行为，并且还负责案件的调查活动和追诉活动。在审查起诉阶段，检察官自身就拥有提起公诉的权力，有权决定是否指控犯罪嫌疑人，对是否提起公诉拥有广泛的裁量权。不仅如此，法国检察官还有划分重罪（crime）、轻罪（delits）和违警罪（contraventions）的裁量区分权，实际上等于控制了案件的分流途径，控制了流向预审法官的案件种类及数量。

虽然预审法官的制度设计本意是对法国检察机关的公诉权形成制约，预审制度规定，重罪案件必须交给预审法官预审，由预审法官决定是否提起公诉。但是预审法官的审查是被动的，只有检察官将案件提交给预审法官，预审法官才能对案件进行审查，而检察官享有的对案件的裁量区分权实际上等于控制了流向预审法官的案件种类及数量，所以检察机关实际上控制了所有案件的裁量权。而预审法官在刑事司法活动中的作用也在不断降低，其影响越来越小。由此，预审法官制度饱受法国社会的抨击。"预审法官处理的案件从19世纪的40%下降至1960年代的20%，而到了2008年只剩下4%。"[2]而"乌特罗事件"无疑是法国预审法官地位下降的直接导火索。该事件发生在法国北部小镇乌特罗，6名犯罪嫌疑人因当地发生的系列娈童案被羁押，最终这6名犯罪嫌疑人被判无罪并被开释。调查发现，预审法官在处理该案时严重失职，没有进行独立调查，忽视犯罪嫌疑人的辩解，而且完全复制检察官的书面报告。此事件使人们对预审法官制度感到失望。废止预审法官制度的声音此起彼伏，同时，检察官在审前阶段的权力相应地得到进一步提升。2009年1月，萨科齐（Nicolas Sarkozy）总统在讲话中表示预审法官制度很有可能最终消亡，并会将审

---

[1]［美］艾瑞克·卢拉、［英］玛丽安·L.韦德主编：《跨国视角下的检察官》，杨先德译，法律出版社2016年版，第120页。

[2]［美］艾瑞克·卢拉、［英］玛丽安·L.韦德主编：《跨国视角下的检察官》，杨先德译，法律出版社2016年版，第122页。

前阶段的事务交由检察官独自负责。在2009年9月的报告中，雷日赫委员会（Léger commision）提议废止预审法官制度，并将所有的侦查活动都交由检察官负责，这就意味着检察官在审查阶段将享有更加广泛的裁量权。[1]

二、德国的公诉裁量权

与法国一样，德国也属于典型的大陆法系国家，实行职权主义诉讼模式。长期以来，外界对德国检察机关的认识是，德国检察机关一贯遵循严格的起诉法定主义，在符合法定的起诉条件时，德国的检察官一定提起公诉。"然而在过去三十年间，客观侦查和追诉犯罪活动的规范要求与日益严重的资源约束之间的紧张已经改变了德国的刑事诉讼的法律及实践。"[2] 德国的检察机关逐渐改变了其传统起诉法定主义的做法，检察机关的公诉裁量权在德国的刑事司法实践中日渐发挥着显著的作用。

（一）德国公诉裁量权的产生

受发现真实的法制传统影响，德国的立法明确规定起诉法定主义，传统上德国的检察官享有较小的公诉裁量权，到19世纪，这种状况开始发生变化。"1861年德国法学者首次提出'起诉便宜主义'这一概念，作为对起诉法定主义的反动，在德国立即引起强烈反应。"[3] 1877年，德国《刑事诉讼法》开始发生变化，其中至少增加了12项允许撤销案件的非证据上的理由，即第153—154e条。起诉法定原则虽然没有被撤销，但是这些例外条文的规定实际上使原有的起诉法定原则开始发生变化。"1964年议会通过法律赋予检察官享有起诉斟酌权，即赋予检察官一定的自由裁量权，但检察官在作出不起诉时要征得法官的同意。"[4]

德国的起诉裁量权既包括酌定不起诉、缓起诉之权力，也包括是否申

---

[1] 参见杰奎琳·霍奇森：《法国认罪程序带来的检察官职能演变》，俞亮译，载《国家检察官学院学报》2013年第3期。
[2] [美]艾瑞克·卢拉、[英]玛丽安·L.韦德主编：《跨国视角下的检察官》，杨先德译，法律出版社2016年版，第25页。
[3] 樊崇义、史立梅：《正当法律程序研究》，中国人民公安大学出版社2005年版，第300页。
[4] 参见张朝霞：《德国不起诉制度》，载《诉讼法论丛》2000年第4期。

请刑事处罚令程序的权力，以及是选择快速审判程序还是选择普通审判程序的权力，还包括在恐怖活动案件，与有组织犯罪有关的毒品、卖淫等重罪案件中对污点证人豁免而不起诉或者减轻处罚的权力，呈多元化运作状态。[1] 德国检察机关的公诉裁量权在刑事处罚令程序中表现最突出，该项制度不仅在德国被广泛适用，而且在欧洲其他国家也被广泛适用。刑事处罚令程序源自19世纪的普鲁士警察法，被正式规定在1877年德国《刑事诉讼法》中。该程序由检察官启动，在该程序中，检察官决定犯罪的法律性质和量刑幅度，提出拟科处的刑罚。处罚令由检察官起草后以挂号邮件的形式寄给被告人。如果被告人对刑事处罚令表示反对，案件就进入审判程序或者退回给检察官；如果被告人接受刑事处罚令，它将是最终决定。法官在收到检察官移送的处罚令后，不能变更刑事处罚令的条款。与被告人一样，对于刑事处罚令，要么接受，要么反对，实践中多数法官都是不加审查直接接受。该程序起先只适用于违法和轻微犯罪案件，最多可以被科处150马克或最多6周的自由刑。但在一战期间，刑事处罚令程序扩展到所有轻罪案件，以及一些与战争有关的犯罪案件，这些案件可以被科处最多1年自由刑。刑事处罚令程序成为刑事诉讼的正式程序，并且被运用于最多1/3的案件当中。

一战战败后，德国进入魏玛共和国时期，国内形势混乱，犯罪率大幅上升，法院不堪重负，这导致刑事处罚令程序的适用显著增加，依据刑事处罚令程序处理的案件，被告人一般可以被科处6周到3个月的自由刑。到了德国第三帝国时期，刑事处罚令程序可以科处的自由刑上升到6个月，1930—1935年，这一程序适用于大约77%的案件，有效地缓解了德国司法资源紧张的形势。二战结束以后，德国国内形成不同国家统治下的占领区，因而刑事处罚令程序也因为占领区的不同而不同。比如，在西南区美国占领区和西区法国占领区为3个月，东区苏联占领区为6个月。20世纪70年代，德国国内出于对司法公正性的担忧，逐渐限制刑事处罚令程序，将其主要适用于可能被判处罚金刑的案件。然而，在1993年，随着法律的修改，刑事处罚令程序的适用范围又一次被扩大，不局限于罚金刑，允许其适用于最长1年的自由刑案件。"如今德国通过刑事处罚令程序处理的案

---

[1] 周长军：《刑事裁量权论——在划一性与个别化之间》，中国人民公安大学出版社2006年版，第297页。

件大约占到案件数量的 35%。"[1]

（二）德国公诉裁量权的发展

德国刑事案件的数量增长迅猛，如何在尽可能短的时间内"解决"而不是"审判"尽可能多的案件成为摆在实务部门面前的一道必须解答的难题，"对成本和效率的实用主义考量在德国检察官的脑海中居于首位"[2]。德国公诉裁量权很有特色，不仅不同地区和不同办公室的检察官所享有的裁量权差别很大，即使同一地区不同检察院的检察官所享有的公诉裁量权也有差别。

从 20 世纪 60 年代以来，德国就在扩大检察机关的公诉裁量权，以适应本国司法实践的需要。19 世纪 70 年代，为了解决案件的积压问题，德国的检察官开始在司法效率理论指导下探索如何快速处理案件。1975 年，附条件不起诉制度被德国的立法机关采纳，规定在德国刑事诉讼法中。附条件不起诉制度的立法使德国检察官获得了一定的话语权，检察官可以起诉为条件同被告人的辩护律师进行"谈判"，由此取得在刑事诉讼中的主动地位。除了附条件不起诉制度，德国议会还进一步通过法律扩大检察机关的裁量权，原来只属于法官的部分权力，现在也可以由检察官所享有，比如，对犯罪嫌疑人处以罚款，或者要求犯罪嫌疑人提供社区公益性服务等。可以说，19 世纪 70 年代以来德国检察官的裁量权发生了显著变化。在德国的刑事司法制度中，曾经代表典型起诉法定主义的制度已经难觅踪影。比如，强制起诉原则曾经被认为是德国的代表，其在指导德国的检察实践中发挥了显著作用，但其效力却日渐微弱。有数据表明，德国这个曾经严格限制检察自由裁量权的国家，其检察自由裁量权的扩张已经远远快于其他欧洲国家。其通过非正式制裁方式终结的案件数量在不断上升，只有极小比例的刑事案件是通过审判程序终结的。2003 年，德国接近 53% 的刑事案件是基于证据不足、犯罪轻微和不存在追诉的公共利益，或者附条件而被终止。在另外 12.9% 的已决刑事案件中，检察官通过刑事处罚令程

---

[1] 参见［美］艾瑞克·卢拉、［英］玛丽安·L.韦德主编：《跨国视角下的检察官》，杨先德译，法律出版社 2016 年版，第 147—152 页。

[2] 参见［美］艾瑞克·卢拉、［英］玛丽安·L.韦德主编：《跨国视角下的检察官》，杨先德译，法律出版社 2016 年版，第 41 页。

序避免了正式审判。[1]

　　20世纪80年代初期，德国国内开始了认罪协商制度改革，这虽然与德国一贯的刑事审判传统完全不同，受到德国众多学者批评，但是在司法实践中，认罪协商制度已经成为一种无法扭转的趋势。德国的认罪协商虽然有检察官参与，但是不同于美国的认罪制度，德国检察官的角色并不是最重要的。协商主要是由法官和被告人的辩护律师进行，几乎都是以较轻的量刑换取被告人在程序上的合作，以加快审判进程，防止程序拖沓。按照协议，被告人承认其参与的犯罪，法院按照协议科处刑罚，部分起诉需要检察官同意才能终止诉讼程序。检察官也会加入协商中，其对于协商结果有一定的否决权。如果法官与被告人达成协议后没有告知检察官，检察官可以声明异议，甚至可以提起上诉的方式推翻法院与辩方已经达成的协议。与美国认罪协商不同，德国协商程序是从案件提起公诉以后才开始的；内容限于刑罚的调整，不包括罪名的变更。此外，协商程序的受益者是法院，而不是检察官。[2] 从协商过程来看，德国的检察官虽然参与了协商程序，但是其在协商程序中发挥的作用有限，检察官的公诉裁量权在该制度中并不能得到完全体现。1993年《减轻司法负担法》的颁布进一步扩大了检察机关裁量权的范围。该法的主要目的就是大幅降低追究刑事责任的费用和刑事司法机关的开支，同时也允许检察官对中等严重程度的犯罪决定是否起诉。2009年5月28日，德国联邦议会通过了《刑事程序中的协商规定》，发展出类似辩诉交易的制度，如果被告人与检察官达成协商，被告人同意认罪，检察官往往会降格指控，从而使被告人可能获得较轻的刑罚。

　　从德国检察机关公诉裁量权的发展历程来看，近些年德国检察机关的公诉裁量权可以说得到了快速发展。观察德国检察机关裁量的诸项制度可以发现，德国检察机关公诉裁量权无论其制度设计还是司法实践的贯彻，在某种程度上不仅超越了一些大陆法系国家，甚至还超过了部分英美法系国家。德国检察官实际上享有较为广泛的起诉裁量权，不仅对部分案件中被告人是否有罪作出认定，而且有权决定是否对犯罪嫌疑人起诉，有权决

---

[1] 参见[美]艾瑞克·卢拉、[英]玛丽安·L.韦德主编：《跨国视角下的检察官》，杨先德译，法律出版社2016年版，第31页。

[2] 张丽卿：《刑事诉讼制度与刑事证据》，中国检察出版社2016年版，第79页。

定如何起诉犯罪嫌疑人。"据统计，德国几乎50%的刑事案件是由公诉人以裁量的形式作出决定而撤销案件的。德国已经成为起诉率最低的国家之一。"[1]

三、日本的公诉裁量权

日本与我国同为东亚国家，无论在地缘上还是在文化上都有许多共同的特点，法律制度也不例外。因此，研究日本检察机关的公诉裁量权对于我国检察机关公诉裁量制度建设权不无裨益。刑事起诉制度是日本精密司法的基础制度之一，国家追诉主义、起诉垄断主义和起诉便宜主义构成了日本刑事起诉制度的基本原则。[2] 其中，起诉便宜主义居于日本起诉制度的核心位置。本节将根据日本《刑事诉讼法》的发展情况，分三个阶段介绍日本公诉裁量权。

（一）明治维新以前

明治维新以前，日本的刑事诉讼法以学习唐律为主，模仿唐朝的"御史台"等建立了奈良、平安和镰仓各时代的弹正台、检非遣使和德川时代的奉行，以及明治政府初期设置的监察官、弹正台等制度。这些制度与今天的检察制度有相似之处，可以被认为是日本检察制度的雏形，如检非遣使掌管检察违法、弹劾、追捕、断罪、听讼等职责，其中就包含了检察职能。

（二）明治维新至二战结束

明治维新至二战结束这一时期，日本开始效仿法国、德国制定本国的刑事诉讼法。1872年8月3日，当时的太政官以太正官达[3]的形式制定了司法职务定制，这标志着日本近代检察制度的开端。这个制度在采用近代法国检察官制度的同时，还要求检察官承担与弹正台相似的职能。1880年，受邀到日本参加法典编纂工作的法国教授波阿索纳特仿照法国《刑事

---

[1] 参见周长军：《刑事裁量权论——在划一性与个别化之间》，中国人民公安大学出版社2006年版，第300页。
[2] 宋英辉、孙长永、刘新魁等：《外国刑事诉讼法》，法律出版社2006年版，第592页。
[3] 太政官达是明治时代初期作为最高行政机关的太政官公布法令的形式。

诉讼法》，修改并起草了《日本治罪法》。该法明确"以证明犯罪适用刑罚为目的"的公诉职能由检察官依法履行，检察官有权"请求法官对犯罪进行审问和适用法律"。由于《日本治罪法》实施伊始就与日本国情不符，并没有达到预想的实施效果，日本转而又聘请德国人鲁道夫参照德国的刑事诉讼法制度，于1890年起草了《日本法院组织法》，同年10月7日，又制定了《明治刑事诉讼法》。根据《日本法院组织法》，在各级法院设置检事局。检察官的任职资格和官阶、薪俸与法官相同。检察官在执行职务时负有遵从上级长官命令的义务，检察官有权独立对刑事案件提起公诉。《日本法院组织法》中有关检事局和检察官的规定构成了日本现行检察制度的基础。1922年5月5日，日本大正政府又颁布了《大正刑事诉讼法》，该法仍旧参照了德国《刑事诉讼法》，有关检察官地位和权限的规定都与德国的检察官制度类似。[1]

　　明治时代，日本的检察机关并不享有起诉裁量权。直至1885年，明治政府面临经费紧张的问题，主要原因就是短期自由刑增多，由此带来经费的大幅提高。在这种情况下，明治政府为了解决经费开支问题，鼓励检察机关行使公诉裁量权，一些轻罪案件由此被列入检察机关裁量的范围，检察机关获得对轻罪案件的裁量处置权。1914年，日本发生了"大浦事件"[2]，这一事件涉及人员众多，包括当时的内政部长大浦兼武。在这一事件中，检察官对大浦兼武作出了不起诉处分，而其余19人均被检察机关起诉，并被法院判决定罪。这一事件的发生加快了检察机关起诉裁量权的发展，使日本检察机关的起诉裁量权突破了原来法律规定的轻罪范畴，检察机关的起诉裁量权也在这一时期得到了立法上的正式确认。1922年，日本通过了修改后的《刑事诉讼法》，在第279条中明确规定检察官在起诉问题上享有充分的斟酌处理权力。[3]

---

〔1〕参见甄贞等：《检察制度比较研究》，法律出版社2010年版，第367—369页。
〔2〕大浦兼武时任日本大隈重信内阁农商大臣，为使内阁提出的增设自卫队师团及建造军舰法案能在国会审议中顺利通过，其通过日本时任众议院秘书处秘书林田龟太郎收买在野党议员。案发后，检察机关以贿赂罪嫌疑立案侦查。当时已转任内政部长的大浦兼武在法务部长尾崎的劝说下，决定辞去公职，退出政坛。检察官后对大浦兼武作出不起诉处分，林田龟太郎等19人均被检察机关起诉，并被法院判决定罪。
〔3〕日本《刑事诉讼法》第279条规定："根据犯人的性格、年龄及境遇以及犯罪之情状、犯罪后的情况，没有必要追诉的，可以不提起公诉"。参见樊崇义等主编：《刑事起诉与不起诉制度研究》，中国人民公安大学出版社2007年版，第204页。

(三) 二战以后

二战战败后，日本开始向美国学习司法制度。美国是当事人主义诉讼的代表国家，由此日本的诉讼制度开始大量融合吸收当事人主义诉讼因素。1946年《日本国宪法》的公布使法院摆脱了司法大臣的行政监管，实现了司法权和行政权的分离，这为日后日本实现审检分立奠定了制度基础。接着，《法院法》和《检察厅法》在1947年也相继出台，这两部法律的制定和颁布意味着日本从此结束了检察厅和法院合署办公。在检察厅的设置上，日本保留了与法院对应的格局，设立了四级检察机构，包括最高检察厅、高等检察厅、地方检察厅以及区级检察厅。在检察厅中，总检察长有权指挥具体案件的调查处理，体制管理归属于法务省。检察官作为公共利益的代表，全面承担公诉职责，并且在刑事诉讼中享有广泛的职权，除了公诉权，还享有侦查权和执行权。此外，日本检察官的身份比较特殊，同时具有双重身份：其一是具有司法特性身份，日本的检察官也可以享受与法官相同的身份保障；其二是具有行政特性身份，日本的检察官在体制上接受行政管理。

日本将刑事案件的起诉权统一交由检察官行使，检察官享有是否起诉、变更起诉、适用法律以及撤回起诉的决定权，垄断了国家的追诉权，"侦查终结的案件经审查后，检察官有权在不起诉、起诉犹豫、起诉三种决定中作出选择"[1]。"他们可能选择整体放弃指控或者至少中止起诉，如果被告坦白、悔罪，修复与被害人关系并且没有前科，中止起诉可能甚至发生在证据非常强的场合。"[2] 1949年施行的日本《刑事诉讼法》第248条[3]对检察官的裁量权在原有的基础上作出修正，增加了"犯罪的轻重"的规定，实际上是对检察官裁量权作出适当限制；但同时又赋予检察机关撤回起诉权，规定检察机关在第一审判决前可随时撤回起诉。日本的起诉犹豫制度是对起诉便宜主义的立法确认，是指检察机关的起诉决定并非最终决定，检察机关是否要正式提起公诉还需要根据犯罪嫌疑人在检察

---

[1] 参见施业家、谭明：《论公诉权的规制》，载《法学评论》2009年第5期。
[2] [美] 艾瑞克·卢拉、[英] 玛丽安·L.韦德主编：《跨国视角下的检察官》，杨先德译，法律出版社2016年版，第101页。
[3] 日本《刑事诉讼法》第248条规定："检察官根据犯人的性格、年龄及境遇、犯罪的轻重及情节和犯罪后的情况，没有必要追诉时，可以不提出公诉。"

机关确定的考验期内的表现而定。如果犯罪嫌疑人顺利通过检察机关的考察，那么检察机关将放弃对犯罪嫌疑人的追诉；如果犯罪嫌疑人不服检察机关对其的考察，违反了考验期的相关规定，检察机关仍可以在追诉期内对犯罪嫌疑人正式提起公诉。日本的起诉犹豫制度适用范围很广，其适用对象几乎不受限制，既可以是青少年，也可以是老年人，既可以是涉嫌轻罪的犯罪嫌疑人，也可以是涉嫌重罪的犯罪嫌疑人。起诉犹豫制度的适用使检察官拥有较为广泛的裁量权，在司法实践中，日本检察官适用起诉犹豫制度的比例甚至高于起诉的比例。

为保证检察官正确履职，适当控制检察官的起诉裁量权，日本在立法上确立了许多控制措施，如设立检察审查会。根据被告人的申请，审查检察官不予起诉或暂缓起诉决定是否妥当，发现处理不当的案件，有权命令检察官重新侦查或提起公诉。[1] 而且，日本检察官并不是以起诉作为其唯一职责，检察官在决定是否起诉时，往往从其客观义务出发，只有在有完全的把握，具备确实充分的证据基础上方可慎重起诉。此外，日本二战后的诉因制度也对刑事起诉的专业化水平提出了更苛刻的要求，这些制度都有助于日本提高起诉精准率和定罪率。日本99%的定罪率建立在较高的起诉犹豫比例的基础上，这些制度互相联系、互相制约，保证了起诉和定罪的准确性。2015年是日本《刑事诉讼法》惩罚犯罪和保障人权两种基本价值激烈交锋的一年。2015年3月13日，日本法务省制定《刑事诉讼法修正案》并提交第189届通常国会审议，该修正案的一个变化就是引入辩诉交易制度，包括"协议、同意制度"和"刑事免责制度"两部分。前者是指犯罪嫌疑人或被告人通过揭发他人犯罪事实以换取检方免予起诉或减轻刑罚的一种制度，主要适用于经济犯罪、毒品犯罪、公文伪造罪、包庇罪等。后者是为了鼓励证人积极作证，即便有对自身不利的证言，也可免于追究刑事责任的一种制度。[2]

---

〔1〕 王桂五主编：《中华人民共和国检察制度研究》，中国检察出版社2008年版，第7页。
〔2〕 卞建林主编：《中国诉讼法治发展报告（2015）》，中国政法大学出版社2016年版，第163页。

第二节　英美法系国家的公诉裁量权

英国和美国是英美法系的代表国家，虽然其诉讼模式不同于我国，但是研究英美法系国家的公诉裁量权依然具有重要的借鉴价值。英美法系国家在传统上就规定了较为广泛的公诉裁量权，其在公诉裁量权制度方面的先进经验值得学习。而且，即便同为英美法系国家，英国与美国的公诉裁量权的发展路径也并不相同。

一、英国的公诉裁量权[1]

英国的检察制度建立较晚，1461年英国设立总检察长，1570年始总检察长成为国王的首席法律顾问，1879年《犯罪检举法》通过后，英国设立检察官职位，负责在检察长监督下，提起刑事诉讼程序。但是在检察制度建立初期，英国的起诉工作并非专属于检察机关。[2] 1166年《克拉灵顿诏令》的签署标志着英国大陪审团制度的诞生。起初，大陪审团仅能协助政府官员查究和惩罚犯罪，并不具有保护被告人合法权益的作用。17世纪初，大陪审团曾因两次违抗英国国王查理二世的旨意，拒绝对国王最重要的政敌沙夫茨伯里勋爵签发公诉书，从而赢得"抵制国王暴政与虐行的保障"这一名声，其独立的审查起诉机构的地位确立，发挥保障个人免受不当指控方面的作用。[3] 但是由于大陪审团审查起诉案件往往耗费较长的时间，且手续烦琐，其并没有发挥出约束检察机关的作用，甚至成为检察机关的"橡皮图章"，大陪审团制度在英国运行了几百年后，于1933年被宣布取消。在英国，起诉启动的方式主要有两种：一是向治安法官提交控告书，这是警察、其他起诉机构及私人可以采用的方式。二是警署指控犯罪嫌疑人犯某一罪行，这只能由警方适用。[4] 本节对英国公诉裁量权制度的

---

[1] 本节内容参见甄贞等：《检察制度比较研究》，法律出版社2010年版，第62—119页。
[2] 参见卞建林：《刑事起诉制度的理论与实践》，中国检察出版社1993年版，第31页。
[3] 卞建林：《刑事起诉制度的理论与实践》，中国检察出版社1993年版，第98页。
[4] 参见甄贞等：《检察制度比较研究》，法律出版社2010年版，第97页。

介绍主要是指英格兰和威尔士的法律制度。[1]

（一）私人起诉

私人起诉在英国具有悠久的历史渊源，早在中世纪，英国就实行私人起诉。政府不主动追诉犯罪，而是把犯罪起诉事宜完全交由私人处理。受到犯罪行为侵害的被害人可以直接向法院提起诉讼。由于没有专门的起诉机构，英国王室设立了国王律师处理因王室利益提起的诉讼。随着社会的发展和人们对犯罪的认识，完全的私人起诉已经不能适应社会的需要。1461年，国王的专门律师更名为总检察长，同时设立"国王的辩护人"，于1515年更名为副总检察长。但这时英国的检察制度还不是完整的检察制度，因为起初总检察长和副总检察长仍只负责与王室利益有关的案件，不涉及其他案件。1829年警察机构的建立以及1986年皇家检控署（Crown Prosecution Service）的设置，对传统中被害人在预防、起诉和侦查犯罪中的作用产生了重大影响，由被害人提起私人起诉的情况在刑事诉讼中日益减少。[2] 直至1879年，英国才设立了公诉处，专门处理破坏王室利益之外的案件。至此，英国的检察制度才覆盖了全部的案件。虽然公诉制度已经在英国建立，但是由于英国长期以来的私人起诉传统，私人起诉并没有在英国的法律制度中完全消失。

（二）警察起诉

在英国，警察机关是主要的公诉机关。侦查结束之后，首先由警察作出是否指控犯罪嫌疑人的决定。早期的英国警察承担逮捕、搜查、讯问等侦查职责，并不享有起诉权。随着人口的增加和警察权力的扩大，原来由被害人享有的控诉权被警察所取代，英国的私人起诉成为警察"公诉"。英国的警察不仅享有侦查权，还享有公诉权，对于刑事案件的处理具有很大的裁量权。

在英国，警察对于所有的案件都有自由裁量权，在决定起诉前，警察无须征求皇家检控署的意见。警察决定起诉的效率非常高，犯罪嫌疑

---

[1] 英国一共有三套刑事司法体系，即苏格兰、北爱尔兰、英格兰和威尔士。由于历史、宗教、文化等因素的影响，英格兰、威尔士的法律制度与苏格兰、北爱尔兰有显著区别。
[2] 甄贞等：《检察制度比较研究》，法律出版社2010年版，第69页。

人被带到警察局后几小时内,警察就可以作出是否起诉以及以何种罪名起诉的决定。一般而言,当一名犯罪嫌疑人被带到警察局后,警察可以在三种方式中作出选择:其一,是否追诉。如果选择追诉,是否可以适用保释。其二,是否警告。如果适用警告,将来发生的新的犯罪将会被追诉。其三,是否对其不采取任何措施。[1] 由于起诉和定罪的成本较高,警告已经成为警察处理非严重犯罪案件的有效方式,被大量用于青少年犯罪案件。英国内政部警告准则中规定了应当作出警告决定的标准:只有在存在现实的成功追诉的可能性的时候,才能决定给予警告;犯罪人必须承认犯罪;如果是未成年人,必须征得犯罪人的父母或者监护人的同意。警告是行政性司法活动,完全由警察决定,无须外界审查。[2] 警告是警察对已经构成犯罪但是不适宜起诉的人的处罚方式,是警察裁量权的体现。通过警告的适用,分流了许多本应起诉的案件,减少了法院的工作量,提高了诉讼效率。

英国每个警区的公诉力量由下列三种方式之一组成:一是某些警区(或者其地方当局)雇用能起诉所有案件的律师;二是某些警区雇用能起诉最棘手、最严重案件的律师,以及能在最繁忙的法院处理最多案件的律师;三是对于剩余案件,由警官、该领域的专家或负责该案的官员起诉。在其他警区,对严重和复杂的案件,特别流行使用私人执业律师,而其他案件则由警官起诉。[3] 1879年,英国设立了检察长办公室,负责对谋杀、叛国等重罪案件的起诉,但其在刑事诉讼中的作用有限,并未影响警察履行公诉职能。英国警察机构仍然承担着绝大多数案件的公诉职责。

(三) 检察机关起诉

由警察机关负责侦查和公诉的直接后果是警察机关的权力过于扩张,职能的复合性使其难以公允地对待案件的起诉,这可能导致警察侵犯犯罪嫌疑人的权利,使证据不足以支持定罪的案件被起诉到法院。为平衡警察权力,减少警察权力的滥用,1985年英国通过了《犯罪起诉法》(Prosecu-

---

[1] 参见宋英辉、孙长永、刘新魁等:《外国刑事诉讼法》,法律出版社2006年版,第114页。
[2] 宋英辉、孙长永、刘新魁等:《外国刑事诉讼法》,法律出版社2006年版,第114页。
[3] [英]麦高伟、杰弗里·威尔逊主编:《英国刑事司法程序》,姚永吉等译,法律出版社2003年版,第145页。

tion of Offenses Act 1985),紧接着在 1986 年,皇家检控署也依该法设立,这是英国首次建立起统一的检察机构。[1] 皇家检控署是一个单一的、独立的和全国性的机构,它独立于警察,也独立于法院和政府,其首要工作就是审查警察提交的起诉案件,决定是否对被告人继续羁押。皇家检控署不是警方控诉犯罪的代理机构,其没有权力领导和指挥警察的侦查活动。英国"检察官自由裁量权的真正完善是在 1986 年英国皇家检察院成立之后"[2]。

根据皇家检控署的运行机制,皇家检控署只能对警察决定起诉的案件进行审查、决定是否起诉。如可以起诉的案件被警察作出警告决定,皇家检控署无权过问;如果警察将本可以警告的案件提交起诉,皇家检控署则有权对案件进行审查。皇家检察官通过审查卷宗来确认针对被告人的指控的性质和程度是否正确,然后决定对案件是起诉还是终止诉讼。皇家检察官审查后如果认为追诉不合适,可以将案件退回给警察,建议警察对犯罪嫌疑人作出警告处分,但是皇家检察官的建议对警察没有强制效力。如果警察拒绝接受皇家检察官的建议,皇家检控署有权终结诉讼。皇家检控署与警察实际上共同分担了案件的起诉工作,但又彼此独立。警察是案件审查起诉的第一道关口,皇家检控署是案件审查起诉的第二道关口。二者共同的配合和制约,才能保证案件得到公正且高效的处理。

皇家检察官履行起诉职能的主要依据是《皇家检控准则》,根据《皇家检控准则》来决定是否对案件提起公诉。根据《皇家检控准则》,皇家检察官审查起诉的标准主要有两项:证据检验标准和公共利益标准。证据检验标准是指皇家检察官在决定是否对案件提起公诉时,首先要审查案件中存在的证据,判断现有的证据在证明被告人有罪方面的可能性有多大,能否达到证据充分的程度,如果皇家检察官通过审查认为现存证据能证明被告人有罪的可能性尚未达到定罪的标准,其可以放弃追诉该被告人。公共利益标准则是指皇家检察官在决定提起公诉时,不仅应考虑证据因素,还应考虑案件是否符合公共利益,即使案件性质严重,如果检察官认为追诉不符合公共利益,依然可以放弃追诉该案件。与证据检验标准相比,皇家检察官对公共利益标准的考量往往是其实现公诉裁量权的重要途径。

---

[1] 参见刘兰秋:《刑事不起诉制度研究》,中国政法大学 2006 年博士学位论文。
[2] 蔡巍:《附条件警告:英国检察官自由裁量权的新发展》,载《河南社会科学》2011 年第 3 期。

1951年，总检察长肖克罗斯勋爵在下议院辩论中的一段话即表明了这一立场："有犯罪嫌疑就必须起诉，这从来就不是我们国家的方针，我希望今后也不会是。在指导检察长工作的最初规则中就已规定，'只有当犯罪时的情形具有这样一个特点——该案件的起诉符合公共利益的，他才应该起诉'。公共利益仍然应该是我们应当考虑的首要问题。"[1]影响起诉的公共利益通常取决于犯罪的严重性和犯罪嫌疑人的自身状况。一些因素会增强对起诉的需求，而另一些因素会暗示采取其他措施更为妥当。[2]比如，皇家检察官在对涉及青少年犯罪的案件审查起诉时，不仅要考虑年龄因素，还要考虑其犯罪的严重程度及以往的现实表现。而对于严重犯罪，即使存在不应当起诉的公共利益因素，控方通常也会提起公诉，然后将这些因素提交给法院作为量刑因素考虑。[3] 在不起诉的案件中，考虑公共利益因素的案件占到全部刑事案件的大约1/3。[4] 警察的意见检察官必须考虑，但是如果检察官因为公共利益之考虑决定放弃追诉，其可以不受警察意见的影响，作出最终的决定。

根据英国的刑事法律规定，犯罪分为三种类型：简易罪（Summary Only）、可诉罪（又称"两可罪"，Triable Either Way）和必诉罪（Indictable Only）。[5] 简易罪的罪行相对轻微，通常最高期为6个月监禁，由治安法院受理，如大多数交通罪。可诉罪是指既可以由治安法院受理也可以由皇家法院审判的犯罪，如盗窃罪、伤害罪，这类犯罪的严重程度通常介于简易罪和必诉罪之间。必诉罪则是指必须由皇家法院审判的犯罪，如谋杀、强奸之类的严重犯罪。皇家检控署在成立之初，其职能范围被设计得很窄，只有权在治安法院出庭公诉，其他案件则必须聘请律师。直至2000年，皇家检察官获得了在皇家法院支持公诉的权力。皇家检控署成立以来虽然一定程度上制约了警察的起诉权，但是侦查阶段实施指控的权力仍旧由警察行使。为此，英国议会接受了"奥尔德报告"的建议，于2003年通过《刑事司法法》（Criminal Justice Act 2003），赋予检察机关对除轻微刑事案件之外其他案件决定起诉的权力。依据该法，"检察官可以对实施某些

---

[1] 宋英辉、吴宏耀：《不起诉裁量权研究》，载《政法论坛》2000年第5期。
[2] 甄贞等：《检察制度比较研究》，法律出版社2010年版，第102页。
[3] 宋英辉、孙长永、刘新魁等：《外国刑事诉讼法》，法律出版社2006年版，第116页。
[4] 参见宋英辉、孙长永、刘新魁等：《外国刑事诉讼法》，法律出版社2006年版，第116页。
[5] 蔡巍：《附条件警告：英国检察官自由裁量权的新发展》，载《河南社会科学》2011年第3期。

犯罪的行为人作出附条件的警告。违法者只要在规定的时间内履行了在附条件警告之上设置的义务，检察官将作出不起诉决定"[1]。检察官作出不起诉决定后，可以采用其他方式替代起诉，如检察官警告、检察官罚款、起诉分流、修复和调解等。[2]"随着检察官起诉职责的不断完善，2010年版的《皇家检察官准则》首次在总则中将向罪犯提供适当的庭外处理明确作为除提起公诉之外的另一项重要职责，同时进一步明确了检察官利用附条件警告对轻微犯罪案件进行庭外处理的权力。"[3]附条件警告制度的推行进一步弱化了警察的起诉职能，对于审前阶段分流案件、确立检察官裁量权在诉讼活动中的主导性起到了积极的作用。

二、美国的公诉裁量权

美国的法律制度是在继受英国普通法的基础上发展起来的，早在殖民地时期美国刑事起诉制度就效仿英国的私人起诉制度，允许被害人或其亲友起诉。后来私人起诉的范围扩大至一般民众，即使与案件无关也可以行使起诉权。到独立战争前夕，多数殖民地对重罪案件都采用了公诉的方式。[4]美国刑事诉讼不存在自诉制度，而是由检察官和大陪审团起诉。

（一）美国检察机构的设置

美国的检察体制具有"三级双轨、相互独立"的特点。所谓"三级"，是指美国的检察机关建立在联邦、州和市镇这三个政府层级上。所谓"双轨"，是指美国的检察职能分别由联邦检察系统和地方检察系统行使，二者平行，互不隶属，互不干扰。[5]联邦检察机构掌握绝大多数案件的起诉

---

[1] 蔡巍：《附条件警告：英国检察官自由裁量权的新发展》，载《河南社会科学》2011年第3期。
[2] 检察官警告是指检察官对被指控人签发警告令，如果被指控人再次实施被指控的行为可能会被起诉。检察官罚款是指根据1995年苏格兰《刑事诉讼法》第302条规定，对于可在地区法院审理的被控罪，检察官有权向犯罪人提出附条件的固定处罚。起诉分流是指将指控人置于社区工作者、精神病学家、心理学家或者调解人的监督之下，给被指控人提供支持和治疗以替代起诉。
[3] 蔡巍：《附条件警告：英国检察官自由裁量权的新发展》，载《河南社会科学》2011年第3期。
[4] 宋英辉、孙长永、刘新魁等：《外国刑事诉讼法》，法律出版社2006年版，第141页。
[5] 甄贞等：《检察制度比较研究》，法律出版社2010年版，第284页。

权,有权对联邦法院管辖范围内的所有犯罪案件进行追诉。联邦系统的最高检察官是联邦检察长,同时联邦检察长还担任美国司法部的部长。司法部设有反托拉斯局、刑事局、民权局等部门。其中大部分部门与检察职能无关,只有司法部下属的刑事局与检察业务关系密切,其主要职责之一就是参与和协调联邦检察官办公室办理的各种刑事案件调查和指控。刑事局局长由助理检察长担任,下设助理检察长顾问和行政首脑,分别负责法律政策办公室和行政事务办公室的工作。此外还下设4个副助理检察长协助刑事局局长管理联邦刑事事务。

美国本土和海外领土共划分为94个联邦司法管辖区,每一个区设一个联邦地区法院和联邦检察官办公室,但由于关岛和北马里亚纳群岛两个司法区共同设立了一名联邦检察官,因此,"美国联邦实际共有93名联邦检察官"[1]。美国联邦地区检察官在各自辖区有独立的检察权,负责本辖区的刑事案件的侦查和起诉工作,有权独自决定起诉,但是要接受联邦检察长的指导。比如,对于涉及人权、国家安全的案件和重大的政府官员腐败案件,联邦检察官要得到联邦检察长或主管刑事局工作的助理检察长的批准才能提起公诉。如果没有得到相应的批准,联邦地区检察官只能撤销案件或者继续收集更多的证据。

地方检察系统包括州检察系统和市镇检察机关。市镇检察官一般由选民选举产生,因而检察官在作出起诉决定时往往更多地考虑当地选民的意愿。州检察系统则由州检察长和州检察官组成。州检察长的主要职责是指导本州的执法,对法律条文的适用提出指导意见,一般不负责起诉工作。在面积较小或人口较少的州,如特拉华州,州检察长办公室会负责案件的起诉工作,但即使如此,州检察长本人并不亲自参与案件起诉工作,而是由州检察长办公室的助理检察官完成实际的起诉工作。实际上,绝大多数州的检察官是其刑事案件的主要公诉人,但是具体案件的调查和起诉工作同样是由州检察官的助理检察官来完成,州检察官和州检察长一样并不亲自办理起诉案件,其工作职责以制定本地区的执法政策和确定执法重点为主。在美国大多数州,州检察长与州检察官之间是顾问指导关系。州检察官享有较大的自主权,州检察长很少干涉州检察官的起诉工作。一般只有

---

[1] 甄贞等:《检察制度比较研究》,法律出版社2010年版,第286页。

在案件与州检察官存在利益冲突时，州检察长才会出面指派其他检察官处理案件。[1] 市镇检察机关同样是美国地方检察机关的组成部分，它独立于州检察系统，负责市镇的法律事务。市镇检察机关设置市镇检察官及其办公室，同时配备一些辅助人员，负责具体案件的办理。市镇检察机关的设置与行政区划并不一致，并非所有市镇都设置了检察机关。没有设立检察机关的市镇的检察工作通常由州检察机关负责。市镇检察机关的检察官通常有三种产生方式：选举、任命和聘任。最常见的是由市长或市议会任命。市镇检察机关处理案件的范围严格限制在本市镇，不能起诉违反联邦和州法律的案件，所处理的一般都是违反本市镇法令的微罪案件，如赌博、酗酒、交通事故等。

（二）美国起诉制度的特点

美国的起诉为国家独占主义模式，刑事案件排除个人起诉，全部由国家垄断起诉。检察职能实行检察官个人负责制，检察官垄断起诉的决定权，并且享有选择性起诉权。[2] 起诉对象、罪名的确定、送交审查的证据、起诉还是不起诉，以及经大陪审团起诉还是检察官直接起诉，均由检察官自主决定。

从形式上看，美国的公诉有两种，一种是大陪审团审查起诉，另一种是检察官起诉。大陪审团审查起诉这一制度发源于英国，如今已成为美国的基本起诉制度。大陪审团由随机选出的10—23名美国公民组成。设立大陪审团的主要目的是让独立第三方机构对检察机关提供的证据进行审查，以确定案件是否达到提交审判的要求，防止检察机关的不当起诉。对于检察官提交大陪审团审查起诉的案件，大陪审团有权作出独立决定。如果大陪审团认为指控犯罪嫌疑人实施犯罪的理由可能不存在，大陪审团可以拒绝对犯罪嫌疑人提出指控。检察官无权复查大陪审团的决定，只能接受大陪审团作出的拒绝指控决定。如果大陪审团同意检察官的指控，接下来的起诉工作仍由检察官完成。检察官收到大陪审团同意起诉的通知后，负责

---

[1] 参见甄贞等：《检察制度比较研究》，法律出版社2010年版，第292页。
[2] "选择性起诉"是指检察官可以根据案件的具体情况结合有关的社会政策，有选择性地起诉一部分案件，而对另一部分案件不予起诉。

草拟起诉书,经大陪审团团长签署后在法庭上公开宣读。[1] 美国的公诉制度由大陪审团审查起诉和检察官起诉两部分组成,因而又被认为兼具公众追诉与国家追诉的特征。事实上,并非美国所有的州都实行大陪审团起诉。1933年,大陪审团制度的发源地英国取消了这一制度,这对美国各州也产生了强烈的影响。由于联邦宪法规定了大陪审团制度,所以在联邦司法制度中存在大陪审团制度。各州并没有被强制要求采用大陪审团制度,因而在有些州,大陪审团审查起诉方式和检察官起诉方式并存。在没有实行大陪审团审查起诉方式的州,普遍采用预审制度。预审制度的目的与大陪审团制度相同,都是审查检察机关是否有足够证据证明犯罪嫌疑人有犯罪的可能性。目前,美国只有少数州规定一切刑事案件都必须经过大陪审团的审查,许多州仅规定重大刑事案件应当经过大陪审团的审查;根据美国法律的规定,所有在联邦法院起诉的重罪都必须有大陪审团的起诉书。[2]

(三) 美国检察官的公诉权

美国检察官被赋予广泛的自由裁量权,被认为是刑事司法制度中最有影响力的人,在司法程序中享有很大的权力,决定起诉是其中的一项重要权力,在一定程度上决定着整个司法系统的运转状况。美国检察官的职责是代表政府对犯罪嫌疑人提起诉讼,并证明被告人犯有被指控的罪行。检察官负有适用法律的责任,但法律并不要求检察官必须起诉所有案件。[3] 在案件具备起诉条件的情况下,美国检察官享有几乎不受限制的广泛的自由裁量权,其有权决定是否起诉及以何种罪名起诉。检察官有权参加法庭审判过程,有权与被告人律师在庭外进行辩诉交易。美国联邦最高法院认为,在三权分立原则下,检察机关是行政部门的代表,而法院作为司法机构,无权干涉检察官的起诉决定。但是,美国检察官的裁量权并非完全不受限制,如美国《宪法》第十四修正案中的平等保护条款规定,检察官不能以犯罪嫌疑人的种族、性别、宗教信仰等因素作为考量是否起诉的因素。《美国律师协会职业行为示范规则》第3.8条要求"检察官应避免起诉那些缺乏相当理由支持的指控"。这意味着检察官在履行这些职责的过程中应谨慎、

---

[1] 参见甄贞等:《检察制度比较研究》,法律出版社2010年版,第280页、355—356页。
[2] 参见方立新:《西方五国司法通论》,人民法院出版社2000年版,第132—133页。
[3] 参见甄贞等:《检察制度比较研究》,法律出版社2010年版,第321页。

善意地行使自由裁量权，仅对其认为有罪的人以适当的罪名和方式向法院起诉。[1] 1872 年，美国密歇根州法院在赫德诉人民案（Hurd v. People）的判决中写道："检察官是公共利益的代表，对无辜者进行定罪绝非公共利益所允许。检察官应当像法官一样，其目标仅仅是实现正义。"

检察官在决定起诉时通常要考虑多种因素，除了要考虑是否有证据起诉以及以何种罪名起诉，还要考虑被害人的态度、犯罪人是否为累犯等。被害人作为案件的重要当事人，其诉求是检察官在起诉时不得不考虑的重要因素之一，被害人的意见虽然不能左右检察官的最终决定，但往往会影响检察官的起诉倾向。在犯罪情节不严重的案件中，检察官会考虑犯罪人是初犯还是偶犯。如果是初犯，检察官一般会认为其犯罪恶性不大，对其作不起诉处理。还有些案件，犯罪人的态度也很重要，比如有些犯罪人愿意积极协助警方侦破案件，提供线索，检察官对于这类犯罪人往往作出不起诉决定或者选择较轻罪名提起诉讼。除此之外，检察官通常还要考虑起诉是否为处理案件的最佳方式。[2] 早在 1883 年"人民诉瓦巴什、圣路易和太平洋铁路"一案中，伊利诺伊州上诉法院就肯定了检察官的不起诉裁量权："法律赋予了检察官巨大的自由裁量权来追诉犯罪。他可以依据职权通过告发提起公诉，也可以在他认为符合正义的情况下终止诉讼。"之后，一系列著名的判例，如韦尔森诉马歇尔案（1930）、加州诉亚当斯案（1965）、人民诉伯林案（1974）等进一步确认了检察官在决定起诉与否问题上"不得复议的独有权力。"[3]

就美国检察官的公诉裁量权而言，辩诉交易无疑是其中的重要组成部分。19 世纪末 20 世纪初，辩诉交易在美国的影响力与日俱增。20 世纪 20 年代，美国许多州和城市的刑事法院开始广泛适用辩诉交易。统计资料显示，1908 年，联邦法院只有 50% 的判决是经过辩诉交易达成的；1916 年这个数字上升至 72%；1925 年，通过辩诉交易达成的判决就已经到了 90%。[4] 统计数据表明，联邦法院审理的所有案件中，96% 的被告人做了

---

[1] 王海：《论美国检察官在对抗制审判中如何寻求和实现正义》，载《中国刑事法杂志》2014 年第 2 期。
[2] 参见甄贞等：《检察制度比较研究》，法律出版社 2010 年版，第 321—322 页。
[3] 宋英辉、吴宏耀：《不起诉裁量权研究》，载《政法论坛》2000 年第 5 期。
[4] 参见张建伟：《司法竞技主义——英美诉讼传统与中国庭审方式》，北京大学出版社 2005 年版，第 353—355 页。

有罪答辩。在州法院定罪的重罪案件中，也有95%的被告人做了有罪答辩。可以说，美国的大部分案件都是通过检察官运用裁量权解决的。[1] 虽然几十年来辩诉交易一直被使用，但并未获得合法身份，直到1970年美国联邦最高法院对布雷迪诉美国案（Brady v. U. S.）作出裁决，承认了辩诉交易的合法性。1971年，在桑托拜洛诉纽约案（Santobello v. New York）中，美国联邦最高法院批准了辩诉交易的做法，并且要求检察官在辩诉交易达成后必须信守承诺，按照事先约定终止指控或提出量刑建议。[2] 辩诉交易从在美国产生那天起就一直备受质疑，阿拉斯加州就曾在1975年取消了这一制度。威廉·施图茨（William Stunts）在其对伯顿柯歇尔诉哈耶斯案（Bordenkircher v. Hayes）的分析中，很好地指出了这一制度的缺陷。在该案中，检察官要求被告人哈耶斯在作有罪答辩后获刑5年和进入庭审后依据惯犯量刑法规被判处终身监禁之间作出选择，哈耶斯拒绝进行辩诉交易，最终经过庭审被判处伪造罪，处以终身监禁。联邦最高法院认为这样做并不违反正当程序，因为伪造罪的量刑幅度是2—10年有期徒刑。[3]

第三节 两大法系公诉裁量权制度的比较分析

长期以来，人们习惯从大陆法系和英美法系两个视角对法律问题进行研究。由于法律传统和历史传统不同，两大法系在许多方面呈现出差异性特征。但是法律问题往往是相通的、超越国界的，比如超负荷的刑事司法系统面临的效率压力已经成为两大法系国家共同的问题。为了缓解案件压力，两大法系国家不约而同地通过依赖检察裁量权和替代性结案方式来处理大量积压案件。虽然如此，两大法系检察官在运用公诉裁量权处理案件方面仍然显示出差异性。

---

[1] 谢小剑：《公诉权制约制度研究》，法律出版社2009年版，第33页。
[2] 参见［美］爱伦·豪切斯泰勒·斯黛丽、南希·弗兰克：《美国刑事法院诉讼程序》，陈卫东、徐美君译，中国人民大学出版社2002年版，第413页。
[3] 参见［美］艾瑞克·卢拉、［英］玛丽安·L. 韦德主编：《跨国视角下的检察官》，杨先德译，法律出版社2016年版，第194页。

一、两大法系公诉裁量权制度的差异

根据前述内容可以发现,随着社会的发展,无论是大陆法系国家还是英美法系国家都面临着犯罪率增长和司法资源紧张的难题,因此,在承认并扩大公诉裁量权方面表现出一致性,同时在具体制度设计方面,又显示出了一定的差异性。其一致性主要源于公诉裁量本身的特有属性;其差异性主要来源于两大法系不同的诉讼价值观和诉讼传统。[1] 两大法系在公诉裁量权制度方面的差异主要表现在以下三方面。

(一) 公诉裁量权的主体不同

就公诉裁量权的行使主体来看,两大法系规定各不相同。大陆法系国家多由检察机关独享公诉裁量权。比如日本实行起诉独占主义,完全由检察机关行使公诉裁量权。[2] 而在英美法系国家,公诉裁量权并非检察官独享,而是由多个主体行使。比如英国,治安法官有权审查检察官提交的可诉罪案件,以确定是否有必要将案件移送刑事法院审判。[3] 在美国,公诉裁量权则一般由检察官和大陪审团行使。重罪案件一般首先要经过大陪审团的审查才能决定是否提起公诉,而轻罪案件则无须大陪审团审查,检察官可以直接决定是否提起公诉。

(二) 公诉裁量权的范围不同

公诉裁量权的适用范围是指公诉裁量权可适用的案件范围。相较大陆法系国家,英美法系国家的检察官行使公诉裁量权的范围更为广泛,对几乎所有的刑事案件都享有起诉的裁量权。英国、美国都没有对公诉裁量权适用的案件范围进行严格限制。以美国辩诉交易为例,检察官可以与被追诉人进行指控罪名、指控内容的交易,并且不限制交易的案件类型。英国

---

[1] 参见王圣扬、李圣斌:《中外公诉裁量制度初探》,载《安徽大学学报(哲学社会科学版)》2001年第2期。
[2] 日本《刑事诉讼法》第248条规定,检察官根据犯罪人的性格、年龄及境遇、犯罪的轻重及情状与犯罪后的情况,认为没有必要追诉时,可以不提起公诉。
[3] 参见王圣扬、李圣斌:《中外公诉裁量制度初探》,载《安徽大学学报(哲学社会科学版)》2001年第2期。

对检察官行使公诉裁量权的主要指引标准是《刑事案件起诉规则》，其中规定了检察官的裁量依据，即证据检验标准和公共利益标准。这意味着原则上只要案件符合这两个标准，无论罪行轻重，检察官都有权依法作出裁量决定。而在大陆法系国家，检察官享有的起诉裁量权远远小于英美法系国家，而且往往受到司法审查的限制。一般来说，我国检察机关可以进行裁量的案件必须符合两个条件：犯罪情节轻微；依照刑法规定不需要判处刑罚或者免除刑罚。从公诉裁量权的适用范围上看，其远小于其他国家。比如，日本虽然也属于大陆法系国家，但是其检察官享有几乎不受限制的公诉裁量权。

（三）公诉裁量权的限制不同

比较两大法系国家公诉裁量权所受到的限制，英美法系国家的公诉裁量权受到的约束显然更少，大陆法系国家检察机关受到的限制更多。英美法系国家对公诉裁量权的制约主要侧重于检察官的起诉决定，对不起诉决定几乎没有制约。[1] 在美国，几乎没有其他机关可以对检察机关作出的不起诉决定进行制约。而德国、日本等大陆法系国家多是强调对裁量不起诉的监督制约。

我国对检察机关公诉裁量权的制约也多集中于裁量不起诉，而鲜有对起诉的制约。在我国，公安机关、被害人、被不起诉人对于检察机关作出的不起诉决定，都有权通过法定途径寻求救济，以制约检察机关作出的不起诉决定。公安机关可以通过复议、复核的方式寻求救济：当公安机关认为不起诉决定有错误时，可以要求复议；如果意见不被接受，可以向上一级人民检察院提请复核。被害人可以通过申诉、自诉的方式寻求救济：对于有被害人的案件，检察机关决定不起诉的，应当将不起诉决定书送达被害人。被害人如果不服不起诉决定，可以自收到不起诉决定书后7日内向上一级人民检察院申诉，请求提起公诉。人民检察院应当将复查决定告知被害人，被害人不服的，可以向人民法院起诉；被害人也可不经申诉，直接向法院起诉。被不起诉人不服对其作出的不起诉决定的，可以向检察机关申诉。可见，我国刑事诉讼法不仅赋予公安机关有权对检察机关的公诉

---

[1] 参见王圣扬、李圣斌：《中外公诉裁量制度初探》，载《安徽大学学报（哲学社会科学版）》2001年第2期。

裁量权进行制约的权力，被害人、被不起诉人有权通过申诉或自诉的方式对检察机关作出的裁量决定进行制约的权利。由于国情和司法观念差异巨大，各国对公诉裁量权的制约程度也不同，通过行使裁量权处理案件的比例也显示出较大差异。据统计，我国检察机关裁量不起诉率不足1%[1]，而美国通过辩诉交易处理的案件就达到90%以上，大陆法系的日本、德国不起诉案件也占到了50%以上。近年来，我国检察机关不起诉率也在逐渐提高，根据检察机关办案数据显示，2023年第一季度我国刑事案件不起诉率已经超过了20%。[2]

二、两大法系公诉裁量权制度的差异成因分析

两大法系公诉裁量权制度之所以呈现出差异性，与两大法系检察机关的传统思维方式及其结构有密切关系。在大陆法系传统视野中，检察官被认为是公正和正义的追寻者，代表国家履行客观公正义务，比如德国的检察官就被描述为"世界上最客观的公务员"，肖恩指出德国检察官"在审判中为真相全力以赴"的行为表明，"他们认真忠实地履行着作为客观真实发现者的角色"。[3] 检察官将忠于客观性义务视为其思维方式的一部分。大陆法系的检察官通常被看作与法官一样的司法人员，他们共同作为职业公务员的一员，同时又是司法共同体中密切合作的成员。检察官和法官经常一起接受培训，有着共同的教育培训经历，形成共同的司法理念。因此，检察官被期望能够客观全面地查明和发现真相，以追究犯罪。

为了引导检察官正确地行使裁量权，保证案件的公正处理，大陆法系国家通常制定严格的书面指引以及行政控制措施，要求检察官严格遵循检察系统内部发布的指引，并且上级检察机关（官）也有权对下级检察机关（官）作出的决定进行审查。检察官虽然有裁量权，但是在案件的处理上通常会接受上级检察机关的指令以及正式和非正式的合议审查和讨论。大

---

[1] 季刚、刘晶：《公诉改革的理论与实践》，中国检察出版社2006年版，第106页。

[2] 《2023年1至3月全国检察机关主要办案数据》，载最高人民检察院网2023年4月27日，https://www.spp.gov.cn/xwfbh/wsfbt/202304/t20230427_612631.shtml#1。

[3] 转引自[美]艾瑞克·卢拉、[英]玛丽安·L.韦德主编：《跨国视角下的检察官》，杨先德译，法律出版社2016年版，第414页。

陆法系国家传统上实行严格的起诉法定主义，自由裁量权意味着有专断、滥权和不平等对待的风险，因此，大陆法系国家在推进公诉裁量权方面总是小心谨慎。一方面，它们仍然在立法上坚持起诉法定主义；另一方面，它们又采取措施防止公诉裁量权在诉讼活动中的不当行使。比如德国既坚持强制起诉原则，也在刑事司法中推行偏离正常刑事审判程序的量刑协商和刑事处罚令程序。而在日本，一方面，刑事司法中广泛适用起诉犹豫制度，扩大公诉裁量权的适用范围；另一方面，实行检察委员会审查制度，以限制检察官的不当起诉。日本的这种"一手抓和一手放"的方式显然非常奏效，它使"日本的检察机关虽然享有广泛的公诉裁量权，但是检察官的起诉却十分慎重，对于证据不充分，获得有罪判决把握不大的案件不是勉强起诉，而是多采取了起诉犹豫处分"[1]。

英美法系国家以美国为例，其检察官的产生方式与大陆法系国家不同，他们由本地选民选举产生，对本地选民负责。检察官在对案件作出处理决定时，优先考虑本地选民的反应。美国虽然发布了检察指引作为裁量权行使的标准，但是由于检察官在决策时享有更多的自主权，不存在外部的审查，即使不遵守检察指引也很少会受到内部或外部的制裁，因此检察指引很少得到落实。其中有一些检察官还希望借助检察官职位在仕途上走得更远，因此，最大化定罪率的压力可能是"一种不可避免的环境约束"，这与美国的政治过程有关。[2] 拥有最好的定罪和量刑数据成为证明检察官能力的重要依据，而庞大的案件数量无疑加大了检察官的工作难度，辩诉交易由此就充当了检察官最好的助手，通过辩诉交易既可以处理大量的案件，又避免了审判不被定罪的风险，因此辩诉交易受到检察官的欢迎。而美国刑事责任的扩张、刑罚的增加使得被告人更愿意放弃宪法权利与检方合作，以寻求对自己更有利的处理结果。检察官也可以借助严厉的刑事处罚对被告人进行威胁，以便双方达成量刑协议。

随着现代法治观念的不断发展，两大法系国家虽然曾经历了不同的发展过程，但是在全球非刑罚化的大环境下，逐渐在诸多法治理念上达成一致。起诉便宜主义在两大法系国家都受到了前所未有的重视，公诉裁量权

---

[1] 刘文峰：《日本精密司法经验及启示》，载《人民检察》2014年第11期。
[2] [美]艾瑞克·卢拉、[英]玛丽安·L.韦德主编：《跨国视角下的检察官》，杨先德译，法律出版社2016年版，第411页。

的扩张已成为两大法系共同的发展趋势,当事人主义诉讼模式和职权主义诉讼模式逐渐融合。强制起诉原则日益成为"神话",越来越多的检察官扮演着"法官前法官"(judge before the judge)的角色。检察官裁决案件的权力扩展到了撤销指控这一基本权能之外的地方,一些国家的立法赋予了检察官独自决定犯罪嫌疑人是否有罪以及科处何种刑罚的权力。[1]

---

[1] Daniel C. Richman,"Old Chief V. United States: Stipulating away Prosecutorial Accountability", *Virginia Law Review*, 83 (1997): 967. 转引自 [美] 艾瑞克·卢拉、[英] 玛丽安·L. 韦德主编:《跨国视角下的检察官》,杨先德译,法律出版社 2016 年版,第 411 页。

第五章 公诉裁量权的运行

公诉裁量权作为公诉权的一项派生权力,除应当遵守公诉权运行的一般原则和规则外,还应当遵守其自身特有的运行规则。本章主要从公诉裁量权运行的角度出发,探讨其作为一项裁量性的公诉权力,在刑事诉讼活动中应当具备的权力要件。本书认为,公诉裁量权应当具备的权力要件包括公诉裁量权的主体、公诉裁量权的客体、公诉裁量权的方式、公诉裁量权的标准和公诉裁量权的制约。

第一节 公诉裁量权的主体

公诉裁量权的行使离不开公诉裁量权的主体,公诉裁量权的主体是公诉裁量权制度的重要组成部分。考察公诉裁量权必须首先确定公诉裁量权的主体,主体将直接影响公诉裁量权的行使范围以及行使成果。

一、公诉裁量权主体的确定

马克思主义哲学认为,主体是实践活动和认识活动的承担者。公诉裁量权的主体即公诉裁量活动的主要承担者。确定公诉裁量权的主体首先要明确主体的职责是什么,针对主体的职责确定主体人选。很显然,主体要承担的活动是公诉裁量活动,这项活动由公诉职能和裁量职能组成。根据刑事诉讼的基本理论,公诉职能要独立于审判职能,即控审分离,因此审判案件的法官不能成为公诉主体。而裁量又具有判断裁决之意,因而裁量职能必须由具有判断职能的主体组成。法官虽然具有判断职能,但由于控审分离，不能充当独立的裁量主体。从世界各国的情况看，大多数国家都将公诉裁量职能交由检察机关和检察官行使。只是有些国家实行起诉垄断主义，完全由检察机关来担当公诉职能；有些国家则在实行国家追诉的同时，也允许被害人追诉，实际上是检察机关与被害人共同分担了公诉职能。还有些国家将公诉职能交由预审法官、大陪审团行使，比如英国和法国的预审法官就实际行使了检察机关的公诉职能，而美国的传统大陪审团也成为实际的审查起诉主体之一。

究竟哪种才是最优的主体确定方式并无定论，但各国选择不同的公诉主体绝非偶然，与其本国历史发展和国情有密切的联系。比如，美国曾经是英国的殖民地，于是就沿袭了发源于英国的大陪审团制度，虽然英国已经废除了大陪审团，但是大陪审团制度已经在美国根深蒂固，陪审团审判是美国宪法确定的一项公民权利。而追溯英国选择预审法官的原因，也要梳理其诉讼历史。英国传统上实行私诉，政府不积极主动追诉犯罪，而是将追诉犯罪活动的主动权交与私人。为了保证起诉的质量，英国设置了预审法官制度，由其对起诉活动把关。因而，确定公诉裁量权的主体首先要从本国的国情出发，探究本国法律制度的历史渊源，选择适合本国国情的裁量权主体。

笔者以为，综合各方面因素考量，检察机关仍不失为公诉裁量权的最佳行使主体。因为检察机关设立的目的就是为起诉服务，检察机关是提起公诉的专门机关，这一优势是其他任何机关都无法比拟的。除此之外，检察机关上下一体的领导体制使其具有行使公诉职能的强大后盾，可以集中力量追诉犯罪，这一优势也是其他机关所不具备的。检察机关本身就具有判断职能，可以在审前阶段根据案件的具体情况对案件适时进行分流和处理。

二、公诉裁量权主体的权力

公诉裁量权的运行与公诉裁量权的主体密切联系。公诉裁量权主体是公诉裁量活动的指挥者，公诉裁量权主体行使权力的范围和大小直接影响公诉裁量权这项权力作用的发挥程度和结果。从字面意思看，公诉裁量权主体权力由公诉权和裁量权组成，但实际上，裁量权被包含在公诉权中。

同时，裁量权又影响公诉权。公诉权是公诉裁量权主体行使权力的前提条件，没有公诉权，公诉裁量权就失去了存在的前提。裁量权扩张又必然伴随公诉裁量权主体权力的膨胀。因此，探讨公诉裁量权主体的权力，一定不能割裂公诉权和裁量权二者之间的联系。

上文已经对公诉裁量权主体的确定进行了分析，基于国情因素的考量，不同国家公诉裁量权主体不尽相同。作为公诉裁量权的主体，享有公诉权这一点是共同的，但享有哪些具体的公诉权又有不同。公诉裁量权主体行使裁量权的广度与深度与公诉裁量权主体被授权大小是分不开的。如果公诉裁量权主体被授予不受约束的裁量权，就意味着其可以广泛地参与刑事诉讼中的各种裁量活动，并作出独立处断。如果公诉裁量权主体的权力范围受到严格约束，就意味着公诉裁量权主体只能在很小的范围内行使裁量权。任何不受约束的权力都可能被异化，所以公诉权裁量权主体在行使这项权力时，同样应当保持对权力的克制和尊重，不能超出法制的轨道。法律制度在设计公诉裁量权主体权力时，要综合权衡各方面因素，既要考虑历史国情，又要考虑现实情况，既要考虑诉讼活动的公正进行，也要考虑社会效果、诉讼效率等，既要考虑解决当下面临的实际问题，又要有一定的超前性，放眼长远。

第二节 公诉裁量权的客体

公诉裁量权的客体是指公诉裁量权的行使主体即公诉机关的裁量权行使的对象。受各种条件影响，不同国家对公诉裁量权客体范围的规定各不相同；即使同一个国家，其公诉裁量权客体范围也不是固定不变的，会随着本国的经济社会发展不断进行调整。

一、公诉裁量权客体的确定

公诉裁量权客体的确定并没有统一的模式和标准，但是有一点可以肯定，客体范围的确定与主体密切相关。

从马克思主义哲学认识论的观点来看，主体和客体分居认识活动的两端，客体是主体认识指向的对象，客体对主体的某种有用性必须经过主体的认识活动，使客体得到改造，才能成为人化的客体。[1] 客体总是处于被动地位，接受主体的支配和改造。而主体总是要施动于客体，不仅从观念上把握客体，而且根据自己的实践能力及生存的需要，对客体进行改造。主客体关系是具体的、动态的，不是抽象的、静态的。一方面，客体是被历史地规定着的；另一方面，客体领域也随着主体能力的提高而不断扩展。主体的表现形式不同，与客体形成的关系及追求的价值目标也各不相同，客体的范围就不尽相同。[2] 用马克思关于主客体关系的哲学观来分析公诉裁量权的主体和客体，可以发现，公诉裁量权客体的确定与公诉裁量权的主体有密切关系，公诉裁量权的客体随着公诉裁量权主体的需要以及对客体的认识而发生变化。

确定公诉裁量权的客体，首先要回到公诉裁量权本身，探究公诉裁量权的内在性质。公诉裁量权除具有公诉权的一般属性外，还具有裁量权的属性，如灵活性、判断性。从公诉裁量权的属性来分析公诉裁量权的客体：

其一，公诉裁量权的客体范围受公诉裁量权的公权力属性影响。一方面，公诉裁量权是由国家专门机关行使的权力，具有一定的公信力；另一方面，作为一项权力，公诉裁量权的适用范围必须受到限制，不能无限制扩张。

其二，公诉裁量权的灵活性使检察官可以在斟酌案件具体情况的基础上作出决定，同样也意味着检察官公诉权力的扩张。对案件的灵活处理本身是一件好事，体现了法律观念的进步和对人权的更多尊重。如果检察官都能按照法律预期的目的行使公诉裁量权，那么更多的案件将会得到公正处理，当然更多的被追诉人也会从中受益，在刑事诉讼中被公正对待。从这个意义上说，公诉裁量权的适用范围可以适当扩张，使得更多的案件和更多的被追诉人被公正对待。但是，公诉裁量权的灵活性必须以裁量者的高尚品质和较高的法律素养为前提，如果裁量者不具备这样的品行，就可能以"裁量"之名，行损人利己之实；抑或受法律水平所限，对案件作出不公正的处理。因而，公诉裁量权的适用范围必须与裁量者的素质相匹

---

[1] 参见元志贤、王连法：《论主客体关系及其价值实现》，载《东岳论丛》1995 年第 3 期。
[2] 参见元志贤、王连法：《论主客体关系及其价值实现》，载《东岳论丛》1995 年第 3 期。

配，如果裁量者普遍具备较高的道德素质和法律素养，我们大可放心地将案件交与他们灵活处理，裁量权的适用范围当然可以扩大；反之，如果裁量者的道德素质和法律素养普遍较低，得不到广大民众的普遍信任，就不应过多地将灵活处理案件的权力交给他们，否则不仅会给裁量者带来压力（因为相比法律的衡平处断、整齐划一，"灵活"二字最难把握），而且容易导致被裁量者及其相关权利人对裁判不信任，损害司法威信。

其三，公诉裁量权的客体范围受公诉裁量权的法律属性影响。检察官公诉裁量权的合理边界应由法律明确划定。公诉裁量权来自公诉权，公诉权的适用范围当然影响公诉裁量权的适用范围，公诉裁量权的客体范围受制于公诉权的适用范围，不可能超出也不能超出公诉权的适用范围。而公诉的对象是公诉机关认为已经构成刑法意义上的犯罪事项，所以公诉裁量权的适用对象也必须是构成犯罪、符合提起公诉条件的案件。如果公诉机关对本不符合提起公诉条件的案件进行裁量处理，则属于滥用公诉裁量权的行为。公诉裁量权的客体范围一定要小于公诉权的案件范围，如果对所有案件都能进行自由裁量，意味着将公诉权和公诉裁量权重合，当然也就意味着该国取消了起诉法定主义，实行完全的起诉便宜主义。

目前来看，大多数国家仍是选取其中一部分案件，允许适用公诉裁量。就这一部分案件而言，出于比较稳妥的考虑，大多数国家是对罪行比较轻微的案件适用公诉裁量权，对于罪行比较严重的案件、社会危害性比较大的案件，仍然以起诉法定主义为原则进行处分。当然，个别国家走得比较远，比如美国，即使是重罪案件也允许检察机关裁量处断。对于重罪案件，检察机关仍然可以和犯罪嫌疑人及其辩护律师进行交易，犯罪嫌疑人以承认有罪来换取检察官放弃起诉或只起诉较轻罪行。除此之外，是否会影响公共秩序也是确定公诉裁量权客体范围的一个因素。例如："如果你在这儿（一个大城市）逮捕了某个身上携带10克大麻制剂的人，我们将不会起诉。这没有意义，对公共秩序不构成威胁。但是在一个有15000名居民的城镇，在那儿的每个人都相互认识，什么事都没有发生过，而你发现了10万克大麻制剂，事实上，你需要一种不同的司法回应，因为所有人都将恐慌，因为所有人都会说，'有毒品，我们以前从未有过这个,这是一个大的事件'。"[1]

二、公诉裁量权客体的表现

综观世界各国,扩大公诉裁量权的适用范围是一个趋势,鉴于各国国情不同,又可以分为以下三种情况。

(一) 不限制案件种类

美国检察官享有几乎不受限制的广泛的起诉自由裁量权,原则上只要案件具备起诉条件都属于检察官裁量权的适用范围。检察官有权决定对哪个案件起诉、对特定案件是否起诉,也有权决定以何种罪名起诉,或者决定不予起诉。公共利益标准是英国提起公诉的主要标准,英国检察官只要认为追诉不符合公共利益,无论轻罪还是重罪案件,都有权作出不追诉的裁量决定。即使是大陆法系的日本,其检察官也享有较为广泛的裁量权,对几乎所有的刑事案件都有权作出裁量不起诉的决定,不受案件轻重的限制。

(二) 轻微罪 (违警罪) 和轻罪

与英美法系国家不同,大陆法系国家的公诉裁量权一般都受到较多的限制。比如德国检察官对轻微罪和轻罪案件享有不起诉的裁量权,对于重罪案件在原则上须提起公诉,不享有裁量权。在法国,检察官对轻罪案件和违警罪案件享有公诉裁量权,重罪案件交由预审法官审查。但是由于检察官有权对案件进行重罪、轻罪和违警罪的裁量区分,其完全可能将案件定性为轻罪从而规避预审程序,所以检察机关实际上等于拥有对所有案件的裁量权。

(三) 只限于轻微罪

我国台湾地区公诉裁量权的范围受到严格限制,主要限于轻微罪。根据台湾地区所谓"刑事诉讼法"第253条,微罪不举的范围主要限于三年

---

[1] [英] 杰奎琳·霍奇森:《法国刑事司法——侦查与起诉的比较研究》,张晓玲、汪海燕译,中国政法大学出版社2012年版,第322页。

以下有期徒刑的轻微犯罪。但是对少年犯罪案件，依据台湾地区所谓"少年事件处理法"第67条规定，对少年犯最重本刑五年以下有期徒刑之罪，参酌台湾地区所谓"刑法"第57条规定的因素，认为以不起诉处分为适当者，得为不起诉处分。

可以看出，确定公诉裁量权的客体范围必须综合考量多方面因素，既需要考虑本国传统文化和法律观念，又需要从现实国情出发。而且在考虑诸多因素的基础之上，还要把握平衡性和相对性。平衡性是指确定公诉裁量权客体应有一个最适合本国的"度"，在遵守法律的前提下，以本国的经济文化发展程度为基础，综合本国的整体法律环境，为"权力"和"权利"、"公诉权"和"公诉裁量权"找到一个最佳的平衡点，进而确定裁量权的适用范围。相对性是指一国公诉裁量权的适用范围并非一成不变，在保持一定稳定性的前提下，又需要不断调整。公诉裁量权适用范围与公诉权适用范围的平衡具有相对性，只能维持一段时间的稳定。本国国情、司法状况发生变化，公诉裁量权的适用范围也要随之调整，只有这样，才能更好地实现本国的诉讼目的。比如大陆法系代表国家德国，曾经实行严格的起诉法定主义，公诉裁量权的适用受到严格限制，然而近些年，受刑罚理论改变的影响，以及本国犯罪率不断上升的困扰，德国逐渐扩大公诉裁量权的适用范围。

第三节 公诉裁量权的行使方式

公诉裁量权的行使方式是指公诉机关行使裁量权的手段。检察机关在行使公诉权的过程中，除了可以作出提起公诉、不起诉的决定，还可以作出选择起诉以及变更起诉的决定。

一、不起诉

不起诉是理论界和实务界普遍认可的公诉裁量方式。公诉裁量与裁量不起诉密切相关，但并不等同。裁量不起诉只是公诉裁量行为的一种表现，没有公诉裁量，就没有裁量不起诉。没有裁量不起诉，也无所谓公诉裁量。[1]

(一) 不起诉裁量

不起诉裁量是刑罚目的观与诉讼价值观变化的历史产物，是人们认识的发展和选择的结果。就公诉权本身而言，决定起诉与不起诉是一般刑事公诉权的两个方面。[2] 肯定刑事公诉权，肯定由检察机关实施公诉的现代起诉制度，就不能不承认不起诉权是检察机关的当然权力，反之，否定不起诉权实际上就是否定现代公诉制度。[3]

不起诉裁量权的出现与刑罚观念的变化有直接关系。19世纪20年代以前，人们认为只要犯罪就必须接受国家刑法惩罚，任何人都不能逃脱法律的惩罚，而国家也不能放弃自己的追诉权，因为这是天经地义的追诉原则。然而19世纪20年代后，人们发现严厉的惩罚并不能消除犯罪，不仅如此，还带来一系列弊端。人们开始反思刑罚的功能，严厉的刑罚的确能在一定程度上威慑犯罪，但是通过这种惩罚并不能减少犯罪，寄希望于残酷的刑罚以减少犯罪甚至消除犯罪是不切实际的。目的刑刑罚观出现后改变了传统的有罪必罚刑罚观，开始注重刑事追诉权的合目的性，检察机关的不起诉裁量权应运而生。在目的刑刑罚观的影响下，检察机关应考虑刑罚的必要性和合理性。在目的刑刑罚观的指导下，检察机关不应仅考虑犯罪行为的社会危害性，还要对犯罪行为进行全面考察，分析犯罪行为发生的原因、犯罪行为发生时的各种环境因素以及犯罪人的个人情况、犯罪行为发生后犯罪人悔罪表现等多方面因素，以实现刑罚的个别化，并倡导以非刑事化方式处理犯罪，以利于犯罪分子重新回归社会。

(二) 暂缓起诉

暂缓起诉也是不起诉裁量权的重要表现形式。暂缓起诉是指检察机关暂时不将犯罪嫌疑人交付审判，而是为其设定一个考验期，命令犯罪嫌疑人在此期限内履行一定义务，在考验期满后，根据犯罪嫌疑人履行义务的

---

[1] 参见王圣扬、李生斌：《中外公诉裁量制度初探》，载《安徽大学学报（哲学社会科学版）》2001年第1期。
[2] 龙宗智：《相对合理主义》，中国政法大学出版社1999年版，第307页。
[3] 龙宗智：《相对合理主义》，中国政法大学出版社1999年版，第308页。

情况作出相应的处理决定。暂缓起诉源于德国、日本。早在明治维新时期，为应对日益增加的案件压力，日本确立了暂缓起诉制度。二战后，德国犯罪数量激增，为缓解司法压力，20世纪60年代，德国开始接受起诉便宜主义，允许对轻罪案件暂缓起诉。暂缓起诉并非对犯罪嫌疑人作出的最终处理决定，是否对犯罪嫌疑人提起公诉，需要观察犯罪嫌疑人在考验期内的表现和履行义务情况，如果在考验期内履行了相关义务，检察机关就会在考验期结束后放弃追诉犯罪嫌疑人，对其作出不起诉的决定；反之，如果犯罪嫌疑人没有在考验期内履行相关义务，甚至违反考验期的相关规定，检察机关将会撤销对犯罪嫌疑人作出的暂缓起诉决定，而正式提起公诉。

暂缓起诉实质是一种附加条件的暂时停止起诉程序，体现了国家的刑罚逐渐收敛，不再将刑罚不加区别地适用于所有犯罪人，而是只适用于那些确有接受刑法惩罚必要的犯罪人。在适用范围上，暂缓起诉一般对重罪不适用，主要适用于轻罪。暂缓起诉制度为处理未成年人犯、初犯、偶犯、胁从犯等案件提供了新的途径。暂缓起诉的实施主体只能是检察机关，其是检察机关公诉权的组成部分。暂缓起诉其实就是将国家的公诉权换了一种行使方式，目的是给予轻罪的犯罪人一次悔过自新的机会，只要其在考验期内认真履行义务，就能避免刑罚处罚。

二、选择起诉

选择起诉，也称选择性起诉，是指检察官斟酌案件具体情况对犯罪人及犯罪行为作出起诉或不起诉处理，具体包括对犯罪人的选择起诉和对犯罪行为的选择起诉。[1] 对犯罪人的选择起诉是指如果案件中存在多名犯罪嫌疑人，检察机关可以起诉其中一名或多名犯罪嫌疑人，而放弃对案件中其他犯罪嫌疑人的追诉。对犯罪行为的选择起诉是指当犯罪嫌疑人实施多项犯罪行为时，检察机关可以选择只起诉其中的一项或多项行为，而放弃对其他行为的追诉。选择起诉可以使检察机关充分行使裁量权，针对个案实现刑罚的特殊预防目的。大陆法系国家和英美法系国家的检察机关都有选择起诉的权力。如德国《刑事诉讼法》第154a条就对选择起诉作出

---

[1] 段明学：《论选择起诉》，载《中国刑事法杂志》2007年第6期。

规定。[1] 而根据美国制定法，检察官也拥有选择起诉的权力，可以根据案件的具体情况和有关社会政策有选择地起诉一部分犯罪，而对另一部分犯罪持宽容的态度。检察官最终以哪种形式起诉，关键要看检察官掌握的证据[2]。

三、变更起诉

变更起诉包括对起诉内容的变更、对起诉内容的追加以及撤回起诉。与选择起诉不同，变更起诉是在检察机关提起公诉后对指控内容进行的调整。比如撤回公诉是指公诉机关向审判机关提出指控后，发现指控不符合法定条件或没有追诉必要，在审判机关作出生效判决前，向审判机关申请取消已经提起的指控，从而终止诉讼程序的诉讼活动。变更起诉其实也是起诉便宜主义的体现，一般认为，既然检察官享有不可分割的独立的公诉权，允许检察官在起诉前运用公诉裁量权根据犯罪人和犯罪行为的具体情况斟酌起诉，那么检察官在起诉后也应该享有运用公诉裁量权斟酌案件的具体情况变更公诉的权力。检察官行使的公诉变更权实际上是公诉裁量权由审查起诉阶段向审判阶段的延伸。"在国外，自20世纪60年代实行起诉裁量主义以来，各国都赋予了检察机关或检察官以公诉变更权"[3]，并且在本国法律中对变更公诉加以规定。[4]

四、辩诉交易

辩诉交易是个舶来品，起源于美国。大众对美国司法印象最深刻的通

---

[1] 根据德国《刑事诉讼法》第154a条的规定，检察院可以因个别行为从范围上对程序加以限制，也就是说，如果行为之可以分割的个别部分或者个别违法行为并非十分重要，可以对这些行为免于追诉。
[2] 参见蔡巍：《检察官自由裁量权比较研究》，中国检察出版社2009年版，第55页。
[3] 邓思清：《检察权研究》，北京大学出版社2007年版，第300页。
[4] 《美国联邦刑事诉讼规则》第48条规定："总检察长或联邦检察官经法庭许可，可以撤销大陪审团起诉书、检察官起诉书或控告书，终止起诉。在审判期间，未经被告人同意，不可以撤销。如果在向大陪审团提交指控，或者对已经在地区法院接受询问的被告人发出检察官起诉书时存在不必要的延误，或者如果在将被告人交付审判时存在不必要的延误，法庭可以撤销大陪审团起诉书、检察官起诉书或控告书。"根据德国《刑事诉讼法》第153d条，联邦检察官对出于政治原因可以不追诉的犯罪案件，可以在程序的任何一个阶段撤回起诉，停止程序。法国则不允许检察机关撤回已经向法院提起公诉的案件。

常是陪审团审判,实际上,美国大多数的案件是通过辩诉交易而非陪审团审判处理的。"自上世纪70年代美国联邦最高法院确认辩诉交易制度以来,美国每年适用辩诉交易制度结案的比率逐步递增,时至今日联邦定罪判决的97%、州定罪判决的94%都是辩诉交易的结果。"[1]辩诉交易俨然成为美国刑事司法中不可或缺的一项制度。目前,辩诉交易制度已经在英国、德国等世界多个国家发展起来,成为其检察机关行使公诉裁量权的重要方式。由于辩诉交易糅合了不起诉、选择起诉、变更起诉多方面的内容,笔者将其单列出来详细介绍。

(一) 辩诉交易的产生

辩诉交易制度的产生有其深刻的社会背景。资本主义国家工业化、移民以及城市化发展,带来了严峻的社会问题,犯罪增加,司法资源日趋紧张,辩诉交易制度便是解决这些问题的方案之一。辩诉交易制度起源于美国。检察官与被告人"交易"的重要前提是控方必须拥有足够的自由裁量权。"交易"的结果以检察官与被告人签署协议的形式呈现,通常协议会载明被告人的认罪供述以及检察官的指控内容、量刑建议,该协议最终由检察官交给审判该案的法官。如果审判该案的法官对该份"交易"协议不持异议,将会按照协议内容进行判决。通常,辩护律师如果认为指控方的证据充分有力,胜诉的可能性极小,他们就会建议被告人进行"答辩交易",以承认有罪来换取检察官放弃对最严重的罪行起诉,而只起诉较轻罪行。[2]

一般认为,美国的辩诉交易起源于19世纪30—40年代,辩诉交易刚出现在美国时,几乎不为人所知。起初,美国联邦最高法院对辩诉交易并没有明确的态度。直至1970年,美国联邦高等法院才在"布兰迪诉美国案"(Bracly v. U. S.)的判决中正式确认了辩诉交易的合法性。之后,美国联邦最高法院在"伯顿柯歇尔诉哈耶斯案"中进一步肯定了辩诉交

---

[1] 卢莹:《美国辩诉交易制度中被害人占有一席之地》,载《检察日报》2018年7月24日,https://www.spp.gov.cn/spp/llyj/201807/t20180724_385815.shtml。
[2] 周欣主编:《外国刑事诉讼特色制度与变革》,中国人民公安大学出版社2014年版,第97页。

易。[1]"1974年4月,美国《联邦地区法院刑事诉讼规则》以立法的形式确立了辩诉交易的法律地位。"[2] 美国的辩诉交易主要是在传讯阶段进行。辩诉交易自设立以来就在美国引起了广泛的争议。被害人严惩犯罪人的意见难以实现,导致被害人产生不满。考虑到这种情况,美国法律规定被害人可以在民事法庭上对被告人提起诉讼,以此获取经济上的补偿。尽管有关辩诉交易的争论直到现在仍在继续,但美国的辩诉交易并没有被禁止,辩诉交易成为美国刑事司法制度正常运转的基本保障。

(二) 辩诉交易的发展

辩诉交易制度从产生之初就饱受争议,但是由于其在快速处理案件方面具有诸多优势,逐渐为世界各国所采纳。

20世纪70年代,在刑事案件急剧增加、侦破难度不断加大,司法系统审判压力不断上升的背景下,德国也开始借鉴美国的辩诉交易制度。2009年7月29日,德国联邦议院通过了《关于规定刑事诉讼中的辩诉交易的法律草案》,确立了在刑事诉讼中进行协商的制度。德国的辩诉交易既加入了协商性司法的要素,又融入了本国自身的特点,诉讼协商被广泛运用于司法实践中。协商的核心内容规定在该法律草案第257c条。德国的协商主体多元,包括法院、检察院、被告人、辩护人、被害人。协商程序设置灵活,可以在任何诉讼阶段启动。法庭在协商程序中可以提出协商方案,检察机关、被告人、辩护人和被害人都可以提出自己的意见和建议。协商案件范围没有限制,既可以适用于轻微犯罪案件,也可以适用于重大犯罪案件。强调法院在诉讼中有事实查明义务,即使被告人接受协商作出有罪供述,法庭也必须审查被告人的供述。此外,协商必须保证公开性,确保被告人、辩护人、被害人、检察官等诉讼参与人对协商内容充分了解,并且有机会发表意见,上级法院也能够有机会审查协商的内容。协商的内容必须被全面记载并且在判决中被提及。德国的诉讼协商虽然已经在司法实践中存在多年,且被写进法律文本,"但这项制度却遭遇来自德国学

---

[1] 在该案中,美国联邦最高法院认为,在被告人拒绝作出有罪答辩之后,检方增加指控罪名或使用惯犯法条加重刑罚并不违反正当程序原则。斯图尔特大法官认为,只要被告人有拒绝检方给出条件的权利,"就不构成对被告人加重刑罚或施以报复"。
[2] 参见冀祥德:《从对抗转向合作:中国控辩关系新发展》,载《中国司法》2011年第12期。

术界和实务界的激烈批评。反对意见的核心指向了辩诉交易制度对19世纪形成的德国诉讼结构的破坏"[1]。

面对司法实践压力资源，意大利1988年的《刑事诉讼法》专用一章内容规定了特殊程序，其中第444条明确规定了基于当事人双方请求的刑罚适用（双方协商）程序。这一程序被认为是意大利式的辩诉交易，即在正式审判开始之前，检察官和被告人可以通过协商达成刑罚协议，被告人放弃正式审判的权利，并请求法官按此协议论处。意大利不允许检察官和辩护律师就被告人的犯罪性质和是否有罪进行交易。当事人之间的协议只能影响量刑，且限定最高减刑幅度为法定刑的1/3。具体的量刑由法官决定，即使检察官不同意，被告方也可以要求法官依法减刑1/3。根据意大利《刑事诉讼法》第445条第2款规定，适用该程序的重罪案件，被告人在5年期限内未实施重罪，或者适用该程序的违警罪案件，被告人在2年期限内未实施相同性质的违警罪，在这种情况下，一切刑事后果均消灭。在一般情况下，依据该协议作出的判决不允许上诉。[2]

第四节 公诉裁量权的标准

公诉裁量权的标准是指公诉裁量主体根据法律的规定，运用裁量权对案件进行处理时所依据的基本准则。根据实际情况，各地可以在法律授权范围内将标准细化为若干具体情形。公诉裁量权标准的设立有利于公诉裁量权的规范行使，保证公诉裁量权运用于案件的处理有基本统一的尺度，防止公诉裁量权的滥用。但是由于案件的情况各不相同，为了不至于使公诉裁量权的行使僵化，公诉裁量权的标准不宜过细。本节只对公诉裁量权行使的基本标准进行介绍。

一、公益标准

公益是指社会公众所共同享有的权益、福利。法律利益涵盖公益和私

---

[1] 宋英辉、孙长永、朴宗根等：《外国刑事诉讼法》，北京大学出版社2011年版，第136页。
[2] 宋英辉、孙长永、刘新魁等：《外国刑事诉讼法》，法律出版社2006年版，第518页。

益。公益标准是指检察机关行使公诉裁量权时应当从公共利益出发，审查是否有必要追究被告人的刑事责任。公益标准既是检察机关活动的根本原则，也是检察机关公诉裁量权的价值平衡依据。检察机关是公益的代表，代表社会行使追诉犯罪的公诉权力。检察官参加诉讼必须以公共利益为行为准则，不能片面地代表某一方尤其是被害人的利益。许多国家的检察机关都将公共利益作为是否对犯罪提起公诉的权衡标准。例如，在英国，皇家检察官将公共利益标准作为其实现公诉裁量权的重要考量因素。《英国皇家检察官准则》第6条规定的支持起诉的公共利益因素有14项；反对起诉的公共利益因素有8项，包括法庭很可能处以数额很小的罚金或象征性处以罚金，在罪行发生与审判日期之间曾有很长时间的拖延，被告人已弥补了造成的损害或伤害，等等。德国《刑事诉讼法》也对公共利益的起诉标准作出了详细规定。[1] 但是，强调维护公共利益并非忽视公民的个人权益，现代文明社会对于公共利益与个人利益的关系问题，"一般都确立在不损害个人合法权益基础上维护公共利益的原则，反对为了公共利益牺牲公民个人合法权益"[2]。有关国际法律文件也对检察机关的公益标准作出了规定。[3]

二、平等原则

博登海默（Edgar Bodenheimer）认为："平等乃是一个具有多种不同含义的多形概念。它所指的对象可以是政治参与的权利、收入分配的制度，也可以是不得势的群体的社会地位和法律地位。它的范围涉及法律待遇的平等、机会的平等和人类基本需要的平等……相同的人和相同的情形必须得到相同的或至少是相似的待遇，只要这些人和这些情形按照

---

[1] 德国《刑事诉讼法》第153a条规定，程序处理轻罪的时候，如果行为人责任轻微，不存在追究责任的公共利益的，经过负责审判程序的法院同意，检察院可以不予追究。第153c条规定，如果启动程序将会给联邦德国造成严重的不利情况或者有其他的重大公共利益与追诉相抵触时，检察院也可以不予追诉。

[2] 张建伟：《公益原则与检察官的公正意识》，载《人民检察》1997年第2期。

[3] 联合国大会通过的《关于检察官作用的准则》第13条（b）项规定，检察官必须"保证公众利益，按照客观标准行事，适当考虑到嫌疑犯和受害者的立场，并注意到一切有关的情况，无论是否对嫌疑犯有利或不利"。

普遍的正义标准在事实上是相同的或相似的。"[1] 平等原则是近代法治国家的理念,并被许多国家写进宪法。平等标准是公诉裁量权适用的基本前提。

(一) 平等的含义

平等是社会的产物,代表着人们的理性追求。平等与法律注定有缘,从法律产生的那一天,其就肩负保障平等的大任。在中国古代就已经有了平等观,比如法家代表人物韩非说:"明主之国,令者言最贵也;法者,事最适者也。言无二贵,法不两适。故言行而不轨于法令者必禁。"[2] 法家承认人与人之间存在高与低、老与少的差别,但是所有人都应当受到法的公允对待,无论他是王公贵族,还是庶人。西方法律思想家们也推崇法的平等。古罗马法学家西塞罗认为:"每一个人都具有成为人类一分子的尊严,人都应当享有平等的法的权利。"[3] 卢梭认为:"人们缔结的社会契约并没有摧毁自然的平等,而是以道德的与法律的平等代替了自然所造成的人与人之间的身体上的不平等。尽管人们在力量上和才智上不平等,但由于约定并且根据权利,他们却是人人平等的。"[4] 英国哲学家霍布斯在对亚里士多德关于人类天生不平等的思想进行批判的基础上,第一次提出了近代意义上的平等观。[5] 随着资本主义经济的发展,平等的观念被资产阶级作为人权的主要内容写进法律,而无产阶级也在同一时期提出了自己的平等观念。"恩格斯结论性地写道:平等的观念,无论以资产阶级的形式出现,还是以无产阶级的形式出现,本身都是一种历史的产物,这一观念的形成,需要一定的历史关系,而这种历史关系本身又以长期的以往的历史为前提。"[6]

(二) 平等原则的含义和适用

平等意味着没有差别,我们说两个人是平等的,其反映了一种观念,

---

[1] [美] E. 博登海默:《法理学:法律哲学与法律方法》,邓正来译,中国政法大学出版社1999年版,第285—286页。
[2] 卓泽渊:《法的价值论》(第2版),法律出版社2006年版,第287页。
[3] 卓泽渊:《法的价值论》(第2版),法律出版社2006年版,第288页。
[4] 卓泽渊:《法的价值论》(第2版),法律出版社2006年版,第289页。
[5] 卞建林主编:《现代司法理念研究》,中国人民公安大学出版社2012年版,第200页。
[6] 卓泽渊:《法的价值论》(第2版),法律出版社2006年版,第293页。

即人们希望在社会交往中能被没有差别地对待。作为社会发展的产物，平等有两层含义：一方面，每个人在相同条件下应当享有相同的社会地位、经济地位和政治地位；另一方面，在相同的条件下，每个个体都应被无差别地对待。但是平等本身是一个抽象的概念，不同社会、不同人的理解各不相同。因此，抽象地谈平等没有任何意义，平等必须借助法律将其明确化，并且通过法律形成制度保障。法律本身就是分配权利义务的重要依据，通过法律将平等的标准明确下来，并且依靠法律的强制力实施，无疑有利于平等的真正实现。但法律适用本身也要平等，否则平等依然是空中楼阁。适用法律要秉持平等原则，法律面前人人平等就是对这一要求的最佳表述。这一原则要求法律对所有社会成员的合法权益都予以平等保护；对于所有社会成员都不加区分地平等对待；司法机关对于任何公民的违法犯罪行为都平等对待，不考虑贫富、地位高低、民族、种族等法外因素，任何人都不享有法律之外的特权。我国的宪法和刑事诉讼法也明确了公民在适用法律上的一律平等的权利。[1] 在当代社会，随着时代的发展和文明的进步，平等已经成为各国追求的价值目标，一些国际条约也将平等列为重要原则之一。[2]

但由于事物的特殊性、相对性、个别性的存在，任何事物都不可能绝对存在，平等也是如此。人们孜孜追寻的绝对平等实际上不可能存在，法律平等更是如此。所以，卓泽渊教授提出法的平等不外乎理想中的法的平等和现实中的法的平等。现实中的法的平等实际上就是一种相对平等。因此，法律上的平等主要包括两方面内容：一方面，法律面前人人平等。原则上，在同等情况下要平等地适用法律，反对特权和歧视的存在。另一方面，承认现实的差异。在特殊情况下，允许在一定限度内有差异地适用法律。追求平等不是追求不切实际的绝对平等，平等的对立面是特权和歧

---

[1] 我国《宪法》第33条第2款规定："中华人民共和国公民在法律面前一律平等。"我国现行《刑事诉讼法》第6条规定："对于一切公民，在适用法律上一律平等，在法律面前，不允许有任何特权。"
[2] 如《世界人权宣言》第7条规定："法律面前人人平等，并有权享受法律的平等保护，不受任何歧视。人人有权享受平等保护，以免受违反本宣言的任何歧视行为以及煽动这种歧视的任何行为之害。"《公民权利和政治权利国际公约》第2条第1款规定："本公约每一缔约国承担尊重和保证在其领土内和受其管辖的一切个人享有本公约所承认的权利，不分种族、肤色、性别、语言、宗教、政治或其他见解、国籍或社会出身、财产、出生或其他身份等任何区别。"

视,只有消除特权和歧视才能真正实现平等。特权意味着掠夺,特权者享有超出自身应有的权利;而歧视意味着受辱,应当享有的权利被践踏。享有特权者凌驾于法律之上,受歧视者应有的权利得不到法律的平等保护。特权与歧视其实是相伴相生的,只要有特权,就必然有歧视,所以,为追求法律适用的平等原则,就必须反对特权,反对歧视。在刑法中,法律面前人人平等并不是说所有的人都要被判处相同的刑罚。事实上,根据某些人的特殊身份区别对待,同样也是一种公正。[1]

刑事司法过程中的裁量也是如此,平等原则并不否定因犯罪人或者被害人的个人情况不同而在司法中被区别对待。在检察机关做裁量决定时,依据平等原则绝不意味完全整齐划一的适用。一般而言,检察机关对于相同的情况,应当依据法律作出相同的处理决定,平等地对待每一个犯罪嫌疑人,不能因犯罪嫌疑人的个体差异或者裁判者个人情感而作出区别对待。在作出处理决定时,对于同一类案件的认定和处理应该有一个相对统一的标准,不仅应在同一个案件中平等对待不同的犯罪嫌疑人,而且还应考虑到相同或类似案件中对犯罪嫌疑人的处理情况,要保持裁量的相对稳定性和一致性,使裁量决定更趋于公平合理。考虑到个案情况的千差万别,检察机关可以斟酌案件的实际情况,依法作出裁量决定。这并不违背平等原则,法律的某些倾斜性规定恰恰是为了实现实质平等。法律实质上的平等是在不违背法律制定目的的情况下,司法人员在综合考虑犯罪行为、性质,犯罪人年龄、处境,犯罪危害程度及犯罪情节等情况后,作出的更符合自然正义的一种处理决定。[2] 例如在有些案件中,检察机关对未成年人、老年人作出的不起诉决定,更能体现出法律实质公平的要义。

三、比例原则

比例原则是当今世界各国公法领域的一项基本原则。"比例原则经常作为给自由裁量设定内部界限的标准来论述,特别是在普鲁士警察法领域,作为构成自由裁量内部界限的一部分而发展起来的法理,现今,它已

---

[1] 陈兴良:《刑法的价值构造》,中国人民大学出版社1998年版,第320页。
[2] 周长军:《刑事裁量权论——在划一性与个别化之间》,中国人民公安大学出版社2006年版,第220页。

超越警察法,关注的是所有行政的自由裁量权行使问题。"[1] 比例原则是一项调整刑事诉讼权力与权利关系的原则,公诉裁量权作为国家刑事司法运行过程中的一项权力,应当在比例原则约束下,在国家权力与公民权利之间发挥良性互动作用。

(一) 比例原则的含义

比例原则是现代法治国家的一项基本原则,"是指在立法、司法与执法过程中对国家的公权力与公民的基本权利之间的边界划分上起指导与制约作用,并依据其自身的适当性、必要性与均衡性来判断公权力运行是否合法、合理的准则"[2]。比例原则的起源可以追溯到13世纪英国《大宪章》,在19世纪初演变成公法领域的原则。作为一项限制公权力的重要原则,在大陆法系国家,比例原则被称为行政法中的"帝王原则",足见其地位之重要。而在英美法系国家,与比例原则类似的是合理性原则,其功能都是约束国家的公权力,要求权力的行使必须受到控制,使权力与权利的关系保持某种平衡。德国学者耶利内克(Georg Jellinek)在1913年提出警察权行使的原则中已大致概括了现代比例原则的要义:不可以有侵害性,不可过度,不可违反妥当性(手段应当合目的),等等。[3]

一般认为,比例原则是一个内涵丰富的概念,其内容又可以包括:妥当性原则、必要性原则和狭义比例原则。妥当性原则要求行使公权力的手段与目的之间既要有联系,还要有效,采取的手段必须有助于所欲追求目的之实现。当公权力面对多种行为选择方式,只能选择可达到所欲追求之目的的手段。如果公权力的行使根本不利于所追求目的的实现,即被认为违反比例原则。必要性原则,又被称为最小损害原则,是指在不违反法律的前提下,公诉机关应该选取对公民利益损害最小的方式,即"最小不良作用"。狭义比例原则又称平衡原则,是指行使公权力的手段虽然合乎达成目的之必要,但必须与其所达到的目的成比例,"不可

---

[1] [日] 田村悦一:《自由裁量及其界限》,李哲范译,中国政法大学出版社2016年版,第185页。
[2] 姜涛:《追寻理性的罪行模式:把比例原则植入刑法理论》,载《法律科学(西北政法大学学报)》2013年第1期。
[3] 李蓉:《刑事诉讼权力(利)配置的原则》,载《求索》2006年第5期。

给予人民过度之负担"。狭义比例原则实为一种利益衡量方式，如果公权力所选取的手段虽合乎目的，却造成公民权利的严重侵害，则应放弃该手段。

比例原则的三个组成原则侧重点不同，但互相联系，完整地阐述了比例原则的含义。首先，比例原则强调了手段和目的之间的重要关系。一定要慎重选择行使公权力的手段，手段必须有助于目的的实现。其次，比例原则强调了利益衡量标准。即使行使公权力的手段必要和有效，但是如果给权利一方造成的损害过大，也被认为不符合比例原则。

通过分析比例原则的含义可以发现，比例原则是一项最基本的公法原则，其存在基础是保障人权，核心是实现公权力和私权利的动态平衡。比例原则是平衡"国家公共权力"和"公民自由保护"之间张力的必然选择。国家公权力犹如"双刃剑"，使之有当，双方得利，使之不当，两败俱伤。在追诉犯罪的诉讼活动中，当国家公共权力确有行使必要时，必须选取对公民自由和权利伤害最小的必要手段，而且必须严格按照法律规定的范围和程序进行，只有如此，现代法治国家才能形成并健康发展。

（二）比例原则的适用

就检察机关的公诉裁量权而言，比例原则是指检察机关所作出的裁量决定与所要实现的诉讼目的之间达到一个合理的比例关系，强调国家权力的行使应保持克制，不得逾越必要的限度。检察机关对公民个人权利的处分应在其所采取的手段和所期望达到的目的之间遵循比例原则，即检察机关在行使公诉裁量权时，应以合法性、合理性为目的，权衡裁量权和公民基本权利之间的比例关系，从而延展出适当性、必要性与法益均衡性的比较基准。在巴伐利亚行政法院的判例中有这样的论述："所选择的处分，目的和结果应当保持正当的关系。进一步讲，其处分应是必要的，并且不应造成超过目的要求的严重侵害。"[1] 刑法中的罪刑相适应原则、罪刑均衡原则就是比例原则在量刑领域的具体体现。

检察机关在进行裁量处分时必须遵守比例原则。依据比例原则，检察机关在审查起诉时，对犯罪嫌疑人作出的处理决定，应该与犯罪的社会危

---

[1] Bayer. VGHE, 6.2.1948, VerwRspr. Bd. 1, 51 ff. 转引自［日］田村悦一：《自由裁量及其界限》，李哲范译，中国政法大学出版社2016年版，第187页。

害性、犯罪嫌疑人的危险性相当。对于应认定有罪并处以刑罚的案件，必须依照法定的程序向法院提起公诉；对于犯罪轻微及斟酌具体案情无起诉必要的，可以按照法定程序作出不起诉决定。检察机关在具体行使公诉裁量权时，应首先考虑对犯罪人的处理方式是否符合刑法的目的，是否体现了刑事政策的要求。在选择实现这一目的的手段时，应注意目的与手段之间必须有一定的关联性。为了实现目的，检察机关应该选择最适于实现这一目的的必要手段，比如，对犯罪情节轻微的案件，检察机关作出不起诉处理决定，不追究犯罪嫌疑人的刑事责任即是比例原则的体现。反之，如果检察机关对于没有起诉必要的案件作出起诉的处理决定，则是不符合比例原则的。裁量手段和裁量目的相适应可以被看作是罪刑相适应原则在审前阶段的体现。由于我国刑事立法中没有明文规定比例原则，以至于比例原则的价值被掩盖，无法为刑事司法中公权力的运行提供合理的标准，从而有可能导致公权力的滥用和被追诉人合法权利受损。

第五节　我国公诉裁量权的运行

相比世界上其他国家的公诉，我国司法实践中公诉裁量权也在发展之中。我国检察机关不仅行使不起诉裁量权，还同时行使撤回起诉、变更起诉的裁量权，享有较为广为广泛的裁量权。

一、我国公诉裁量权的主体

检察机关是我国公诉裁量权的行使主体，既行使不起诉裁量权，也同时行使撤回起诉、变更起诉的裁量权，享有较为广泛的裁量权。随着司法改革的推进，我国公诉裁量权制度的运行出现了新变化和新问题。

我国选择检察机关作为公诉裁量权的唯一行使主体，与我国的历史国情和法律文化传统相适应。早在秦汉时期，御史就成为我国专职的监察员，与今天的检察官职能相似，御史是专门负责法律监督的官员，弹劾百官，对官吏犯罪提出控告。因此，御史被认为是中国早期的检察制度。及至清末变法，设立检事局专门负责对刑事案件提起公诉，奠定了中国检察制度的基础。由此看来，我国立法选择检察机关作为公诉机关具有悠久的历史传统，是长期法律文化传承和积淀的结果。我国的检察机关虽在"文革"期间经历了曲折，但直至今日，公诉职能始终是检察机关的核心职能。可见我国将检察机关作为唯一的公诉机关经过了长期的历史考验，能够满足我国司法实践的需要。检察机关不仅是我国的公诉机关，也是法律监督机关。在刑事诉讼活动中，不仅要追诉犯罪，还要保证国家法律的公正实施。因此，唯有检察机关能对犯罪事实进行客观全面的判断，在此基础上作出比较公正的处理决定。

2018年3月，《中华人民共和国监察法》（以下简称《监察法》）通过。根据《监察法》的规定，各级监察委员会是行使国家监察职能的专责机关，有权对所有行使公权力的公职人员进行监察，并调查职务违法和职务犯罪，开展廉政建设和反腐败工作。监察委员会依照监察法和有关法律对国家公职人员享有监察立案、调查、处置的权力。根据我国2018年修正之前的《刑事诉讼法》，检察机关自行侦查的案件主要是国家工作人员的职务犯罪案件。而监察体制改革的一个重要内容就是将包括国家工作人员的职务犯罪调查权统一收归监察委员会。监察委员会对案件调查终结后，再将调查结果移送人民检察院依法审查，提起公诉。监察体制改革是对国家权力的再分配。监察委员会对职务犯罪行使的是案件调查权，不是侦查权，更不是公诉权。虽然《监察法》规定的监察对象与检察机关自侦案件的侦查对象具有交叉性，但是监察委员会并没有分担检察机关的公诉裁量权。监察委员会的成立在一定程度上有助于加强检察机关公诉裁量职能的行使。监察委员会作为监督机关，有权对检察官履职行为进行监督，督促其依法履职，合法适用公诉裁量权；另外，根据《监察法》第31条之规定，如果涉嫌职务犯罪的被调查人主动认罪认罚，检察机关可以在移送人民检察院时提出从宽处罚的建议。

从公诉裁量权的职能行使看，一方面要求公诉裁量权的行使主体能胜任提起公诉职能，另一方面要求公诉裁量权的行使主体能比较公允地行使客观判断职能，对犯罪嫌疑人作出处断。我国检察机关的公诉职能经过了长期的历史检验，对检察机关足以胜任公诉职能这一点自然毋庸置疑。而客观判断职能却使检察机关饱受争议。争议的主要原因就在于自侦职能使其从侦查伊始就具有了追诉的冲动，难以在审查起诉阶段中立地对犯罪嫌疑人进行处断；而且其自侦职能与其法律监督职能又难以并存，无法保证其监督的合法和公允。如果检察机关取消了侦查职能，仅保留公诉职能和法律监督职能，恰好满足了行使公诉裁量权的需要，使其既能承担提起公诉职能，又能客观地对案件进行全面分析，权衡起诉的必要性和目的性，对满足条件的犯罪嫌疑人作出裁量处理。

二、我国公诉裁量权的客体

我国司法实践传统上强调有罪必罚，有罪必诉，检察机关没有裁量性权力。从1979年开始，我国检察机关的公诉裁量权开始出现在《刑事诉讼法》中，1979年《刑事诉讼法》第101条规定了免予起诉制度。检察机关公诉裁量的范围主要限于"构成犯罪，且依照刑法规定不需要判处刑罚或者免除刑罚"的案件。1996年《刑事诉讼法》依然保留了检察机关的公诉裁量权，但不再是"免予起诉"制度，而是"相对不起诉"制度。虽然制度发生了变化，但对于检察机关公诉裁量的案件而言，其范围并没有发生较大的变化，主要仍限于微罪和依照刑法规定不需要判处刑罚或免除刑罚的案件。2007年，最高人民检察院针对不起诉案件的办理出台了相关规定，[1] 该规定从宽严相济刑事司法政策的角度出发，放宽了不起诉的范围，结合案件起诉质量和起诉必要性明确了五种不起诉的情形。2012年，我国《刑事诉讼法》进行了第二次修正，根据司法实践的需要，在2012年《刑事诉讼法》中增设了附条件不起诉、刑事和解等制度，公诉裁量权的范围得以扩大。[2] 我国2018年《刑事诉讼法》在2012年《刑事诉

---

[1] 《人民检察院办理不起诉案件质量标准（试行）》（2007年）明确了可以依法决定不起诉的五种情形：未成年犯罪嫌疑人、老年犯罪嫌疑人，主观恶性较小、社会危害不大的；因亲友、邻里及同学同事之间纠纷引发的轻微犯罪中的犯罪嫌疑人，认罪悔过、赔礼道歉、积极赔偿损失并得到被害人谅解或者双方达成和解并切实履行，社会危害不大的；初次实施轻微犯罪的犯罪嫌疑人，主观恶性较小的；因生活无着偶然实施盗窃等轻微犯罪的犯罪嫌疑人，人身危险性不大的；群体性事件引起的刑事犯罪中的犯罪嫌疑人，属于一般参与者的。

[2] 附条件不起诉将未成年人涉嫌刑法分则第四章、第五章、第六章规定的犯罪，可能判处一年有期徒刑以下刑罚，符合起诉条件，但有悔罪表现的案件纳入公诉裁量的范围。刑事和解制度则将因民间纠纷而起，涉嫌刑法分则第四章、第五章规定的可能判处三年以下有期徒刑刑罚的案件，以及除渎职犯罪以外的可能判处七年有期徒刑以下刑罚的过失犯罪案件纳入公诉裁量的范围。见《刑事诉讼法》第271条、277条。

讼法》的基础上又创设了特别不起诉,至此,我国检察机关裁量不起诉已经包括了酌定不起诉、附条件不起诉、和解不起诉、特别不起诉四种,公诉裁量权的范围进一步扩大。近些年随着刑事司法改革的深入,我国公诉裁量权的客体范围还在不断扩大,从最初的微罪到可能判处三年以下有期徒刑的案件、可能判处七年以下有期徒刑的案件。在2019年最高人民法院、最高人民检察院、公安部、国家安全部、司法部联合印发的《关于适用认罪认罚从宽制度的指导意见》(以下简称《认罪认罚指导意见》)中,明确提出"认罪认罚从宽制度没有适用罪名和可能判处刑罚的限定,所有刑事案件都可以适用,不能因罪轻、罪重或者罪名特殊等原因而剥夺犯罪嫌疑人、被告人自愿认罪认罚获得从宽处理的机会"。也就是说,检察机关完全可以根据案件具体情况裁量决定,不受案件罪名和刑期的限制。但是公诉裁量权的范围无论如何扩大,都不能超出法律规定的幅度。

同样体现检察机关公诉裁量权的还有撤回公诉制度。我国的撤回公诉制度虽然没有在《刑事诉讼法》中明确规定,但是《刑事诉讼法解释》和《人民检察院刑事诉讼规则》对撤回公诉都作出了规定。其中2019年《人民检察院刑事诉讼规则》第424条明确了检察机关可以撤回起诉的七种情形。[1]而司法实践中检察机关撤回起诉的情形不限于上述七种,涉及程序条件和实体条件,前者如无管辖权,后者包括多种情况,如不应追究刑事责任、证据发生变化、检法认识分歧,以及避免无罪判决等,其中证据原因占比较高。据广州市人民检察院课题组的调查报告,检法两家对犯罪主观故意的认定、犯罪行为的认定、证据确实充分的认定和法律适用问题等存在分歧,从而导致撤诉和无罪判决的案件占了绝大多数。[2]在司法实践中,因证据原因撤回公诉的案件大都作出了存疑不起诉决定。仔细分析2019年《人民检察院刑事诉讼规则》第424条,可以发现其表述是检察机关"可以"撤回起诉。然而这七种情形本来就属于"法定不起诉"的范围。笔者以为,如果检察机关发现具有这七种情形

---

[1] 这七种情形包括:(1)不存在犯罪事实的;(2)犯罪事实并非被告人所为的;(3)情节显著轻微、危害不大,不认为是犯罪的;(4)证据不足或证据发生变化,不符合起诉条件的;(5)被告人因未达到刑事责任年龄,不负刑事责任的;(6)法律、司法解释发生变化导致不应当追究被告人刑事责任的;(7)其他不应当追究被告人刑事责任的。
[2] 广州市人民检察院课题组:《关于撤诉案件和无罪判决案件的调查报告》,载《中国刑事法杂志》2003年第5期。

之一"应当"而不是"可以"撤回起诉，应该及时改正错误的起诉，保护被起诉人的合法权益。

三、我国公诉裁量权的行使方式

研究我国公诉裁量权的学者往往将公诉裁量权与不起诉裁量权画上等号。然而，我国公诉裁量权的运行并不限于此。《刑事诉讼法解释》、《人民检察院刑事诉讼规则》和《六部委规定》都对撤回起诉裁量权、变更起诉裁量权作出了规定。正是依据司法解释的规定，我国司法实践中存在两种公诉裁量权行使方式，即不起诉、变更起诉，不包括选择起诉的裁量方式。免予起诉虽然已经被我国《刑事诉讼法》废止，但它曾经是公诉裁量权行使的重要方式，对我国刑事诉讼法的发展起到了一定的积极作用，所以在本节一并进行介绍。

（一）免予起诉

1956年4月25日，全国人大常委会第三十四次会议通过了《关于处理在押日本侵略中国战争中战争犯罪分子的决定》[1]（以下简称《处理战犯决定》，已失效），该决定被认为是免予起诉制度的肇始，赋予我国检察机关在起诉问题上一定的裁量权，即免予起诉权。[2]

免予起诉制度在创设之初，主要用于对在押日本战争罪犯的处理，后被用于处理反革命分子投案自首工作。在司法实践中，免予起诉被不断扩大适用并成为我国刑事诉讼中的一项具有鲜明中国特色的常设制度。1979年，免予起诉制度得到我国《刑事诉讼法》的正式确认，成为《刑事诉讼

---

[1]《处理战犯决定》的第1条规定："对于次要的或者悔罪表现较好的日本战争犯罪分子，可以从宽处理，免予起诉。对于罪行严重的日本战争犯罪分子，按照各犯罪分子所犯的罪行和在关押期间的表现分别从宽处刑。在日本投降后又在中国领土内犯有其他罪行的日本战争犯罪分子，对于他们所犯的罪行，合并论处。"
[2] 1979年《刑事诉讼法》第95条规定："凡需要提起公诉或者免予起诉的案件，一律由人民检察院审查决定。"第97条规定："人民检察院对于公安机关移送起诉或者免予起诉的案件，应当在一个月以内作出决定，重大、复杂的案件，可以延长半个月。"第101条规定："依照刑法规定不需要判处刑罚或者免除刑罚的，人民检察院可以免予起诉。"

法》的重要组成部分。[1]《处理战犯决定》第 1 条也成为我国检察机关享有起诉裁量权的一项法律依据。免予起诉的效力与人民法院认定有罪但免除刑罚的效力相同。在免予起诉决定作出后，诉讼即告终结，案件不再进入审判程序。因而，免予起诉制度的实质是检察机关在未经法院审判的情况下对犯罪嫌疑人认定有罪但不予追诉。

长期以来，我国法学理论界和实务界对免予起诉制度存在不同看法，大致可以分为肯定说和否定说两种观点。肯定说认为，免予起诉是检察机关公诉权不可分割的一部分。检察机关对被告人作出的有罪认定不同于法院的有罪认定。检察机关认定有罪，是非刑罚处理的根据，它没有刑罚的后果，也不作为前科。而且免予起诉制度符合世界刑事法律的发展趋势，因而该制度应予保留。[2] 否定说认为，免予起诉制度不符合现代法治原则，未经审判即对被告人定罪，不符合人民法院统一独立行使审判权和公检法三机关分工制约的宪法原则，侵犯了法院的审判权，不利于保护被告人的合法权益。

免予起诉制度是在我国法治尚不发达的现实背景下建立的，在当时特定的历史条件和环境下发挥了重要作用，充分体现了我国对犯罪分子区别对待、惩办与宽大相结合的刑事政策。不可否认，免予起诉确实有其存在的合理因素，如：有利于及时体现惩办与宽大相结合的刑事政策，教育犯罪分子；有利于减少司法投入，提高司法效率。大量的反革命分子和在押的 1000 多名日本战犯通过免予起诉制度得到了人道处理，有利于分化瓦解敌对势力，巩固新生政权。免予起诉制度自产生以来就保持了较高的适用率，受到检察机关的欢迎。但是较高免予起诉率意味着大量的被追诉人未经审判即被确认有罪，违反了诉讼法的基本原则，容易导致案件的错误处理，正因如此，1996 年《刑事诉讼法》采纳了有关部门和法律专家的意见，废止了免予起诉制度。

（二）不起诉裁量权

我国检察机关的不起诉裁量权是在废止免予起诉制度的基础上建立起来的。根据我国现行刑事诉讼法的规定，不起诉处分可以分为四种：

---

[1] 我国 1979 年《刑事诉讼法》第 101 条规定："依照刑法规定不需要判处刑罚或者免除刑罚的，人民检察院可以免予起诉。"
[2] 参见王桂五主编：《中华人民共和国检察制度研究》，中国检察出版社 2008 年版，第 348 页。

第一种是法定不起诉,即《刑事诉讼法》第 177 条第 1 款规定的不起诉。[1] 检察机关只要查明犯罪嫌疑人具有上述立法规定的情形,就必须作出不起诉的决定,没有选择和裁量的余地。因此,法定不起诉不属于不起诉裁量权。第二种是存疑不起诉,又称证据不足不起诉。[2] 存疑不起诉以退回补充侦查为程序要件,以证据不足为实体条件,必须经过两次补充侦查,检察机关才能对此类案件作出"应当"不起诉决定,这意味着检察机关对于此类案件没有裁量余地,如果检察机关坚持起诉就是错诉。第三种是相对不起诉,又称酌定不起诉。[3] 第四种是附条件不起诉,规定在《刑事诉讼法》第 282 条。[4] 第五种是刑事和解不起诉,规定在《刑事诉讼法》第 290 条,对于达成刑事协议的案件,检察机关可以向人民法院提出从宽处罚的建议,对于犯罪情节轻微,不需要判处刑罚的,可以作出不起诉的决定。[5] 第六种是特别不起诉,规定在《刑事诉讼法》第 182 条。[6] 上述六种不起诉,有四种属于检察机关"可以"作出不起诉决定的案件。"可以"在此表示一种授权,属于不起诉裁量的范畴。

1. 相对不起诉

相对不起诉是我国检察机关比较常用的裁量方式,也是公认的公诉裁量权行使的典型方式。具体而言,我国的相对不起诉包括以下两种情形:第一种是依照刑法规定不需要判处刑罚的情形。其适用要根据具体案件的酌定情节来确定。第二种是依照刑法规定免除刑罚的情形。刑法规定不需

---

[1] 2018 年《刑事诉讼法》第 177 条第 1 款规定:"犯罪嫌疑人没有犯罪事实,或者有本法第十六条规定的情形之一的,人民检察院应当作出不起诉决定。"

[2] 存疑不起诉规定在 2018 年《刑事诉讼法》第 175 条第 4 款:"对于二次补充侦查的案件,人民检察院仍然认为证据不足,不符合起诉条件的,应当作出不起诉的决定。"

[3] 相对不起诉规定在 2018 年《刑事诉讼法》第 177 条第 2 款:"对于犯罪情节轻微,依照刑法规定不需要判处刑罚或者免除刑罚的,人民检察院可以作出不起诉决定。"

[4] 2018 年《刑事诉讼法》第 282 条第 1 款规定:"对于未成年人涉嫌刑法分则第四章、第五章、第六章规定的犯罪,可能判处一年有期徒刑以下刑罚,符合起诉条件,但有悔罪表现的,人民检察院可以作出附条件不起诉的决定。"

[5] 2018 年《刑事诉讼法》第 290 条规定:"对于达成和解协议的案件,公安机关可以向人民检察院提出从宽处理的建议。人民检察院可以向人民法院提出从宽处罚的建议;对于犯罪情节轻微,不需要判处刑罚的,可以作出不起诉的决定。"

[6] 2018 年《刑事诉讼法》第 182 条第 1 款规定:"犯罪嫌疑人自愿如实供述涉嫌犯罪的事实,有重大立功或者案件涉及国家重大利益的,经最高人民检察院核准,公安机关可以撤销案件,人民检察院可以作出不起诉决定,也可以对涉嫌数罪中的一项或者多项不起诉。"

要判处刑罚的,主要指《刑法》第37条规定。[1] 刑法规定可以免除刑罚的情况,主要有:《刑法》第10、第19、第20、第21、第22、第24、第27、第28、第67、第68条。这些条文涵盖了我国刑罚减免的多种情形。[2]

由于《刑事诉讼法》对相对不起诉规定的范围较窄,仅限于第177条第2款,实践中很少适用,为鼓励检察机关不起诉裁量的积极性,同时也对不起诉裁量进行规范,最高人民法院、最高人民检察院相继出台了一系列司法解释。[3] 司法解释明确了检察机关不起诉裁量权的一系列工作方针。

第一,法律是前提。检察机关必须依法适用不起诉,法律是检察机关适用不起诉的基本前提,检察机关在审查起诉时,必须依照现行法律的规定掌握起诉条件。这也就明确了检察机关不能为了人情滥用起诉权、为了地方利益滥用起诉权、为了领导意志滥用起诉权等。第二,权利优先。检察机关在审查起诉中如果遇到有些案件难以把握起诉条件,可诉可不诉的,应当坚持不诉。这样既体现了检察机关尊重权利、谦抑适用权力的价值选择,又纠正了司法实践中对待不起诉的错误态度。司法实务中,有些检察机关及检察官总是抱着不能放纵犯罪的心态,认为只要犯罪人有一丝犯罪嫌疑,就应提起公诉。这种心态既与检察官旧有的法治思维有关,也

---

[1] 《刑法》第37条规定:"对于犯罪情节轻微不需要判处刑罚的,可以免予刑事处罚,但是可以根据案件的不同情况,予以训诫或者责令具结悔过、赔礼道歉、赔偿损失,或者由主管部门予以行政处罚或者行政处分。"

[2] 《刑法》第10条规定:"凡在中华人民共和国领域外犯罪,依照本法应当负刑事责任的,虽然经过外国审判,仍然可以依照本法追究,但是在外国已经受过刑罚处罚的,可以免除或者减轻处罚。"第19条规定:"又聋又哑的人或者盲人犯罪,可以从轻、减轻或者免除处罚。"第20条第2款规定:"正当防卫明显超过必要限度造成重大损害的,应当负刑事责任,但是应当减轻或者免除处罚。"第21条第2款规定:"紧急避险超过必要限度造成不应有的损害的,应当负刑事责任,但是应当减轻或者免除处罚。"第22条第2款规定:"对于预备犯,可以比照既遂犯从轻、减轻处罚或者免除处罚。"第24条第2款规定:"对于中止犯,没有造成损害的,应当免除处罚;造成损害的,应当减轻处罚。"第27条第2款规定:"对于从犯,应当从轻、减轻处罚或者免除处罚。"第28条规定:"对于被胁迫参加犯罪的,应当按照他的犯罪情节减轻处罚或者免除处罚。"第67条第1款规定:"对于自首的犯罪分子,可以从轻或者减轻处罚。其中,犯罪较轻的,可以免除处罚。"第68条规定:"有重大立功表现的,可以减轻或者免除处罚。"

[3] 如《关于在检察工作中贯彻宽严相济刑事司法政策的若干意见》《人民检察院办理未成年人刑事案件的规定》《关于办理环境污染刑事案件适用法律若干问题的解释》等。

与我国的制度设计有关。在层层审批的制度下，检察官如果决定不起诉，就意味着要做比提起公诉更多的工作，一旦决定错误，还会面临更大的追责压力。因此，最高人民检察院只是提出"可诉可不诉应当不诉"的指导原则远远不够，还要从制度上进行改革，使得这一原则真正具有可操作性，而不是纸上谈兵。第三，扩大适用不起诉的人群范围。只要符合不起诉条件，对初犯、从犯、预备犯、中止犯、防卫过当、避险过当、未成年人犯罪、老年人犯罪，以及亲属朋友之间、邻居之间、同学、同事间发生的案件都可以作不起诉处理。2016年12月26日，最高人民法院、最高人民检察院发布的《关于办理环境污染刑事案件适用法律若干问题的解释》将能积极悔罪，采取措施消除污染的行为人划入不起诉的范围[1]。2017年1月25日，最高人民法院、最高人民检察院发布的《关于办理组织、利用邪教组织破坏法律实施等刑事案件适用法律若干问题的解释》还将能真诚悔罪的行为人划入不起诉的范围[2]。根据2019年10月发布的《关于适用认罪认罚从宽制度的指导意见》，人民检察院可以对认罪认罚后没有争议，不需要判处刑罚的轻微刑事案件，依法作出不起诉决定。从上述司法解释和各项刑事政策来看，最高人民法院、最高人民检察院也在致力于推动我国不起诉裁量权的发展。

但是从最高人民检察院的司法数据来看，2016年，最高人民检察院全年共批准逮捕各类刑事犯罪嫌疑人828618人，提起公诉1402463人。对不构成犯罪或证据不足的，不批准逮捕132081人、不起诉26670人，其中因排除非法证据不批准逮捕560人、不起诉169人[3]。不起诉的案件与提起公诉的案件之比约为1.9%。2015年，最高人民检察院全年共批准逮捕各

---

[1]《关于办理环境污染刑事案件适用法律若干问题的解释》第5条规定："实施刑法第三百三十八条、第三百三十九条规定的行为，刚达到应当追究刑事责任的标准，但行为人及时采取措施，防止损失扩大、消除污染，全部赔偿损失，积极修复生态环境，且系初犯，确有悔罪表现的，可以认定为情节轻微，不起诉或者免予刑事处罚；确有必要判处刑罚的，应当从宽处罚。"

[2]《关于办理组织、利用邪教组织破坏法律实施等刑事案件适用法律若干问题的解释》第9条规定："组织、利用邪教组织破坏国家法律、行政法规实施，符合本解释第四条规定情形，但行为人能够真诚悔罪，明确表示退出邪教组织、不再从事邪教活动的，可以不起诉或者免予刑事处罚。其中，行为人系受蒙蔽、胁迫参加邪教组织的，可以不作为犯罪处理。"

[3] 数据参见《2017年最高人民检察院工作报告》，载中国人大网2017年3月15日，http://www.npc.gov.cn/npc/xinwen/2017-03/15/content_2018937.htm。

类刑事犯罪嫌疑人 873148 人，提起公诉 1390933 人。对不构成犯罪或证据不足的，决定不批准逮捕 131675 人、不起诉 25778 人。[1] 不起诉的案件约占提起公诉案件的 1.85%。比对 2015 年、2016 年的数据可以发现，不起诉的案件在总量中占较小比例，反映出检察机关内部仍然从严掌握不起诉。根据最高人民检察院 2023 年工作报告显示数据，近年来检察机关不起诉的政策发生了发生明显的变化。2018 年至 2022 年，全国检察机关共办理各类案件 1733.6 万件，比前五年上升 40%；其中，2022 年受理审查逮捕 83.7 万人，受理审查起诉 209.2 万人，比 2018 年分别下降 38.6%、上升 2.8%；诉前羁押率从 2018 年的 54.9% 降至 2022 年 26.7%，为有司法统计以来最低；不捕率从 22.1% 升至 43.4%，不诉率从 7.7% 升至 26.3%，均为有司法统计以来最高。[2]

2. 附条件不起诉

我国 1996 年《刑事诉讼法》没有规定附条件不起诉。但从 1992 年开始，上海市长宁区人民检察院就在对未成年人和在校大学生的刑事检察活动中试行暂缓起诉制度。暂缓起诉是附加条件的暂时停止起诉程序，其实质是附条件不起诉。我国的暂缓起诉制度最早由武汉市江岸区人民检察院于 2000 年 12 月提出。2003 年年初，南京市浦口区人民检察院对一在校大学生涉嫌盗窃犯罪实行了暂缓起诉制度，并成立了全国首家在校大学生犯罪预防中心。之后，北京、上海、山东、辽宁等地基层检察院针对一些特殊群体的犯罪嫌疑人（如未成年人、在校大学生）陆续试行暂缓起诉制度。暂缓起诉对于教育、挽救青少年起到了一定的积极作用。但是由于缺乏刑事立法依据，各地试行的规则不尽相同，直接导致很多相似的案件得不到相应的处理，不利于对检察机关自由裁量权的有效监督。为适应司法实践的需要，2012 年《刑事诉讼法》在未成年人刑事案件诉讼程序中正式规定了附条件不起诉制度。[3]

---

[1] 数据参见《2017 年最高人民检察院工作报告》，载最高人民检察院网 2016 年 3 月 13 日，http://www.spp.gov.cn/zdgz/201603/t20160313_114325.shtml。

[2] 数据参见《2023 年最高人民检察院工作报告》，最高人民检察院网 2023 年 3 月 17 日，https://www.spp.gov.cn/spp/gzbg/202303/t20230317_608767.shtml，2023 年 7 月 6 日访问。

[3]《刑事诉讼法》第 282 条第 1 款规定："对于未成年人涉嫌刑法分则第四章、第五章、第六章规定的犯罪，可能判处一年有期徒刑以下刑罚，符合起诉条件，但有悔罪表现的，人民检察院可以作出附条件不起诉的决定。"

按照现行《刑事诉讼法》的规定，附条件不起诉与相对不起诉都是检察机关对符合起诉条件的案件作出的不起诉处分，均体现了检察机关自由裁量权的运用。两者的区别在于，检察机关对犯罪嫌疑人作出相对不起诉决定，犯罪嫌疑人不需要承担任何义务，非经法定事由不得就同一案件再行起诉。除非发现不符合法定条件，一般不能撤销不起诉决定。而且检察机关一旦作出不起诉决定，诉讼程序即告终止。而附条件不起诉仅适用于犯罪情节较轻的未成年人犯罪案件，以犯罪嫌疑人附加承担义务或条件为前提，如果犯罪嫌疑人履行了义务或条件得到满足，检察机关将不再提起诉讼；如果犯罪嫌疑人拒绝履行义务或条件得不到满足，检察机关将会按照现行的法律提起公诉。因而检察机关作出附条件不起诉决定并不意味着案件终结。

附条件不起诉制度为加快处理未成年人犯、初犯、偶犯、胁从犯等案件提供了新的途径，附条件不起诉制度的设立满足了我国司法实践的需要，丰富了现有的不起诉制度，对于在刑事诉讼活动中保护未成年人的合法权益具有重要意义，同时也有利于实现司法资源的合理配置，体现诉讼经济原则。2022年全国检察机关对涉嫌轻微犯罪、有悔罪表现的未成年人，附条件不起诉7.1万人，适用率由2018年12.2%升至2022年36.1%。[1]

3. 刑事和解

关于刑事和解的概念，学界并未达成一致，比较有代表性的界定有："刑事和解，是指在刑事诉讼程序运行过程中，被害人和加害人（即被告人或犯罪嫌疑人）以认罪、赔偿、道歉等方式达成谅解以后，国家专门机关不再追究加害人刑事责任或者对其从轻处罚的一种案件处理方式。即被害人和加害人达成一种协议和谅解，促使国家机关不再追究刑事责任或者从轻处罚的诉讼制度。这种诉讼制度是对调解制度的发展和革新。"[2] 刑事和解制度又称加害人与被害人和解制度（Victim-Offender-Reconciliation, VOR），是指由办案机关或者其他机构、人员主持，加害人与被害人在平等、自愿的基础上进行对话、协商，通过赔礼道歉、赔偿、提供特定服务等方式达成和解，修复被破坏的社会关系，办案机关在当事人达成和解

---

[1] 数据参见《2023年最高人民检察院工作报告》，最高人民检察院网2023年3月17日，https://www.spp.gov.cn/spp/gzbg/202303/t20230317_608767.shtml，2023年7月6日访问。

[2] 陈光中：《刑事和解的理论基础与司法适用》，载《人民检察》2006年第10期。

协议的基础上,综合案件情况,特别是犯罪的危害性、加害人悔过和赔偿情况及被害人态度,作出撤销案件、不起诉决定或者在量刑上从轻处理。[1]

现代意义上的刑事和解制度始于20世纪70年代的加拿大,当时比较有代表性的一起案件被认为是刑事和解制度的起源。1974年,加拿大安大略省基秦拿县的2名年轻人损害了22名被害人的财产。法官责令两名年轻人向被害人赔偿所有损失以换取缓刑。在当地缓刑机关和宗教组织的共同努力下,2名年轻人与22名被害人见了面,2名年轻人认识到自己的错误,承认了被指控的罪行,并且按照法官的要求缴纳了全部赔偿金。1989年,刑事和解被引入美国,1994年,刑事和解制度得到美国律师协会的确认,美国被害人援助组织于1995年批准了"恢复性社区司法模式",刑事和解在美国正式合法化。2002年4月,联合国预防犯罪和刑事司法委员会第11次会议通过了《关于在刑事事项中采用恢复性司法方案的基本原则》的决议草案,标志着以恢复性司法理念为基础的刑事和解程序作为新的刑事司法模式,在国际上得到了普遍的认可。[2]

刑事和解是检察机关不起诉裁量的方式之一,2012年始刑事和解作为一项制度被规定在我国《刑事诉讼法》中,2018年《刑事诉讼法》在第五编第二章延续了对刑事和解规定。[3] 这标志着我国公诉裁量权制度的实践和理论上升到一个新的高度。对于达成和解协议的案件,如果符合犯罪情节轻微,不需要判处刑罚条件的,检察机关可以作出不起诉的决定。[4] 犯罪嫌疑人认罪并向被害人赔偿和道歉,可以暂缓起诉,然后再正式作出不起诉的决定,这也是刑事和解的一种体现。[5] 例如,犯罪嫌疑人廖某于2012年6月27日违反北京市小轿车限行规定驾驶小型轿车上路,造成1人死亡和2车损坏的后果。经公安交管部门认定:廖某承担此次事故全部责任。在审查起诉过程中,廖某与死者家属和被损害车主达成刑事和解,

---

[1] 宋英辉、郭云忠、李哲:《我国刑事和解实证分析》,载《中国法学》2008年第5期。
[2] 参见马献钊:《宽严相济刑事政策实证研究》,法律出版社2015年版,第262—263页。
[3] 刑事和解适用的案件包括两类:因民间纠纷引起,涉嫌刑法分则第四章、第五章规定的犯罪案件,可能判处三年有期徒刑以下刑罚的;除渎职犯罪以外的可能判处七年有期徒刑以下刑罚的过失犯罪案件。同时规定,犯罪嫌疑人、被告人在五年以内曾经故意犯罪的,不适用该程序。
[4] 参见陈光中:《刑事和解的理论基础与司法适用》,载《人民检察》2006年第10期。
[5] 陈光中:《刑事和解的理论基础与司法适用》,载《人民检察》2006年第10期。

廖某积极赔偿，检察机关对廖某作出了相对不起诉的决定。[1]

在我国刑事诉讼法正式确立刑事和解制度之前，各地已经陆续出台了一些地方性规范指导本地的刑事和解司法实践。2004年江苏省高级人民法院、江苏省人民检察院、江苏省公安厅联合印发的《关于办理轻伤害案件的暂行规定》明确规定：因民间纠纷引发的轻伤害案件，公安机关立案后移送检察机关审查起诉前，经双方当事人同意，可以进行调解。当事人自行和解的，或者经调解达成协议并履行的，公安机关可以撤销案件；移送人民检察院审查起诉后，当事人自行和解的，人民检察院可以作出不起诉决定。2003年，北京市政法委也出台了《关于处理轻伤害案件的会议纪要》，其中有关于刑事和解的相关规定。2007年11月，北京市朝阳区人民检察院与中国政法大学诉讼法学研究院合作试点开展"刑事和解与程序分流"项目，专门设立刑事和解办公室。对经审查适合进行刑事和解的案件，刑事和解办公室引导被追诉人和被害人进行协商，指导双方签订谅解协议，审查谅解协议的合法性，并按和解结果向公诉部门提出建议处理意见，取得了良好的实践效果和社会反响。[2] 2022年12月，最高人民检察院、公安部联合印发《关于依法妥善办理轻伤害案件的指导意见》规定，"当事人双方达成和解并已实际履行的，应当依法从宽处理，符合不起诉条件的，应当作出不起诉决定"。

我国的刑事和解脱胎于民间私力救济，相较于国家公力救济方式，具有协商形式灵活、对话平等顺畅、赔偿积极性高等优势。有学者将刑事和解定义为"一种平和的、协商的、合意的结案方式，是新型的解决刑事案件的方法，同时是程序分流的重要途径"[3]。检察机关可以针对案件的情况作出不起诉的决定，使犯罪嫌疑人可以及时从被追诉活动中解脱出来，避免了被定罪科刑的命运，有利于其及时恢复正常的生活。对于被害人来说，虽然不能完全平复其因犯罪行为遭受的伤害，但是犯罪嫌疑人向被害人作出的真诚悔罪、赔礼道歉和赔偿损失，可以在一定程度上抚慰被害人。同时，刑事和解也是解决诉讼资源紧张的"一剂妙药"。众所周知，

---

[1] 参见李卫红：《以审判为中心与刑事案件繁简分流——以刑事和解案件为研究对象》，载《山东警察学院学报》2016年第2期。

[2] 卞建林、李晶：《宽严相济刑事政策下的公诉制度改革若干问题》，载《人民检察》2009年第11期。

[3] 陈光中等：《刑事和解实证研究观点撷录》，载《国家检察官学院学报》2009年第2期。

现代社会很多国家都很难摆脱诉讼资源紧张的问题,如何减少诉讼开支、提高诉讼效益,是很多法治国家都在极力思考的问题,而刑事和解的采用在某种程度上可以节约司法资源。由于刑事和解的采用,犯罪嫌疑人一般都会主动认罪,承认犯罪事实,或协助办案机关及时查明案件事实,减少办案机关人力、财力的支出。当检察机关对犯罪嫌疑人作出不起诉等终结诉讼程序的决定后,案件不再进入审判程序,无须消耗审判资源,从而大大节约了司法资源。而且,采用刑事和解也有利于社会正常秩序的恢复。由于犯罪嫌疑人的犯罪行为给被害人造成了巨大的精神伤害以及财产损失,犯罪嫌疑人与被害人变成对立的两方,如果双方的矛盾不能及时化解,正常的社会秩序将很可能处于危险之中。因为真诚悔罪和及时的经济赔偿,犯罪嫌疑人获得了被害人的谅解,犯罪嫌疑人与被害人之间原本尖锐的矛盾逐渐缓和,双方之间被犯罪行为破坏的社会关系得到修复,有利于社会秩序的正常稳定。

目前,我国的刑事和解制度仍不完善,且尚未充分发掘出其制度价值。比如,和解程序的适用范围较窄。据统计,可以开展刑事和解工作的罪名有49个,而实践中适用刑事和解的罪名集中在其中的十几个上,主要集中在盗窃和故意伤害罪上。刑事和解采用经济赔偿的方式较多,而赔礼道歉、恢复原状等和解方式出现较少。[1] 刑事和解沦落为"给钱就和解,没钱就不和解",失去了制度的本意。刑事和解制度本来的目的在于通过当事人双方的和解化解社会矛盾,维护社会的和谐,结果在某种程度上变成了一场"以钱赎刑"。因此,司法机关在刑事和解中应当发挥积极的引导作用,鼓励采用多种方式积极和解,不能仅以"金钱"作为和解的"指挥棒",要真正化解当事人双方的矛盾。

(三) 认罪协商

认罪协商制度是指在法院对被告人开庭审理以前,办理案件的检察官与被告人及其辩护律师进行协商,在犯罪嫌疑人自愿认罪的前提下,犯罪嫌疑人会以协商确定的罪名被起诉,检察官在提起公诉时会建议法院在同类犯罪行为正常量刑的基础上减轻量刑。认罪协商制度与认罪认罚从宽制

---

[1] 甄贞:《刑事和解制度有待进一步完善》,载《人民法院报》2017年3月25日。

度有着密切联系,是构成认罪认罚从宽制度的重要环节。该项制度充分体现了检察机关在刑事诉讼活动中的有机能动作用,认罪协商制度的逐步适用,有利于检察机关在司法实践中进一步行使公诉裁量权,对于实现案件分流、提高诉讼效率具有重要意义。

各国政治、经济、文化以及历史传统的差异,导致了各国文化以及价值观念的差异,由此产生了各国不同的诉讼价值模式,建构了不尽相同的诉讼制度。随着一个国家政治、经济、文化条件的变化和发展,其刑事司法的价值取向会发生相应的变化,刑事司法制度也发生相应的改变。认罪协商制度虽肇始于英美法系国家,但其设计理念可以为我国所借鉴。我国的认罪协商制度是在借鉴国外先进制度的基础上结合中国国情而建构的,是为了满足中国司法实践的需要而进行的一次尝试。

其实,早在20多年前,我国就有认罪协商的司法实践,即被称为"辩诉交易第一案"的孟某虎故意伤害案。该案发生在2001年的一个晚上,司机孟某虎驾车与和王姓小吊车司机争道,在绥芬河火车站广场附近发生争吵。孟某虎为避免吃亏,打电话叫来6个朋友,结果导致王某身受重伤。由于孟某虎的同案嫌疑人没有被抓获,被害人的重伤是如何造成的无法确定。检察机关试图借鉴辩诉交易来解决这一难题。最终检察机关和孟某虎的辩护律师经过协商达成合意,孟某虎承认自己的行为构成故意伤害罪,检察机关同意建议法院对孟某虎从轻处罚并适用缓刑,法院最终采纳了协商结果。我国的"辩诉交易第一案"虽然取得了双赢的效果,但在当时这个凭借"辩诉交易"获得的判决受到了不少质疑。

随着经济社会的发展,人们观念的变化以及立案制的普及,我国也出现了司法资源不足、案件大量积压的局面。在这种情况下,中国式的"辩诉交易"又一次出现在人们的视线中。2015年年底,北京市朝阳区人民检察院在被告人蔡某某涉嫌危险驾驶罪一案中中首次适用刑事速裁"认罪协商"机制。[1]2016年2月14日,北京市朝阳区人民检察院发布消息称,该院正在探索在办理符合刑事速裁程序的案件中推行"认罪协商"机制,该

---

[1] 被告人蔡某某醉酒驾驶机动车发生交通事故,具有自首和赔偿情节。检察院在原量刑建议拘役一个月零十日至三个月,并处罚金幅度内减轻20%的量刑幅度与蔡某某签订《认罪协商承诺书》,以刑事速裁程序向法院提起公诉,蔡某某最终被法院以危险驾驶罪判处拘役一个月零五日,罚金人民币3000元。熊琳、赵高晴:《北京:刑事速裁案件首推"认罪协商"机制》,载新华网2016年2月14日,http://www.chinacourt.org/article/detail/2016/02/id/1805874.shtml。

机制将在确保法律公平公正的前提下,进一步提升司法效率。北京市朝阳区人民检察院试点的"认罪协商"机制虽然有别于美国的"辩诉交易",但还是吸收了辩诉交易的部分内容。对此,中国政法大学汪海燕教授称,"认罪协商"机制只借鉴了美国的量刑交易,从内容看,更接近德国的认罪协商制度。中国人民公安大学法学院副教授刘东根认为,现行"认罪协商"机制,吸收了美国刑事诉讼中辩诉交易的部分内容,可以理解为中国版"辩诉交易"。[1]

(四)撤回公诉

在变更起诉裁量权方面,我国撤回公诉表现得比较明显。我国1979年《刑事诉讼法》第108条明确规定了撤回公诉制度:"人民法院对提起公诉的案件进行审查后,对于不需要判刑的,可以要求人民检察院撤回起诉。"1996年《刑事诉讼法》为了避免检法两家的互相推诿,保证案件及时交付审判,在设立证据不足、指控犯罪不能成立的无罪判决的同时,取消了法院要求撤回公诉的规定。1998年1月19日《六部委规定》未对撤回公诉作出任何规定。1998年6月9日公布的《刑事诉讼法解释》、1999年1月18日公布并施行的《人民检察院刑事诉讼规则》分别对撤回公诉作出规定。依据1999年《人民检察院刑事诉讼规则》和1998年《刑事诉讼法解释》,检察机关撤回公诉可以分为两种情况:主动申请和推定撤诉。主动申请指1999年《人民检察院刑事诉讼规则》第351条规定的撤回公诉情形。[2] 推定撤诉是指1998年《刑事诉讼法解释》第157条第2款规定的情形。[3] 2012年《刑事诉讼法》仍未对撤回公诉作出规定。2012年制定的《六部委规定》在第30条对变更起诉作出了规定。[4] 根据2012年的

---

[1] 薛应军:《激辩"认罪协商机制"》,载《民主与法制时报》2016年3月10日,http://e.mzyfz.com/paper/paper_9298_3136.htm。
[2] 1999年《人民检察院刑事诉讼规则》第351条规定,人民检察院以不存在犯罪事实、犯罪事实并非被告人所为、不应当追究刑事责任为理由向法院提出撤回公诉的请求。
[3] 1998年《刑事诉讼法解释》第157条第2款规定:"……法庭宣布延期审理后,人民检察院在补充侦查的期限内没有提请人民法院恢复法庭审理的,人民法院应当决定按检察院撤诉处理。"
[4] 2012年《六部委规定》在第30条规定:"人民法院审理公诉案件,发现有新的事实,可能影响定罪的,人民检察院可以要求补充起诉或者变更起诉,人民法院可以建议人民检察院补充起诉或者变更起诉。人民法院建议人民检察院补充起诉或者变更起诉的,人民检察院应当在七日内回复意见。"

1999 年《人民检察院刑事诉讼规则》和 1998 年《刑事诉讼法解释》、《六部委规定》对撤回公诉的规定基本延续了 1998 年的规定，同时扩充了检察院撤回起诉的理由。2019 年的《人民检察院刑事诉讼规则》和 2021《刑事诉讼法解释》对撤回公诉的规定变化不大。

撤回公诉制度在我国 1979 年《刑事诉讼法》中出现后，我国《刑事诉讼法》中就未再规定。但是检察机关常常依据 1998 年《刑事诉讼法解释》、1999 年《人民检察院刑事诉讼规则》以及《六部委规定》等司法解释在司法实践中行使撤回公诉权。由此，学界产生了两种观点：一种观点认为，撤回公诉权本来就是检察机关公诉权的组成部分，无须立法另行规定。另一种观点则认为，撤回公诉是检察机关对案件的一项重要的处置权，没有法律的明确规定，于法无据。而且，撤回公诉在司法实践中可能成为检察机关逃避无罪判决的工具。

客观分析我国的撤回公诉制度，笔者认为对撤回公诉还是必须通过立法加以规制。作为检察机关的一项重要裁量权，撤回公诉不仅要考虑公共利益，还需要考虑当事人的合法权益。现有司法解释出于部门利益考虑不足以对撤回公诉形成有效规制。而且从撤回公诉的司法实践也可以看出，不少检察机关的撤回公诉甚至超越了司法解释的规定。撤回公诉制度已为越来越多国家和地区的刑事诉讼法所确认，成为国际上立法之通例。从裁量权力不当运用的风险考虑，我国也应该尽早对撤回公诉进行立法规制。

四、我国公诉裁量权的标准

公诉裁量权的标准是检察机关行使公诉裁量权的前提条件，这一条件直接影响检察机关能否公正处理案件。我国《刑事诉讼法》并没有对检察机关公诉裁量权的标准作出任何规定。我国《刑事诉讼法》仅对检察机关提起公诉的证据标准作出规定，而且这一证据标准仅从事实和证据两个方面进行了衡量，也就是事实"已经查清"和证据"确实、充分"。相比其他国家，即使就检察机关提起公诉的案件而言，我国这一证据标准明显是比较高的证明标准。而适用检察机关公诉裁量的案件往往是情节比较轻微的轻罪案件，依据现有的较高的提起公诉证明标准去判断一个轻微罪案件是否起诉，其必要性也值得商榷。其实关于对我国检察机关提起公诉的证明标准,理论界和实务界早有讨论。我国立法机关在《刑事诉讼法》中规定较高的证明标准,其立法初衷本来是希望借助较高的证据标准保证提起公诉条件的司法审判质量。由于我国《刑事诉讼法》并没有规定司法审查制度,只要是检察机关向法院提起公诉的案件,几乎能一路畅通地进入审判程序。根据我国《刑事诉讼法》的规定,法院对检察机关的庭前审查只是程序审查,并不足以对检察机关提起的公诉形成实质约束。然而,在司法实践中,立法者良好的初衷并没有得到贯彻,立法者的美好愿望也的确很难实现。比如,"确实"如何衡量,"充分"又如何评价,这些并无明确标准。而且我国《刑事诉讼法》规定的法院作出有罪判决的证据标准同样是"确实"和"充分",这两个"确实"和"充分"又有何不同,也不清晰。有学者认为,提起公诉的证据标准和作出有罪判决的证据标准实际上都是要求实现"客观真实"的标准,就这种标准而言,的确缺乏现实可行性。我国检察机关在司法实践中并没有真正按照这一标准提起公诉,这一标准仅仅以文字的形式落实在公诉书中。不仅如此,只要是检察机关提起公诉的案件就必须加以审判,因为就《刑事诉讼法》的文本来看,检察机关提起公诉的证据标准与法院有罪判决的标准是一致的,如果法院不按照检察机关的指控意见对案件作出无罪判决,就等于确认检察机关提出了错误的指控。

那么公诉裁量权的标准与检察机关提起公诉的证据标准又有何联系呢?公诉裁量权虽然是公诉权的内在组成部分,但是这一权力又有其特点。比如,提起公诉的证明标准往往是清楚的和确定的,而公诉裁量权之裁量本身就含有主观判断的因素,考察其他发达国家的公诉裁量制度,几乎很少看到用一句话去概括公诉裁量权的标准。比如,英国关于检察机关的公诉裁量标准就采用了双重模式,既要考虑证据标准,还要衡量公益标准。而且公益标准的内容也不是固定不变的,会根据社会形势进行调整,有时有利于检察机关作出不起诉决定,有时又有利于检察机关作出起诉决定。但不管是哪种情况,设定检察机关公诉裁量权标准的基本立场都没有发生变化,那就是提高诉讼效率,适时合理分流案件,以实现诉讼的合理性和目的性。

分析我国《刑事诉讼法》中公诉裁量权标准的规定,可以发现我国公诉裁量权不仅欠缺证据标准,而且没有公益标准。清晰可见的标准就是难以实现的较高的提起公诉的证明标准和相对不起诉立法中显示的证明标准。[1] 我国相对不起诉的裁量标准主要是从犯罪情节和刑罚两方面考量。何谓犯罪情节轻微,《刑事诉讼法》和相关司法解释并没有给出一个明确答案。公诉裁量权的标准是检察机关处理案件的重要依据,它是检察机关处理案件的"标尺"。只有裁量标准明确,裁量才有依据。公诉裁量权本来就是一项充满诱惑的权力,运用不当,就可能导致权力滥用。而公诉裁量权的标准既是检察机关行使裁量权的重要依据,又是防范公诉裁量权滥用的重要工具。公诉裁量权缺少行使标准或者标准模糊,都容易导致权力行使不当,从而使人们对公诉裁量权的公信力失去信心。当然,由于裁量本身是模糊的,很难用精确的语言描绘其裁量过程,对于裁量标准的划定也很难用十分精确的尺度去限制。但是,公诉裁量权的标准是必须存在的,而且必须具有一定的可操作性。

---

[1] 我国《刑事诉讼法》第177条第2款规定:"对于犯罪情节轻微,依照刑法规定不需要判处刑罚或者免除刑罚的,人民检察院可以作出不起诉决定。"

第六章 公诉裁量权的控制

"法治社会注重公共权力制约。因为权力无制约则无法治;权力无制约则无平等;权力无制约则自由无保障;权力无制约则无秩序;权力无制约则无公平。"[1] 现代社会的任何权力都必须受到有效的监督和制约,这是法治社会的重要特征。任何国家的公诉机关都有义务依据法律规定的宗旨和目的行使其裁量权,不承认脱离法律的裁量。要实现公诉裁量权的合法行使,应从两个方面入手:一方面是制定有效的法律制度,从程序上、条件上规范检察机关公诉裁量权的正确行使;另一方面就是设计合理的制度监督和制约公诉裁量权,以保证其正当行使。恰如黄宗羲先生在《原法》中所言:"用一人焉则疑其自私,而又用一人以制其私;行一事焉则虑其可欺,而又设一事以防其欺。"

第一节 公诉裁量权控制的现实依据

裁量是实现个别化正义不可或缺的工具。但是"每有讴歌裁量的事实,就会伴有裁量危险的事实:只有当正确运用的时候,裁量方才是工具,就像一把斧子,裁量也可能成为伤害或谋杀的武器"[2]。"'公诉权滥用论'并没有否定检察官的起诉裁量权,而是在肯定起诉裁量权的前提下,主张对明显不当的起诉赋予被告人声明不服的权利,通过公平的法院

---

[1] 高鸿钧:《现代法治的出路》,清华大学出版社2003年版,第324—332页。
[2] [美]肯尼斯·卡尔普·戴维斯:《裁量正义:一项初步的研究》,毕洪海译,商务印书馆2009年版,第27页。

以司法抑制手段维护正当程序的精神,给予被告人以适当的救济。"[1]

一、公诉裁量权滥用的成因

任何权力的运用都有其界限和规范,超越其权力边界和不按照相关规范运用权力,率性而为,皆为权力滥用的表现。公诉裁量权的滥用则指公诉裁量权的主体故意超越法律的授权范围,不遵守法律规定的程序运用权力。任何权力都有被滥用的风险,检察机关的公诉裁量权也不例外。公诉裁量权滥用的成因主要表现在以下三个方面。

(一) 独占性容易导致公诉裁量权被滥用

在刑事诉讼发展历史上,自诉曾经盛极一时。然而在当代,检察官公诉成为最常见的诉讼形式。在刑事司法实践中,绝大多数的案件都是由国家检察机关依职权提起公诉,自诉只占了极小的比例。以美国、日本为代表的国家甚至取消了自诉,由国家完全垄断刑事公诉。"对公诉的垄断导致防止公诉权滥用变得极端重要,因为没有其他官员或者私人能提起被忽视的公诉。"[2] 由于自诉的没落,原本可以由公民自诉的案件都移交给了公诉机关。公诉案件范围不断扩张,这意味着检察机关公诉权的范围在扩大。众所周知,公诉权是刑事诉讼中的一项重要权力,这项权力关系到公民能否接受正式审判,公民的生命、自由、财产等权利能否受到保护。这项权力可以说是影响被追诉人命运的一个关键,也许被追诉人在审查起诉阶段就被检察机关作出了终结诉讼的处理决定,提前摆脱了刑事诉讼;也可能在审查起诉阶段苦苦等待,最终被检察机关提起公诉,继续在刑事诉讼中挣扎。

这样一项对公民而言至关重要的权力,被掌握在公诉机关手里。虽然有些国家的公诉权行使主体不限于检察机关,还包括其他机关,如美国的大陪审团。但是大多数国家的公诉权还是集中由检察机关行使,而且公诉

---

[1] 孙长永:《抑制公诉权的东方经验——日本"公诉权滥用论"及其对判例的影响》,载《现代法学》1998年第6期。

[2] John H. Langbein, *Comparative Criminal Procedure*: Germany, West Publishing Company St. Paul, Minnestone (1977). 转引自谢小剑:《公诉权制约制度研究》,法律出版社2009年版,第30页。

案件的法定范围还在扩大,这让我们不得不担心公诉权行使的正当性。因为,公诉权的行使范围越大,其潜在的被滥用的风险以及造成的危害就越大。美国学者甚至形容检察官是美国刑事诉讼中最有权力的人。日本的检察官也被看作是刑事诉讼王国中的"国王"。"完全由国家独占追诉权,往往会造成在运用追诉权时出现官僚化,导致行使追诉权时背离被害人与市民的法律感情。这种危险如果与起诉裁量主义结合在一起,情况就更为严重。"[1]

(二) 主观性容易导致公诉裁量权被滥用

公诉裁量权的主观性是指审查起诉的证明标准具有较大的主观性。在人类诉讼发展史上,不同时期的诉讼制度有不同的证明标准。在奴隶制社会,受人类认识能力的限制,实行神示证明制度,以神灵启示作为证明标准;封建制社会实行法定证据制度,强调裁判者必须严格按照法律事先规定的证据规则进行裁判;近现代社会,在刑事诉讼制度中开始引入自由心证,强调法官应按照自己的良心、理性来求证,证明标准是法官的"内心确信"。我国的证据制度建立在辩证唯物主义认识基础上,要求司法机关必须依法查明案件事实。我国的诉讼证明标准虽然表述为"证据确实、充分",看起来具有一定的客观性,但以"人民检察院认为"为前提。在自由心证制度下,西方国家提起公诉的证明标准也具有主观性,是否具有"合理根据"也是以检察官的判断为标准。"合理根据"最简单的定义是:"如果无论何时由具有合理警觉的人进行审查,根据一个人所接受的培训和具有的经历,证据能使这个人得出事实可能存在的结论。"[2] 由此可见,无论中国还是外国,刑事诉讼的证明都开始诉诸人的理性。这种证明标准的变化反映出人类诉讼活动的进步,司法活动的裁量者可以依据自己的内心确信,根据案件的具体情况作出处理决定。

另一方面,将证明标准诉诸人类"良心和理性"的做法又带来一定的制度风险,因为它是以假设每位裁判者都秉持"公正无私"为前提的,而这是不切实际的。只要制度有缝隙,就总会有权力的投机者企图逾越权

---

[1] [日]田口守一:《刑事诉讼法》,刘迪等译,法律出版社2000年版,第102页。
[2] [美]爱伦·豪切斯泰勒·斯黛丽、南希·弗兰克:《美国刑事法院诉讼程序》,陈卫东、徐美君译,中国人民大学出版社2002年版,第387页。

力。公诉证明标准的这种主观性为公诉机关滥用公诉权提供了可能，主观标准是模糊的，是难以用清楚、明晰的语言界定的，这导致在某些情况下甚至失去标准。正因如此，才会出现即使案件情况相同，不同的检察机关作出的处理决定不同的情况。也会导致有些本不符合起诉条件的案件被提起公诉，本应提起公诉的案件被作出不起诉的决定，从而使被不起诉人可能再次危害社会。此外，以公共利益作为衡量是否起诉的标准依然具有较大的主观性，同样有公诉裁量权被滥用的风险。更何况裁量权作为一项判断权，其本身的判断标准就难以明确。检察官最危险的权力是：他将选择他认为应该起诉的人，而不是需要被起诉的案件。[1]

（三）不公开性容易导致公诉裁量权被滥用

公诉权是一种必要存在的"恶"，因为公诉权的存在对于打击犯罪、保障人权有重要的意义。一般而言，阳光是最好的"止恶良剂"。因为，在阳光下所有的行为都无所遁形。然而，检察机关审查起诉的程序并非在阳光下公开进行，而是封闭进行的。笔者并不是说封闭进行的程序一定是不公正的，然而相比公开的审查制度，不公开的审查制度变"恶"的风险显然更大。正因为审查起诉程序的封闭性，除了检察机关自身，社会公众、被害人和犯罪嫌疑人都无从知晓检察机关审查案件的过程，以及作出审查起诉处理决定的依据，检察机关可以成功逃避公众的审查。被害人、犯罪嫌疑人往往只能被动地接受审查起诉处理决定，难以在审查起诉决定作出的过程中充分地表达意见。

按照我国的审查起诉程序，检察机关审查起诉的活动主要是书面审阅核查案卷材料。虽然讯问犯罪嫌疑人和听取被害人及其诉讼代理人的意见也是审查步骤之一，但是其目的往往在于核实侦查阶段所取得证据的真实性，并不是真正听取犯罪嫌疑人和被害人的意见。而公诉裁量权作为公诉权的组成部分，是一项缺少约束的权力。一边是几乎不受限制的起诉裁量权，另一边却是封闭进行的审查起诉程序，这使得公诉裁量权难免会越出制度的藩篱。

---

[1] Morrison v. Olsen, 487U. S. 654, 728 (1988) (Scalia, J., dissenting).

二、公诉裁量权滥用的类型

目前，世界上大多数国家都授予本国检察机关公诉裁量权，使检察机关和检察官可以基于诉讼的合理性和目的性行使公诉裁量权，以更好地实现将惩罚犯罪与保障人权相融合的刑事诉讼目的。然而公诉裁量权的行使如果具有不当的动机，就势必会失去该制度的原有优势，不仅如此，还会构成公诉裁量权的滥用。为了防范和避免公诉裁量权被滥用，首先要弄清何谓公诉裁量权的滥用，其界定标准是什么。立法并没有明确统一的标准，但是基于各国公诉制度有其相通的一面，各国学者对于公诉裁量权的滥用也有一些共通的认识。

公诉权滥用论在理论上源于高田卓尔和井户田侃两位教授对传统的公诉权理论和诉讼条件论的反思，该理论的提出是以当事人主义的诉讼构造和正当程序原则为基础的。[1] 井户田侃教授在 1965 年发表于《立命馆法学》的《公诉条件的机能和内容》一文中提出，起诉或不起诉的决定是以侦查阶段收集的材料为基础而对有无犯罪嫌疑所作的第一次筛选，诉讼条件是作出筛选决定的原则或依据。以此为前提，他主张把在提起公诉时存在充分的可以起诉的客观犯罪嫌疑和不存在应当起诉犹豫的情节作为诉讼条件。欠缺前者的，属于诉讼关系尚未有效形成，应当驳回公诉；欠缺后者的，诉讼关系虽已有效形成，但缺乏存续的条件，应当判决免诉。[2] 龙宗智教授也提出了应以是否具备公诉权行使的诉讼条件[3]来判断公诉机关是否滥用公诉权。无论是程序性诉讼条件不具备还是实体性诉讼条件不具备，公诉机关都无权对案件起诉，否则就是滥用公诉权。[4] 郝银钟教授认为，龙宗智教授提出的"诉讼条件说"只是积极的滥用公诉权说，合目的

---

[1] 孙长永：《抑制公诉权的东方经验——日本"公诉权滥用论"及其对判例的影响》，载《现代法学》1998 年第 6 期。
[2] 孙长永：《抑制公诉权的东方经验——日本"公诉权滥用论"及其对判例的影响》，载《现代法学》1998 年第 6 期。
[3] 这里的诉讼条件包括实体性诉讼条件和程序性诉讼条件。实体性诉讼条件，指关于实体法律关系（刑法）方面的事项满足了进行实体性审判的要求；程序性诉讼条件，指符合起诉的程序性要求。
[4] 参见龙宗智：《刑事公诉权与条件说》，载《人民检察》1999 年第 3 期。

性或合理性也是衡量公诉权是否被滥用的重要标准之一，并将之称为消极的滥用公诉权说。[1]

在公诉权滥用的类型方面，郝银钟教授提出四种典型表现类型：无犯罪嫌疑或犯罪嫌疑不充分而提起公诉；应当酌定不起诉或缓予起诉而提起公诉，包括轻微犯罪起诉、不平等起诉或恶意起诉等；在侦查、公诉程序中存在严重违法现象仍提起公诉；该提起公诉而放弃追诉。[2] 日本的田口守一教授认为，公诉权滥用论有三种类型：无嫌疑的起诉、应当起诉犹豫的起诉以及基于违法侦查的起诉。[3] 基于上述学者的讨论，笔者在此介绍几种常见的公诉裁量权滥用行为：不该诉而诉、歧视性起诉、任意变更起诉。

（一）不该诉而诉

不该诉而诉是指，检察机关故意违背立法和相关刑事政策对公诉裁量起诉的规定，对明显不符合起诉条件的案件作出起诉的处理决定。这种行为包括以下两种情况：第一种是对不符合起诉条件的案件起诉。是否提起公诉，一般以事实和证据两个方面作为基本的实体评价条件：案件中的犯罪嫌疑人是否实施了犯罪行为；本案的证据是否达到起诉条件。如果检察机关对没有实施犯罪行为或者对没有证据证明其实施了犯罪的人、现有证据无法证明其实施犯罪的人强行起诉，都属于滥用公诉裁量权，不该诉而诉。第二种是依据起诉便宜主义，对明显不适宜提起公诉的案件提起公诉。例如，有些人虽然实施了犯罪或者也有证据证明其实施了犯罪，但是由于其身份的特殊性，根据国家法律和相关刑事政策规定，也有可能被作出不起诉决定。根据我国《刑事诉讼法》规定，检察机关可以对符合条件的未成年人作出附条件不起诉的决定。如果检察机关对符合不起诉条件的未成年人强行起诉，也属于不该诉而诉。对犯罪嫌疑人而言，检察机关不该诉而诉不仅是滥用职权，更是对犯罪嫌疑人合法权利的践踏。其实质是一种严重违法行为，侵犯了公民的自然权利。因为每个公民都享有不受非法追诉的权利。而检察机关也有保障每个公民不受非法追诉的法定义务。

---

[1] 参见郝银钟：《刑事公诉权原理》，人民法院出版社2004年版，第99—100页。
[2] 参见郝银钟：《刑事公诉权原理》，人民法院出版社2004年版，第100—101页。
[3] [日]田口守一：《刑事诉讼法》，张凌、于秀峰译，中国政法大学出版社2010年版，第139页。

防止不当起诉主要是为了体现国家公权力的公信力,防止诉讼资源的不当消耗。依据现代刑事诉讼理念,刑事诉讼的目的不仅是惩罚犯罪,还要保障人权,尤其要保障犯罪嫌疑人、被告人在刑事诉讼中的人权,防止其在诉讼活动中受到不正当、不合法的对待。检察机关的公诉决定将会对公民的生活产生重大的影响,事关一个公民或家庭的幸福。一个指控决定将导致被告人在审判之前或审判期间失去自由,或者至少也要基于经济的或其他的条件才能被释放,将使被告人面临法庭审判的经济和社会损耗。不管审判的最终结果如何,指控本身可能也损害声誉,并使被告人负担为辩护做准备的相当可观的支出。[1] 因此,当代各国都纷纷采取措施防止犯罪嫌疑人受到不当起诉,比如美国以大陪审团和预审制度防止公诉机关的不当起诉。

(二)歧视性起诉

歧视性起诉是指检察机关以起诉便宜主义为由,违反起诉平等原则,非出于正当目的有选择地对某一类犯罪或某一类犯罪人进行起诉。选择起诉本来是检察机关公诉裁量权的表现之一,其目的是使检察机关能更充分地行使裁量权。但是歧视性起诉则完全背离了这一制度的设立目的,是滥用公诉裁量权的典型表现。美国是选择起诉制度比较发达的国家,检察官拥有选择犯罪嫌疑人和起诉罪名的权利。美国检察官的这种选择起诉的权力只要不违反美国《宪法》第十五修正案第 1 款的规定即为正当。根据该条规定,联邦和各州都不允许进行歧视性起诉。在 1898 年 Yick Wo v. Hopkin 案中,美国联邦最高法院第一次承认平等保护标准适用于起诉程序,法院认为,即使刑事法律表面明显不公平,如果被告人能证明公共权力机构在法律实施过程中有歧视性的效果,可以成功地主张选择性起诉的辩护。[2] 1996—2000 年,美国政府共逮捕了 18 名雇用非法移民的餐馆老板。检察官对其中 17 名非西班牙裔餐馆老板以受非法移民伪造文件蒙骗为由作出了不起诉的处理决定,而唯独对肯塔基州东部地区的一个西班牙裔餐馆老板提起刑事公诉。后该被告人以歧视性起诉为由向法院提起诉讼,

---

[1] [美]伟恩·R. 拉费弗等:《刑事诉讼法》(下),卞建林、沙丽金等译,中国政法大学出版社 2005 年版,第 741 页。
[2] 谢小剑:《公诉权制约制度研究》,法律出版社 2009 年版,第 98 页。

法院驳回了检察机关的起诉。[1] 歧视性起诉不只出现在美国，有起诉就会存在歧视性起诉，日本、英国、德国、法国等国家也都出现过歧视性起诉的案件。这些案件中的被害人感到自己被歧视性起诉，但是如何证明检察官的起诉存在歧视，对被害人而言也存在较多困难。要防止歧视性起诉，就必须加强对检察官的约束，同时完善案件管理制度。

（三）任意变更起诉

任意变更起诉是指，检察机关违背法律规定，随意撤回公诉、追加或减少公诉内容。一般而言，检察官的公诉裁量权主要体现在审查起诉阶段，但是特殊情况下也可以体现在审判阶段，一般认为，撤回公诉应在一审法院作出判决前提出，必须有法定的变更理由。而且，由于诉讼已经进入审判程序，检察机关变更公诉的行为通常要受到法院裁判权的制约。而任意变更公诉则是指检察机关明知案件不符合变更公诉条件，而故意违背法律规定，随意撤回已经提出的公诉或是追加公诉。比如，检察机关对于已经构成犯罪，有必要予以处罚的被告人，在提起公诉后故意撤回公诉或减少指控罪名，使其逃脱法律制裁，这种行为构成滥用公诉裁量权。再如，一审法院已经作出裁判后撤回公诉，或者检察机关未经法院裁定同意，依然变更公诉，同样构成滥用公诉裁量权。司法实践中任意变更公诉的行为不仅严重损害了被追诉人的合法权益，而且破坏了正常的诉讼秩序，使司法活动沦为个别人实现私利的工具。

第二节　公诉裁量权控制的理论基础

为保证公诉裁量权的正确行使，对公诉裁量权进行有效制约是世界各法治国家无一例外的选择。制度的设计必须以理论为依托，理论是建构制度的前提，只有夯实理论基础，建构的制度才能具有可行性。关于公诉裁量权控制的理论基础，笔者认为主要有以下三种。

---

[1] 谢小剑：《平等保护与歧视性起诉》，载《甘肃政法学院学报》2011年第2期。

一、权力制约理论

公诉裁量权是诉讼活动中的一项重要权力,权力制约理论构成对公诉裁量权制约的理论基础。权力制约理论认为,凡是权力都具有扩张的倾向。所谓"权力者,乃权衡、确认和保障实现权利之力也,亦即权衡、确认和保障利益分配关系之力也;并且权力本身也是经由社会权衡、确认之力"[1]。权力存在于人类社会主体之间,能够满足权力主体一定的利益需求,是权力主体凭借财产、组织等方面的优势可以违背其他主体意志实现自身意志的一种特殊的控制力、支配力或者影响力的总称。[2] 在人类社会发展的历史上,权力经历了从无到有,从一元化到多元化的过程。我国历史上很早就出现了关于"权力"的各种理论,如"势""权""柄""力""威"等词都是我国早期对"权力"的表述。

权力是历史和社会的产物,权力的行使离不开主体和环境。由于权力是经过社会权衡、界定而被确认的,不同社会环境下,权力的行使范围和作用不同。权力作为一种社会现象,其发展演变受制于整个社会发展状况。社会经济发展程度直接制约权力。权力的行使离不开权力主体的意志,而意志的最大特征是自由。这种意志的自由决定了权力在内容上、在现实转化上具有不确定性。这种不确定性是权力扩张、滥用、异化等问题的根源,是权力需要制约和监督的根本性理由。现实中的权力边界通常不是很清楚。权力的这种不确定性直接导致权力的扩张性。[3] 德国历史学家弗里德里希·迈内克(Friedlrich Meineclce)指出:"一个被授予权力的人,总是面临着滥用权力的诱惑、面临着逾越正义与道德界限的诱惑。人们可以将它比作附在权力上的一种咒语——它是不可抵抗的。"[4] 如果整个社会授予权力主体可控制的人和物两方面因素十分明确、具体,则权力之大小当会适度,权力之作用点和作用方向当会正确,而不会发生权力不敷需要或权力资源过剩和权力扩张、滥用问题,不会发生对社会民众权利的挤

---

[1] 漆多俊:《论权力》,载《法学研究》2001年第1期。
[2] 谢佑平、江涌:《论权力及其制约》,载《东方法学》2010年第2期。
[3] 谢佑平、江涌:《论权力及其制约》,载《东方法学》2010年第2期。
[4] [美] E. 博登海默:《法理学:法律哲学与法律方法》,邓正来译,中国政法大学出版社1999年版,第362页。

占、侵犯和剥夺问题。然而遗憾的是，实际上社会对公共机关权力和权利的界定是不可能十分具体、明确，这给权力扩张和滥用留下了空间和可能性。[1]

既然权力最终由个人行使，人性的善恶与否就成为是否需要监督、制约权力的关键。中国古代也有人持性恶论。荀子说："人之性恶，其善者伪也。"先秦法家学说集大成者韩非子推崇将权力作为社会管理的工具，其著作中不乏对权力及权力制约理论的论述。韩非子权力制约理论主张让权力正当运行，发挥权力的正义性，从而最大限度地避免和解决权力运行过程中权力斗争、权力滥用等诸多问题。[2] 早在17世纪，英国著名的政治家、哲学家洛克提出了"契约说"，为制约权力、防止权力滥用提供了理论依据。"契约说"认为人民和国家之间通过契约形成联系，如果统治者违背了基本的契约义务，人民有反抗统治者的自然权利。"契约说"是在反对封建专制权力和神权统治的斗争中提出和发展完善的，是有关权力来源各学说中被普遍接受的学说。洛克的"契约说"被18世纪法国著名的思想家卢梭所继承和发展，卢梭以其代表作《社会契约论》进一步阐释了权力制约思想。

权力扩张和滥用的根源在于它具有不确定性，而良法总体上具有确定性，这种确定性正好弥补了权力的不确定性，使其当仁不让地成为权力的天敌。公诉裁量权是检察机关可以斟酌行使的一项重要权力，具有一定的机动性和灵活性，必须得到充分制约，这是保障被追诉人合法权利、维护司法公正必不可少的环节。"历史唯物论清楚地表明，公共权力来自于人们社会生产和社会生活的天然需要，服务于人民、造福于人民是其原初价值。那么，制约监督权力，防止权力滥用、权力腐败就是保持权力本色、还原权力价值的必由之路。"[3]

二、裁量控制理论

自由裁量有广义裁量与狭义裁量之分，广义的自由裁量是指法律并

---

[1] 参见漆多俊：《论权力》，载《法学研究》2001年第1期。
[2] 张顺、马骝：《韩非子权力制约观的当代启示》，载《社会科学家》2013年第11期。
[3] 谢佑平、江涌：《论权力及其制约》，载《东方法学》2010年第2期。

无明确规定,完全交由执法人员依据其经验常识和法律知识等所作出的判断。狭义的自由裁量是指司法工作人员依据法律规定在其权限范围内所作出的自由判断,比如,法官对案件的裁判就是狭义的自由裁量。裁量最早体现在行政执法活动中,如今在诉讼活动中也有所体现,刑事诉讼活动也是如此,我国检察机关的不起诉裁量权就是一种狭义的裁量权。

检察机关的公诉裁量权在高效处理犯罪、控制犯罪和预防犯罪方面有积极的作用。近些年,无论大陆法系国家还是英美法系国家都通过扩大检察机关自由裁量权的方式来消化本国积压的案件,这说明自由裁量权有其制度优势。德国本来对犯罪追诉问题一直奉行严格的起诉法定主义原则,检察机关没有起诉裁量权。但是随着本国犯罪形势的变化以及司法实践的现实需要,德国检察机关被赋予起诉裁量权,主要体现在德国《刑事诉讼法》第153条,而且该条的内容还在不断扩充。美国的检察官享有几乎不受限制的裁量权。在美国广泛实行辩诉交易制度,是否与被告人进行交易,与哪个被告人进行交易,都由检察官自由裁量。一般来说,公诉裁量权裁量范围越大,公诉权被滥用的可能性也就越大,否则相反,两者呈现一种正比例的关系。[1]所以,裁量权犹如一把"双刃剑",其既具有高效性,赋予检察机关裁量权,使得检察机关可以机动灵活地处理案件,加快了案件的办理效率;但是另一方面,由于权力行使的广泛性和自由度,又给案件的公正办理带来一定的风险性。我们虽然看到了裁量权行使中存在的弊端,但在目前司法办案的大环境下,我们又不可能摒弃裁量权,相反,我们还对裁量权寄予了很多期望。在这种情况下,我们只能求助裁量控制理论,从制度上对裁量权进行一定的约束,保留裁量权合理性的一面,让其在司法实践中继续发挥更大作用,有所作为。

三、人权保障理论

当事人的人权保障,特别是被追诉人的人权保障无疑是一个民主法治社会所必须关注和捍卫的要务。[2] 随着人类社会的发展和文明的进步,人权保障已经成为刑事法治理念的基础性要求,并相继在一些国家被确立为

---

[1] 谢小剑:《公诉权制约制度研究》,法律出版社2009年版,第32页。
[2] 陈光中等:《中国司法制度的基础理论问题研究》,经济科学出版社2010年版,第365页。

刑事司法活动的价值目标之一。

(一) 人权保障观念的兴起

"人权是一定时代作为人所应当具有的，以人的自然属性为基础、社会属性为本质的人的权利。"[1] 平等是人权的根本内容，既反对特权又反对歧视是人权的基本要求。人权具有广泛的属性，内容丰富，包括法律人权、道德人权、习惯人权等，其中法律人权是人权的重要内容之一。人权只有获得国家强制力的保障才可能得到切实实现。在国际社会中，各国都通过本国的法律规定明确法律人权的地位、范围和基本内容。但是法律人权还必须以社会的历史发展为基础，因此，人权的观念和内容也随着一国经济社会的发展而不断变化。早在古希腊时期人类社会就出现了关于人权的思想，苏格拉底、柏拉图、亚里士多德都曾对人权进行论述。近代意义上的法律人权理论创始人首推资产阶级自然法学派的奠基人格劳秀斯。格劳秀斯认为，自然法的内容是人的理性，他初步提出了自然权利概念，把人的生命、躯体、自由看成是人不可侵犯的自然权利。英国1628年的《权利请愿书》和1689年的《权利法案》可以被看作有关近代人权的代表性法律文件。美国1776年通过的《弗吉尼亚权利宣言》和《独立宣言》则从法律上对人权作出进一步规定。1791年美国的《人权法案》将人权问题上升到宪法高度，足见其对人权问题的重视。继美国《独立宣言》之后，法国1789年《人权宣言》进一步阐述和充实了人权的内容，提出人生而平等并享有自由、财产、安全和反抗压迫的权利，以及主权在民、法律面前人人平等、无罪推定等体现和保护资产阶级人权的法治原则。[2]

(二) 刑事司法中的人权保障

刑事司法是惩罚犯罪、维护社会秩序的重要手段，更是保障人权，特别是保障与案件结果有直接利益关系的犯罪嫌疑人、被告人和被害人的诉讼权利得到充分行使，防止犯罪嫌疑人、被告人遭受国家刑罚权之不当侵犯的屏障。在奴隶社会和封建社会早中期，全世界的罪犯都没有

---

[1] 卓泽渊：《论法的价值》（第2版），法律出版社2006年版，第333页。
[2] 参见卓泽渊：《论法的价值》（第2版），法律出版社2006年版，第335—348页。

权利可言。在整个社会都不承认人权的情况下,要保护罪犯的人权无异于天方夜谭。[1] 在资本主义社会初期,罪犯人权问题随着近代人权的提出而出现,最早将罪犯与人权联系起来的是贝卡里亚和约翰·霍华德。[2] 近些年我国政府越来越重视刑事司法中的人权保障,相继签署并出台了多份文件对刑事司法中的人权保障加以规定。《保护人人不受酷刑和其他残忍、不人道或有辱人格的待遇或处罚的宣言》于1975年在联合国第五届预防犯罪和罪犯待遇大会上通过,我国政府于1986年签字加入该条约。

犯罪嫌疑人、被告人的人权保障状况标志着一国人权保护的水平。人权保障的现代法治理念逐渐深入刑事司法领域,各国刑事司法制度都在不断协调惩罚犯罪与保障人权的关系。近年来,随着刑事犯罪发案率的攀升,各国不同程度地遇到了司法资源紧张与案件积压的矛盾。无论是英美法系国家还是大陆法系国家都积极采取各种分流措施消解案件压力,扩张公诉裁量权就是其中一项重要的手段。扩张公诉裁量权的确在一定程度上有利于提高诉讼效率,但任何一种权力的扩张都难免会带来对权利的损害,因此,在强调检察机关公诉裁量权适用的同时,有必要重申人权保障理论,以有效防范和制约滥用的公诉裁量权。

一般认为,刑事程序的正当化程度越高,对犯罪嫌疑人、被告人的权利保障越充分;反之,简易化的程序对犯罪嫌疑人、被告人的权利保障程度相对较弱。[3] 而检察机关起诉裁量权运用的结果往往使程序变得更简易,或者通过检察机关与被告人及其辩护律师的"讨价还价",被告人的定罪和量刑协议就可以达成,无须法庭的正式审理程序。一方面,诉讼程序的简化在带给司法机关便捷和效率的同时,也可能伴随着对当事人权利保障的减弱。比如,辩诉交易协议的达成并没有被害人的参与,损害了被害人的知情权。另一方面,裁量强调因案而异,司法人员在适用刑事法律过程中,可以斟酌个案的具体情况从而作出不同的处理决定。其本意是具体情况具体分析,缓和法律僵硬、机械的规则,实现法律原则性和灵活性

---

[1] 卓泽渊:《论法的价值》(第2版),法律出版社2006年版,第380页。
[2] 1997年和1998年,中国政府相继签署了《经济、社会及文化权利国际公约》《公民权利和政治权利国际公约》。2004年3月,第十届全国人民代表大会第二次会议把"国家尊重和保障人权"载入《宪法》。2012年3月,第十一届全国人民代表大会第五次会议通过决定,将"尊重和保障人权"写进《刑事诉讼法》。
[3] 周长军:《刑事裁量的价值论纲》,载《政法论丛》2005年第4期。

的有机结合。然而，如果对公诉裁量权缺乏充分的制约，良好的初衷可能无法实现。检察机关裁量权的不当使用很有可能流于恣意，损害法律的确定性和平等性。有学者指出，裁量的不公正有三种情形：导致同样情况不同对待；导致强制性的交易状况，被告人的认罪或者对审判权利的放弃是非自愿的；导致不准确的判断，这是因为，在认定犯罪上，审判程序更可靠。[1] 检察机关公诉裁量权的正当行使必须建立在人权保障的观念基础之上，缺乏保障人权的理念难免使公诉裁量权沦为某些人实现不正当目的的工具。

第三节 公诉裁量权控制的制度设计

在现代法治国家，任何权力的行使都必须受到制约。为保障被追诉人的合法权益，防止检察机关滥用公诉裁量权，避免检察机关任意提出无理由的起诉或者任意终止诉讼，公诉裁量权必须受到制约。而如何制约公诉裁量权，使其行使符合法治的价值和目的，这是人类社会共同面临的一大难题。综观世界各国，对公诉裁量权的制约方式和手段可谓多种多样、各具特色，包括司法监督、舆论监督、社会公共机构监督等。

一、美国公诉裁量权的制度控制

传统上，美国检察官被认为享有几乎不受限制的公诉裁量权，在刑事司法体系中扮演着强大的角色。美国检察官的身份和地位在其本国被屡屡指责，威廉·霍华德·塔夫脱在1905年耶鲁大学法学院的毕业典礼演讲中对美国的这种刑事司法程序表示了不满，他说："这使得刑事案件追诉成了特定规则下的一场游戏，而社会利益被视而不见。"[2] 美国众多学者提

---

[1] Kenneth Culp Davis, *Discretionary Justice: A Preliminary Inquiry*, Baton Rouge: Louisiaa State University press, 1969, p. 170.
[2] William H. Taft, "The Administration of Criminal Procedure," *Yale Law Journal*15（1905）：1. 转引自［美］艾瑞克·卢拉、［英］玛丽安·L. 韦德主编：《跨国视角下的检察官》，杨先德译，法律出版社2016年版，序言第3页。

出要借鉴大陆法系的刑事司法制度，对美国过于宽松的检察官自由权进行控制，如维根特（Weigend）和理查德·弗拉赛（Richard Frase）。其实，美国的公诉裁量权并非不受限制。"美国体制是依赖非正式以及间接的途径去限制检察自由裁量权，它看重投票箱。因为大部分州的总检察长、地区检察官、市县检察官都是由公众选举产生的。"[1]

除此之外，美国的起诉审查程序在制约检察官公诉裁量权方面也起到了重要作用。由于美国各州情况不同，其所采用的审查起诉程序也有所不同，但是概括起来其实就是两种方式，一种是具有美国特色的大陪审团审查起诉方式，另一种是预审听证的审查起诉方式。大陪审团审查起诉，顾名思义，就是由大陪审团担当审查起诉的职责，在案件侦查终结后，首先将案件移送至大陪审团，由大陪审团审查决定是否将案件移送审判。由于美国有些州已经废除了大陪审团，这些州则采取预审听证的审查起诉方式。预审听证的审查起诉由预审法官来完成，预审法官在收到移送的案卷后主持召开预审听证会，审查决定案件是否应移送审判。有些州则将二者相结合，实行大陪审团和预审听证相结合的审查起诉方式。这种方式主要适用于重罪案件。通常先通过法官预审听证，接着再交付大陪审团审查，等于案件经过了双重审查来决定是否有起诉的必要，足见起诉的慎重谨慎。但无论是大陪审团审查还是预审听证审查，限制的主要是检察机关的起诉裁量权，如果检察机关决定对案件不起诉，被作出不起诉决定的案件并不需要经过上述种种审查，也就是说，上述审查只能对检察机关准备起诉的案件发挥制约作用，而无法制约检察机关决定不起诉的案件。

二、法国公诉裁量权的制度控制

法国是典型的大陆法系国家，对公诉裁量权的限制比较严格。根据法国《刑事诉讼法》的规定，法国根据犯罪情节的轻重将犯罪分为三种：违警罪、轻罪和重罪。不同的犯罪受理的法院不同，相应地由违警罪法院、轻罪法院、上诉法院受理。检察机关在处理不同性质的犯罪时程序不尽相同。为了防止公诉裁量权的滥用，法国对检察机关作出的不起诉设置了制

---

[1] [美] 艾瑞克·卢拉、[英] 玛丽安·L. 韦德：《跨国视角下的检察官》，杨先德译，法律出版社2016年版，第5页。

约制度；为了防止检察机关滥诉，法国对检察机关的起诉也设置了相关的制度加以制约。

对不起诉的制约。检察官对于经过初步侦查被认定为轻罪、违警罪的案件，如果认为无须预审和继续侦查，可以自行作出不起诉决定。为防止检察机关将应当起诉的案件不起诉，法国设置了全面的制约制度。一是来自检察机关内部的制约。法国上下级检察机关是领导关系，下级检察官必须服从上级检察机关的监督。上级检察机关如果认为下级检察官作出的不予立案的决定不正确，可以命令下级检察机关纠正，对案件提起公诉。二是来自被害人的制约。在刑事附带民事诉讼的案件中，被害人如果不服检察机关作出的不起诉决定，可以向预审法官提出请求，请求预审法官进行审查以要求检察机关发动公诉。三是在特定的案件中，检察官将某些人或某些事实排除在已经提起的公诉之外时，上诉法院起诉审查庭可以命令检察机关对未起诉的人或犯罪行为提起追诉。[1]

对起诉的制约。法官对起诉的制约制度体现出了鲜明的"区别对待"特色，不同性质的案件采取不同的审查起诉程序，由不同法院进行审理。对于有起诉必要的违警罪和轻罪案件，检察官可以直接将案件移送至相应的违警罪法院、轻罪法院，无须经过预审。也就是说，违警罪和轻罪案件的裁量权完全交由检察官行使。但是对于重罪案件，检察官没有直接起诉的权力。通常有三类案件检察官必须交由预审法官进行审查起诉，包括重罪案件、检察官认为有必要预审的案件以及法律规定必须经过预审的案件。预审法官经过审查后如果认为案件构成违警罪或轻罪，应裁定将案件移送有关的轻罪法院、违警罪法院。如果预审法官经过审查，认为案件构成重罪，则不能直接裁定将案件移送，重罪案件还需要经过二级预审程序。二级预审程序也是法国审查起诉程序的一大特色。二级预审程序由上诉法院刑事审查庭完成。上诉法院刑事审查庭对案件审查后可能会出现两种结果：第一种，审查确认被审查人不构成犯罪，则作出不起诉决定，释放羁押的被告人。第二种，上诉法院刑事审查庭认为存在犯罪人不明、指控证据不充足，或者指控事实不构成轻罪或违警罪情况之一的，都应当裁定不予追诉。第三种，上诉法院刑事审查庭认为指控事实构成法律上的重

---

[1] 参见［法］卡斯东·斯特法尼等：《法国刑事诉讼法精义》（下），罗结珍译，中国政法大学出版社1999年版，第515页。

罪，裁定检察机关向重罪法院起诉。第四种，上诉法院刑事审查庭认为指控事实构成轻罪或违警罪，裁定检察机关将案件分别移送轻罪法院、违警罪法院。[1]

三、德国公诉裁量权的制度控制

德国检察官的公诉裁量权限制较为严格。一方面，各州司法部通过发布起诉标准规范引导检察官行使不起诉裁量权；另一方面，德国的检察机关上下级之间是领导关系，上级检察机关可以通过不起诉实际适用情况的统计数据监督检察官不起诉裁量权的具体行使。在德国的刑事诉讼中，强制起诉程序被认为是德国在限制检察官起诉裁量权方面的代表制度。

强制起诉是德国起诉程序中颇具特色的一项制度，既是对检察机关不起诉制约的主要方式，也是对被害人权利承认和保护的有效途径，主要规定在德国《刑事诉讼法》第172条至第177条。设立强制起诉制度的目的是赋予被害人向法庭申请救济的权利，但是被害人并不能直接向法院申请救济。在接到检察机关决定终止诉讼的通知后，被害人必须先在检察系统内部对原不起诉决定申请复查，在穷尽检察权的救济途径后，才可以向法庭申请救济。即强制起诉制度其实分为两步救济。第一步，检察机关内部复查给予被害人权利救济；第二步，法庭司法审查给予被害人权利救济。具体而言，强制起诉制度是指被害人在接到检察机关决定终止诉讼的通知后，如果不服该决定，认为应继续诉讼的，可以向上级检察机关申诉，如果上级检察机关复查后认为被害人申请成立，就改变原来下级检察机关作出的不起诉决定，要求其继续侦查或提起公诉。当同一案件在检察机关内部至少经过两次救济机制均作出不起诉决定，被害人仍然不服的，被害人可以向州高级法院申请进行司法审查。如果州高级法院作出提起公诉的决定，检察机关就必须正式提起公诉。德国司法部为控制检察机关不起诉裁量权的适用，采用发布起诉标准的方式来规范裁量权。由于德国分16个州，各州都发布自己的标准，所以德国全境的指引规范并不统一。各州的起诉标准只对各州检察机关起指导作用，并没有强制约束力，因而该起诉

---

[1] 参见施业家、谭明：《论公诉权的规制》，载《法学评论》2009年第5期。

标准的制约作用有限。

四、日本公诉裁量权的制度控制

日本实行起诉垄断主义，检察机关享有广泛的裁量权，对于侦查终结的案件有权在不起诉、起诉犹豫和起诉中作出选择。为防止公诉裁量权的滥用，日本的刑事诉讼法设置了相应的制约措施，主要表现在以下三方面：其一，准起诉制度。对于检察官作出的不起诉决定，根据日本《刑事诉讼法》第262条规定，当事人有权向案件管辖之裁判所提起请求裁判之诉。其二，申诉制度。被害人如果不服检察官作出的不起诉决定，可以向上级检察厅检察长申诉，由上级检察厅检察长对不起诉决定进行审查。其三，检察审查会制度。检察审查会是专门受理国民对检察机关不起诉处分决定的申诉机构，设立于1948年。被害人或其他当事人等如果不服检察机关作出的不起诉决定，可以向检察审查会申诉。检察审查会对其认为不当的不起诉处分决定提出纠正意见。检察机关如果认为具有提起公诉的情形应当提起公诉。但是检察审查会的纠正意见没有强制法律效力，最终由检察长决定是否纠正不起诉处分。

从上述制度设计可以看出，各国对公诉裁量权制约的侧重点不尽相同。总体来说，英美法系国家更侧重对起诉决定的制约，而大陆法系国家则侧重对不起诉决定的制约。这主要是由于两大法系的历史传统以及观念不同。例如，英美法系的代表国家美国，通过设置大陪审团制度及预审听证制度限制公诉权，防止被告人受到无根据的追诉。而大陆法系国家的德国和法国，传统上奉行严格的起诉法定主义，即使如今检察机关享有公诉裁量权，但是为了保证公诉权的规范行使，防止公诉裁量权的滥用，对检察机关作出的不起诉决定往往仍进行严格的限制。

第四节　我国公诉裁量权的制度控制

我国公诉裁量权制度发展较晚，总体制度设计体现了大陆法系国家的鲜明特色，在公诉裁量权的制约方面主要表现为对不起诉决定的制约较多，而对于起诉决定则几乎没有实质上的制约。

一、事后救济机制对公诉裁量权的制约

根据我国《刑事诉讼法》第179条至第181条的规定，对于检察机关的裁量不起诉决定，设置了申请复议、自诉和申诉三种事后救济机制。公安机关对于自行侦查的案件有申请复议的权利；被害人有自诉的权利；同时被害人也有提出申诉的权利。公安机关如果认为不起诉的决定有错误，可以向作出不起诉决定的上级检察机关要求复核。被害人如果不服检察机关作出的不起诉决定，可以申诉，也可以不经申诉直接向法院提起自诉；被不起诉人如果不服检察机关作出的相对不起诉决定，可以自收到不起诉决定书后7日内向作出不起诉决定的检察机关申诉。此外，根据我国《监察法》的规定，监察机关对检察机关公诉裁量权的行使也有一定的监督权。根据《监察法》第47条第4款规定，监察机关认为检察机关作出的不起诉决定有错误的，有权向作出不起诉决定的检察机关的上一级人民检察院提请复议。当然，无论是复议、自诉还是申诉的提出，都是在检察机关不起诉决定作出后提出的，属于事后的一种纠错程序。事后的纠错相比事前的预防，显然发挥作用有限，而且属于司法成本的叠加，因为可能会导致程序的重启。由于事后救济的不同主体如公安机关、被害人、被不起诉人、监察机关在我国刑事司法制度中的地位有明显差异，其对公诉裁量权的制约程度也会有很大区别。

综上，我国对公诉裁量权制约的事后救济机制，具有多元性和差异性。多元性是指我国在对公诉裁量权的制约存在多个事后救济的主体，多种救济途径；差异性是指由于事后救济主体和救济途径的不同，对公诉裁量权制约的程度会分层次。毋庸置疑，多元性的救济机制对制约公诉裁量权是有利的。但是并非救济途径越多越有利，关键在于如何让事后救济机制真正发挥作用。如果每一种救济方式都失灵，那么再多的途径都无益。所以要让检察机关平等对待事后救济机制的主体，让每一种事后救济机制都能对检察机关公诉裁量权形成有力的制约，促进公诉裁量权健康良性运行。

二、人民监督员制度对公诉裁量权的制约

人民监督员制度是以人民群众的力量来监督检察机关的一种新制度。起初，人民监督员制度是对检察机关自行侦查的一些案件由民众进行监督的方式，是最高人民检察院按照党中央关于推进司法体制改革的要求而试行的一项重大改革。[1] 党的十八大以来，人民监督员制度被作为中央司法体制改革项目进行部署。党的十八届三中全会决定明确提出："广泛实行人民监督员制度，拓宽人民群众有序参与司法渠道"，加快人民监督员制度的深化改革。党的十九大报告强调，要"扩大人民有序政治参与，保证人民依法实行民主选举、民主协商、民主决策、民主管理、民主监督"。2003年8月，最高人民检察院启动了人民监督员制度试点工作，先期试点在辽宁、内蒙古、天津等10个省、自治区、直辖市检察机关启动，将职务犯罪案件中拟作撤案、不起诉处理和犯罪嫌疑人不服逮捕决定的"三类案件"，全部纳入人民监督员监督程序。2004年10月之后，试点工作逐步扩大。截至2010年9月，全国共有3137个检察院开展了人民监督员试点工作，占各级检察院总数的86.5%。2010年10月，《最高人民检察院关于实行人民监督员制度的规定》下发，人民监督员制度开始在全国检察机关全面推行。人民监督员制度全面推行后，人民监督员由省、市两级检察院统一选任，对违法违纪情况"七类案件或事项"进行监督，提出监督意见，具体包括：对拟不起诉的，拟撤销案件的，应当立案而不立案或者不应当立案而立案的，超期羁押或者检察机关延长羁押期限决定不正确的，违法搜查、扣押、冻结或者违法处理扣押、冻结款物的，应当给予刑事赔偿而不依法予以赔偿的，检察人员在办案中有徇私舞弊、贪赃枉法、刑讯逼供、暴力取证等。2014年9月，最高人民检察院、司法部联合发布《关于人民监督员选任管理方式改革试点工作的意见》，人民监督员由原先主要由检察院自行选任管理改由司法行政机关选任。2015年2月27日，中央全面深化改革领导小组第十次会议审议通过《深化人民监督员制度改革方案》。2018年10月，人民监督员监督制度被写进《中华人民共和国人民检

---

[1] 谭尘：《人民监督员制度——持续强化新时代检察办案全过程民主》，载《法治日报》2022年5月6日。

察院组织法》，从立法上明确了人民监督员的监督地位。2019年9月，最高人民检察院印发实施《人民检察院办案活动接受人民监督员监督的规定》，强调"人民监督员监督检察办案活动，依法独立发表监督意见"。2021年6月，中共中央印发《关于加强新时代检察机关法律监督工作的意见》（以下简称《监督意见》）。《监督意见》强调，要完善人民监督员制度，以加强对检察机关法律监督工作的监督制约。人民监督员制度从先期试点到在全国检察机关全面推进，人民监督员制度的不断完善，确保了人民监督员对检察机关公诉裁量权的行使发挥有效监督作用。

三、行政审批制对公诉裁量权的制约

内部制约是指检察机关自身通过制度设计对公诉裁量权的行使进行的规范和制约。我国的内部制约主要表现为对检察机关不起诉裁量活动的制约。从司法实践来看，检察机关内部制约所起的作用要大于外部制约的效果。

我国1996年《刑事诉讼法》废除了广受诟病的免予起诉制度，规定了存疑不起诉和相对不起诉的制度，一废一立使检察机关公诉裁量权的权力范围不仅没有缩小反而得到扩大。但是由于免予起诉制度被滥用的不良影响依然在司法实践中存在，要求严格控制检察机关享有的起诉裁量权、从严掌握不起诉的呼声依然较高。检察机关内部受免予起诉滥用阴影的困扰，也倾向于控制不起诉权的适用。1998年2月，最高人民检察院发文规定，凡检察机关直接受理立案侦查的案件不起诉，均要经检察委员会决定，并报上一级检察院审批后执行。因此，各地检察院为了控制本院不起诉，纷纷开始设置不起诉率[1]，并且将不起诉率与各检察机关、检察官的业绩考核挂钩，有些检察机关规定了全年不起诉率不得超过4%。[2] 不起诉率的划定大大限制了不起诉决定的作出，检察官与不起诉案件的捆绑

---

[1] 2003年最高人民检察院印发《人民检察院办理不起诉案件质量标准（试行）》和《人民检察院办理起诉案件质量标准（试行）》，明确要求自侦案件、破坏社会主义市场经济秩序和普通刑事案件的不起诉率分别不能高于12%、7%、2%，2007年最高人民检察院修订了上述两项标准，取消了对不起诉率的明文控制。

[2] 参见樊崇义、冯中华等主编：《刑事起诉与不起诉制度研究》，中国人民公安大学出版社2007年版，第126页。

考核更让检察官丧失了作出不起诉决定的热情。[1] 客观地说，设置不起诉率的初衷是好的，是为了避免公诉裁量权被滥用，防止罪犯被轻纵。但是这种做法却与司法规律相违背，不符合司法特点。各地犯罪案件发生的数量整体来说具有一定的稳定性，但是每个案件的情况却具有随机性和差异性。人为地划定固定红线来约束波动随机的案件是不科学、不合理的，直接影响检察机关对案件的客观处理，导致许多本应作出不起诉决定的案件被强行起诉，不仅浪费了司法资源，还损害了被追诉人的合法权益，严重损害了司法权威。

四、公开审查制对公诉裁量权的制约

为保证不起诉决定的公正性，保障当事人的合法权利，规范不起诉案件公开审查程序，2001年3月，最高人民检察院公诉厅印发了四个关于不起诉的文件。[2] 其中《人民检察院办理不起诉案件公开审查规则（试行）》明确提出，对于存在较大争议并且在当地有较大社会影响的，经人民检察院审查后准备作不起诉处理的案件，检察机关可以根据侦查机关（部门）的要求或者犯罪嫌疑人及其法定代理人、辩护人，被害人及其法定代理人、诉讼代理人的申请，经检察长决定，进行公开审查。在不起诉案件公开审查时，应当听取侦查机关（部门），犯罪嫌疑人及其法定代理人、辩护人，被害人及法定代理人、诉讼代理人的意见。听取意见可以分别进行，也可以同时进行。允许公民旁听；可以邀请人大代表、政协委员、特约检察员参加；可以根据案件的需要或者当事人的请求，邀请有关专家及与案件有关的人参加；经人民检察院许可，新闻记者可以旁听和采访。对涉及国家财产、集体财产遭受损失的案件，可以通知有关单位派代表参加。2015年2月28日，最高人民检察院发布《关于全面推进检务公开工作的意见》，该意见是对不起诉公开审查制度的进一步完善。其第3条第1款规定，对存在较大争议或在当地有较大社会影响的拟作不起诉案

---

[1] 以1997—2000年的不起诉率变化为例，1997年全国检察机关不起诉率为4.2%，1998年、1999年和2000年则迅速降至2.5%、2%和2%。
[2] 四个文件包括：《人民检察院办理不起诉案件公开审查规则（试行）》《刑事抗诉案件出庭规则（试行）》《人民检察院办理起诉案件质量标准（试行）》和《人民检察院办理不起诉案件质量标准（试行）》。

件、刑事申诉案件，实行公开审查。对于在案件事实、适用法律方面存在较大争议或在当地具有较大影响的审查逮捕、羁押必要性审查、刑事和解等案件，提起抗诉的案件以及不支持监督申请的案件，探索实行公开审查。研究制定公开审查的操作性指引，规范公开审查的程序。

为进一步加强和规范检察机关以听证方式审查案件工作，最高人民检察院于2020年10月20日发布《人民检察院审查案件听证工作规定》（以下简称《听证规定》），将听证会明确为刑事案件公开审查的主要形式。《听证规定》明确，听证会分为公开听证和不公开听证两种类型。其中拟不起诉案件的听证会一般公开举行。2021年6月，《中共中央关于加强新时代检察机关监督工作的意见》印发，指出检察机关要"引入听证等方式审查办理疑难案件"。2022年1月，最高人民检察院印发《人民检察院听证员库建设管理指导意见》，其第2条规定，设区的市级以上人民检察院根据需要设立听证员库，作为辖区内检察院选用听证员的主要来源。有条件的基层检察院也可以设立。检察机关采用听证方式审查案件，可以广泛听取案件当事人、诉讼参与人以及相关办案人员的意见，更加客观准确地对案件作出处理决定，增加案件办理的透明度和司法公信力。

第七章　我国公诉裁量权的完善

公诉裁量权的扩大是世界各国诉讼制度的必然选择，我国也不例外。我国的公诉裁量权从无到有经过了一个较长的过程，但是现有的裁量权仍然无法满足司法实践的需要。当前应该积极反思我国公诉裁量权制度的不足及其成因，在借鉴先进国家制度经验的基础上，立足我国的现实国情和司法实践需要，不断完善我国公诉裁量权制度，使公诉裁量权制度在司法实践中更有作为。

第一节　我国的检察改革与公诉裁量权

何为公正？美国学者 E. 博登海默认为："公正具有一张海神般的脸，变幻无常，并且具有极不相同的面貌。"[1] 是人们追求的理想目标，公正是一个历史的、相对的概念，不同历史时期公正具有不同的形式和内涵。司法公正是诉讼活动所追求的目标，是维护国家、社会和个人利益的最后屏障。权利永远不能超出社会的经济结构以及由经济结构所制约的社会的文化发展。[2] 一国公民的权利与本国社会经济条件的发展程度密切联系，也仰仗同样受制于社会经济条件的权力的保障。从我国的法律文化传统以及普通民众的司法意识来看，有罪必罚、罪当其罪的传统报应刑观念仍然

---

[1] [美] E. 博登海默：《法理学：法律哲学与法律方法》，邓正来译，中国政法大学出版社 1999 年版，第 240 页。

[2] 中共中央马克思恩格斯列宁斯大林著作编译局译：《马克思恩格斯全集》（第 19 卷），人民出版社 1984 年版，第 22 页。

根深蒂固。我国公诉裁量制度的建设既要充分发挥先进法治理论的引领作用，又要考虑本国现实国情，合理把握制度完善的前进步调，不可求快，亦不可亦步亦趋。有了制度生根的环境，还要有与制度相融的观念。

一、以审判为中心的司法改革与公诉裁量权

当前我国大力推进以审判为中心的诉讼制度改革，这为公诉裁量权的"放权"提供了一个绝佳的制度环境。公诉裁量权的制度完善必须依托以审判为中心的制度环境，与改革的思路相符。

培养现代司法理念首先要正确认识以审判为中心与公诉裁量权的关系。推进以审判为中心的诉讼制度改革，是党的十八届四中全会为健全司法权运行机制、完善刑事诉讼程序而作出的重要部署。以审判为中心意味着，指控犯罪事实是否发生、被告人应否承担刑事责任应当由法官通过审判进行确认。[1] 以审判为中心的诉讼制度改革，要求审判案件应当以庭审为中心。事实证据调查在法庭，定罪量刑辩论在法庭，裁判结果形成于法庭。证据未经当庭出示、辨认和质证等法庭调查程序查证属实，不得作为定案的根据。[2] 以审判为中心的诉讼制度改革必将对我国的刑事诉讼程序产生重大影响。日益增长的案件数量已使各国司法资源无力承载，现代国家越来越注重在审前阶段倚重替代性程序来解决案件。诉讼制度改革的目光应集中在审判但绝不应局限在审判。正所谓良好的开端是成功的一半，以审判为中心的实现一大关键是审前。[3] 以审判为中心与扩大公诉裁量权并不矛盾，二者在某种意义上是相辅相成的关系。而且只有做到后者才能更好地实现前者。以审判为中心强调在实体意义上定罪权属于法院，其他机关无权决定被告人是否有罪。

（一）以审判为中心是建构公诉裁量权不可或缺的制度环境

党的十八届四中全会通过的《中共中央关于全面推进依法治国若干重

---

[1] 卞建林、谢澍：《以审判为中心视野下的诉讼关系》，载《国家检察官学院学报》2016年第1期。
[2] 《最高人民法院关于建立健全防范刑事冤假错案工作机制的意见》（法发〔2013〕11号）。
[3] 李华、胡飞：《审判中心视野下消极公诉的扩大适用》，载《以审判为中心与审判工作发展——第十一届国家高级检察官论坛论文集》第80—87页。

大问题的决定》明确提出："推进以审判为中心的诉讼制度改革。""保证庭审在查明事实、认定证据、保证诉权、公正裁判中发挥决定性作用。""以审判为中心"不是颠覆分工负责、互相配合、互相制约的原则，而是控、辩、审三种职能都要围绕审判中事实认定、法律适用的标准和要求而展开，法官直接听取控辩双方意见，遵循证据裁判原则进行裁判。以审判为中心并没有否认审前程序的基础性和重要性。以审判为中心在强调审判程序的终局性与权威性的同时并不否定审前阶段的重要性。以审判为中心并不意味着将每一个案件都纳入审判阶段，对每一个案件都投入等量的司法资源，对每一个案件都由人民法院依法判决。如果不加区分地将案件引入审判程序，造成的结果必然是审判的瘫痪，抑或更加严重的"形式"审理。

因此，构建以审判为中心的诉讼制度更需要对案件进行适时的分流，保证以庭审为中心的案件以较大、疑难、复杂案件为主。审前阶段对于案件的有序整合分流对于缓解当前法院"案多人少"的矛盾，提高法院诉讼效率具有积极作用。而公诉裁量权无疑是审前阶段分流案件的最好手段，以审判为中心的诉讼制度改革则为公诉裁量权充当了助推动力。检察机关被赋予了更多的审前程序分流手段，如未成年人特别案件中检察机关可以作出附条件不起诉，在部分公诉案件的刑事和解程序中检察机关可以作酌定不起诉决定等，这些分流机制的广泛运用对于缓解以审判为中心背景下裁判者的审判压力，以及调整诉审关系有着重要的价值和意义。

（二）公诉裁量权是以审判为中心诉讼制度的必备要件

以审判为中心的诉讼制度改革离不开公诉裁量权的支持和配合，公诉裁量权是以审判为中心诉讼制度的必备要件。公诉裁量权的适用有利于分流案件，有助于以审判为中心的实质化实现；公诉裁量权的恰当适用有助于使不需要或不符合接受审判的案件及时退出诉讼程序，而将真正有争议或者疑难、复杂的案件移送审判，接受控辩双方充分的对质和辩论，使以审判为中心更具有可操作性和实现可能性；公诉裁量权的适用有利于实现诉讼经济，使以审判为中心高效实现。党的十八届四中全会通过的《中共中央关于全面推进依法治国若干重大问题的决定》明确提出"推进以审判为中心的诉讼制度改革"。以审判为中心不是颠覆分工负责、互相配合、互相制约的原则，不是"法院中心论"，而是控、辩、审三种职能都要围绕审判中事实认定、法律适用的标准和要求而展开。以审判为中心强调审判程序的终局性与权威性。学者普遍认为审判中心主义并不否定审前阶段的重要性。审前阶段可以发挥程序分流的功能，对提高诉讼效率、缓解当前法院"案多人少"的矛盾具有积极作用。

在我国，检察机关在审查起诉阶段可以利用起诉裁量权对案件进行过滤。然而，该机制在实践中的适用却比较少。若要完善审前分流机制，就应适当扩大检察机关起诉裁量权。案多人少是许多国家司法实践中存在的问题，确认检察官的准司法性作用，扩大检察机关裁量权，充分发挥审前阶段分流、过滤案件的功能，这是许多国家的做法。与诉讼经济不符的程序倒流和无罪判决都是在落实以审判为中心过程中检察机关应尽力避免的，唯有避免这些不必要的诉讼资源浪费，以审判为中心才能更加高效优质地完成。如果我们在遵守法定程序、保证案件质量的前提下实现迅速审判，就既能恢复被破坏的法律秩序，实现一般预防和个别预防，补偿被害人所受损害，又能防止被告人久押不决，长期处于"被告"的"准罪犯"状态而使其权利遭受不必要的损害。[1]

二、认罪认罚从宽制度改革与公诉裁量权

认罪认罚从宽制度是指"在刑事诉讼中，从实体和程序上鼓励、引导、保障确实有罪的犯罪嫌疑人、被告人自愿认罪认罚，并予以从宽处理、处罚的由一系列具体法律制度、诉讼程序组成的法律制度"[2]。完善刑事诉讼中认罪认罚从宽制度是党的十八届四中全会《中共中央关于全面推进依法治国若干重大问题的决定》中首次提出的一项制度要求，是我国司法体制改革的重点内容，也是关系我国刑事诉讼制度改革的重大司法改革举措。其后，2015年2月，最高人民法院正式发布的《人民法院第四个五年改革纲要（2014—2018）》、最高人民检察院下发的《关于深化检察改

---

[1] 龙宗智：《相对合理主义》，中国政法大学出版社1999年版，第35页。
[2] 顾永忠：《关于"完善认罪认罚从宽制度"的几个理论问题》，载《当代法学》2016年第6期。

革的意见（2013—2017年工作规划）》中亦明确要求完善该制度。[1]

中共中央高度重视认罪认罚从宽制度，党的十八届四中全会首次提出该项制度以来，有关该文件的各个方案和意见就陆续出台，为认罪认罚从宽制度在司法实践中落地生根起到了提纲挈领的作用。2016年1月13日，最高人民检察院司法体制改革领导小组第九次会议讨论通过了《完善"刑事诉讼中认罪认罚从宽制度"改革的建议方案》。7月22日，中央全面深化改革领导小组第二十六次会议审议通过了《关于认罪认罚从宽制度改革试点方案》。8月，最高人民法院、最高人民检察院、公安部、国家安全部、司法部五部委联合下发了《关于推进以审判为中心的刑事诉讼制度改革的意见》，明确提出要完善认罪认罚从宽制度。[2] 2016年8月，时任最高人民法院院长周强代表"两高"向全国人大常委会就试点授权决定草案作说明时指出，要更好发挥认罪认罚从宽制度的功能作用，在更高层次上实现公正与效率相统一。2016年9月3日，第十二届全国人大常委会第二十二次会议召开，《全国人大常委会关于授权最高人民法院、最高人民检察院在18个城市开展刑事案件认罪认罚从宽制度试点工作的决定》（以下简称《试点工作决定》）被表决通过。该《试点工作决定》授权最高人民法院、最高人民检察院在北京、天津、上海、重庆、沈阳、大连、南京、杭州、福州、厦门、济南、青岛、郑州、武汉、长沙、广州、深圳、西安开展刑事案件认罪认罚从宽制度试点工作。对犯罪嫌疑人、刑事被告人自愿如实供述自己的罪行，对指控的犯罪事实没有异议，同意人民检察院量刑建议并签署具结书的案件，可以依法从宽处理。一系列文件的密集出台无疑说明认罪认罚从宽制度的重要性，以及司法实践对其需求的迫切性。2018年《刑事诉讼法》对认罪认罚从宽制度的确认，2019年最高人民法院、最高人民检察院、公安部、国家安全部、司法部印发的《关于适用认罪认罚从宽制度的指导意见》更是助推认罪认罚从宽制度

---

[1]《人民法院第四个五年改革纲要（2014—2018）》第13项提出："完善刑事诉讼中认罪认罚从宽制度。明确被告人自愿认罪、自愿接受处罚、积极退赃退赔案件的诉讼程序、处罚标准和处理方式，构建被告人认罪案件和不认罪案件的分流机制，优化配置司法资源。"《关于深化检察改革的意见（2013—2017年工作规划）》第26项提出："推动完善认罪认罚从宽制度，健全认罪案件和不认罪案件分流机制。"

[2]《关于推进以审判为中心的刑事诉讼制度改革的意见》第21条指出，"推进案件繁简分流，优化司法资源配置。完善刑事案件速裁程序和认罪认罚从宽制度。"

在司法实践中的应用。2020年,全国法院审结认罪认罚案件79.5万件,占同期审结全部刑事案件的71.3%。[1] 2021年全国检察机关已办理的审查起诉案件中,适用认罪认罚从宽制度审结人数占同期审结人数的85%以上,2022年这一数字上升到90%以上。[2]

在认罪认罚从宽制度高调推进的同时,另一项重要制度改革即以审判为中心的诉讼制度改革仍然在进行中。但是很多人对这两者的关系认识不清或者说无法正确理解,有人认为认罪认罚从宽制度的出台稀释了以审判为中心的诉讼制度的改革成果,甚至可能牺牲以审判为中心的诉讼制度改革已经取得的成果。笔者以为,以审判为中心的诉讼制度改革和认罪认罚从宽制度改革的出台,契合我国当前司法实践的需要。两项改革之间不存在对立,司法实务部门如果能正确认识和贯彻领会中央的司法改革精神,两项改革必将对我国的法制进步起到促进作用。长期以来,我国诉讼实践中都缺少对审判的重视,导致许多案件无法通过正式的审理活动获得公正的判决,司法公信力受到严重损害。以审判为中心的诉讼制度改革的终极目的就是要提升审判在诉讼活动中的地位和作用,审判活动的核心人物——法官随着改革的推进必将发挥更加重要的作用。

认罪认罚从宽制度改革表面上看似乎更强调审前程序的重要地位,但其与以审判为中心的制度改革并不对立。笔者认为,在以审判为中心的司法改革背景下推进认罪认罚从宽更具有制度意义。顾永忠教授在谈到认罪认罚从宽制度与以审判为中心的诉讼制度二者之间的关系时,也认为二者"并不是天然对立、相互排斥的。而是相辅相成,互相促进的。在以审判为中心的诉讼制度中,实质上包含了认罪认罚从宽制度"[3]。诉讼活动是一个完整的过程,需要各个环节的专门机关配合和制约才能完成。审判是诉讼活动的最后一个环节,也是最重要的环节,需要耗费大量的人力和物力。高质量的审判意味着高成本的投入,而司法成本是任何国家不得不面临的现实问题。既要保证审判的效率,又要保证审判的质量,这无疑是当下许多国家亟待解决的一个难题。随着人们法治意识的增强,越来越多的人注重个人权利,当进入诉讼活动中后,都希望借助正当的程序保护自己

---

[1] 沈亮:《凝聚共识 推进认罪认罚从宽制度深入有效实施》,载《人民法院报》2021年7月22日。
[2] 来自全国检察机关2021—2022年主要办案数据。
[3] 顾永忠:《关于"完善认罪认罚从宽制度"的几个理论问题》,载《当代法学》2016年第6期。

的合法权利，维护个人的合法权益。认罪认罚从宽制度无疑是辅助以审判为中心诉讼制度改革的重要一翼。认罪认罚从宽制度可以看作是以审判为中心诉讼制度的前置制度，如果说以审判为中心的中心阵地在审判环节，那么认罪认罚从宽制度的中心环节就在审前环节，两个制度互相配合，共同完成诉讼活动的任务。借助认罪认罚从宽制度可以实现案件的有序分流。通过对案件进行是否"认罪"的筛选，确保确有必要接受审判的案件进入审判程序，使审判人员可以集中精力审理好大案、要案和疑案，保证每一起进入审判程序的案件都得到公正的审理，真正实现以审判为中心的目标。

认罪认罚从宽制度是检察机关在审前发挥公诉裁量权作用的一项重要制度设计。如果说以审判为中心为检察机关公诉裁量权的实现提供了制度环境，认罪认罚从宽制度则为检察机关公诉裁量权的行使提供了制度依托。检察机关是审前程序的核心主体，审前阶段案件的筛选主要由检察机关完成。选择哪些案件进入审判程序是检察机关在审查起诉阶段的重要职能。《试点工作决定》明确了从宽处罚的案件范围和检察机关可以作出不起诉的情形。[1] 检察机关在审查起诉阶段通过对犯罪嫌疑人的合法鼓励和引导，促使犯罪嫌疑人积极认罪获得从宽处理，实现公诉案件的有序分流。当发现案件事实明确、证据充分而犯罪嫌疑人拒不认罪的案件，检察机关应当依法提起公诉，确保被告人能获得公正审判。认罪认罚从宽制度改革正是当下解决案件分流、实现以审判为中心目标的最佳选择。

第二节 我国公诉裁量权运行的问题

目前，我国公诉裁量权制度虽然已经成型，但尚不完善，与世界法治发达国家的公诉裁量制度存在较大差距，现行制度未能充分发挥公诉裁量权在刑事司法中应有的作用和价值。检讨我国公诉裁量权制度，主要存在

---

[1] 从宽处罚的案件限于犯罪嫌疑人、刑事被告人自愿如实供述自己罪行，对指控的犯罪事实没有异议，同意检察院量刑建议并签署具结书的案件。犯罪嫌疑人自愿如实供述涉嫌犯罪的事实，有重大立功或者案件涉及国家重大利益的，经公安部或者最高检批准，侦查机关可以撤销案件，检察院可作出不起诉的决定。

两大问题：一方面，受我国传统刑事诉讼模式的影响以及对检察权行使方式惯有意识的束缚，检察机关重视积极公诉权的行使，怠于行使消极公诉权，不起诉率普遍偏低；另一方面，检察机关在积极提起公诉时，滥用公诉权的现象比较普遍。

一、我国公诉裁量权的适用范围狭窄

受有罪必罚、有罪必诉观念的影响，我国公诉裁量权适用范围过窄。目前的相对不起诉制度多限制在"犯罪情节轻微，可免除刑罚或不予刑罚"的层面上，三年以上有期徒刑的刑事犯罪被排除在公诉裁量权之外。检察官的自由裁量权较小，且作出不起诉决定的概率也比较小。不加区分的起诉政策使得各种犯罪不论轻重悉数走完程序，使刑事司法系统不堪重负，诉讼效率低下。基于这种状况，我国应当在起诉政策上进行重大调整，改变"有罪必诉"的做法，重视起诉利益的权衡，使国家公诉权的行使更加合理，诉的启动更具正当性和必要性。[1]

二、我国公诉裁量权的程序封闭

我国的公诉裁量权由检察机关独自行使，虽然涉及不起诉的决定，内部也需要经过层层审批，但是依然难以保证客观公允。首先，公诉裁量权活动的性质是诉讼活动，诉讼活动的首要目标就是公正，而公正的前提就是公开。没有公开，何来制约。而缺少制约的公诉裁量权很难保证其公正运行，封闭的裁量过程容易导致裁量的不公正，出现徇私裁量或任意裁量的情形。其次，作为一项影响当事人权益的重要诉讼活动，被不起诉人和被害人却都无权参加，只有在检察机关作出裁量决定，当事人接到决定书后才能知晓。这显然也有悖诉讼的参与原则。根据《刑事诉讼法》的规定[2]，检察机关和法院都应当确保被不起诉人和被害人参加诉讼活动，尤其是关乎自己切身利益的诉讼活动，应当给予其发表自己意见的权利。否则当事人难以认同检察机关作出的决定。最后，检察机关的裁

---

[1] 卞建林：《刑事诉讼中"诉"之辨析》，载《人民检察》2007年第8期。
[2] 《刑事诉讼法》第14条规定，人民法院、人民检察院和公安机关应当保障犯罪嫌疑人、被告人和其他诉讼参与人依法享有的辩护权和其他诉讼权利。

量行为是诉讼活动的组成部分，诉讼活动本应遵守诉讼公开、透明和中立的原则，但却演化成层层汇报的内部行政审批机制，这显然不符合诉讼活动的运行规律。

三、我国公诉裁量权标准模糊

在我国检察机关审查起诉过程中，公诉的自由裁量权广泛地存在于审查起诉的各个环节，包括事实认定、法律适用、选择何种处分、是否作出该处分。而此中尤以事实认定环节裁量权过大，且又标准模糊。比如，法律条文中大量出现了"情节较轻""情节较重""情节严重"之类的措辞，但是对于如何认定情节轻重经常缺少明确的法律依据，甚至公检法三家标准不一，容易导致公诉裁量权滥用情形发生。如《刑事诉讼法》第177条第2款规定的相对不起诉的标准之一"犯罪情节轻微"，司法实践中对于如何认定"犯罪情节轻微"标准不一。

2014年12月13日，被告人王某军、郭某伟等人根据110指挥中心指令，前往工地处理一起治安纠纷，在现场对被指认的打人者王某林、李某进行调查，将王某林、李某等人带上警车后，因周某云阻拦，与周某云发生争执，周某云持续抓着王某军裤子裤兜处7分钟，其间，王某军对周某云多次进行口头警告，周某云拒不松手。遭到拒绝后，遂扭按周某云头部，使其躺倒在地。之后，王某军用脚踩住周某云的头发，持续约23分钟。2016年11月10日下午，山西省太原市中级人民法院一审公开宣判太原市人民检察院指控被告人王某军犯故意伤害罪、滥用职权罪，被告人郭某伟犯滥用职权罪，被告人任某波犯故意伤害罪一案，认定被告人王某军犯过失致人死亡罪，判处有期徒刑四年，犯滥用职权罪，判处有期徒刑二年二个月，决定执行有期徒刑五年；被告人郭某伟犯滥用职权罪，判处有期徒刑二年二个月，缓刑三年；被告人任某波犯故意伤害罪，判处有期徒刑一年十一个月，缓刑二年。[1] 太原警察王某军等人被检察机关以滥用职权、造成了恶劣的社会影响为由提起公诉，最终被法院判决。但实践中，也有类似案件中的涉案警察被以"犯罪情节轻微"为由作出不起诉的决定。

---

〔1〕《被告人王文军等人案一审公开宣判》，载太原法院网2016年11月10日，http://tyzy.chinacourt.org/article/detail/2016/11/id/2347147.shtml。

此外,我国刑事诉讼法未将公共利益纳入检察机关行使公诉裁量权的考察范围,这与公诉裁量制度的基本精神背道而驰。公诉裁量权属于公权力范畴,公共利益原则是检察机关行使公诉权的基本准则,公共利益原则要求检察机关行使公诉裁量权时必须严格按照公共利益原则的要求进行活动,在决定是否起诉时不应把追诉犯罪作为唯一目标,而应该把单个的犯罪案件放置在整个社会的大环境下进行通盘考虑。检察机关在裁量起诉时,不仅要考虑犯罪事实要素,还要从公共利益原则角度出发考虑起诉的合理性与目的性。

四、我国公诉裁量权的救济机制不合理

赋予被害人自诉权,将法律规定的公诉案件变成自诉案件,看起来是出于对被害人权益的维护,实际上是分割了检察机关的公诉权,将被害人的个人利益置于公共利益之上,对公诉裁量权造成巨大冲击,也不利于犯罪人权益的保障。而且,由于被害人欠缺调查取证能力,通常也无法完成举证责任,被害人的这一权利实际上很难落实,因而公诉转自诉的法律规定广为学者诟病。检察机关的不起诉决定本来具有终止程序的效力,一旦作出不起诉决定,案件的公诉程序即告结束。然而根据《刑事诉讼法》第180条的规定,被害人不服检察机关的不起诉决定可以向人民法院起诉,一旦管辖法院认为应当提起公诉,本来已经终结的诉讼活动将再次启动,被不起诉人将随时陷入再次诉讼的可能,公诉裁量权的权威性和严肃性尽失,打击了检察机关行使公诉裁量权的信心。而且公诉转自诉的适用范围也很有限,法律规定由被害人直接向法院起诉,事实上将这一制度的适用范围限于存在被害人的案件,而《刑法》中规定的大量犯罪案件是不存在被害人的,比如职务犯罪案件。这显然造成了法律适用的不平等。

五、我国公诉裁量权的制约机制不完备

我国《刑事诉讼法》虽然对公诉裁量权设置了相应的制约程序,但是尚不完备,不能对滥用公诉裁量权的行为发挥有效的制约作用,而且还限制了检察机关正当行使公诉裁量权的积极性。从世界各国的检察经验看,

检察一体是通行原则，上下级检察机关是领导与被领导关系，上级检察机关指挥和领导下级检察机关的工作，对下级检察机关下发工作指令。我国检察机关也同样采用检察机关上下一体的领导体制。但是在司法实践中，有些地方上级检察机关对下级检察机关的监督没有严格按照规范进行，随意下发指令，甚至是口头指令。为防止权力滥用，检察机关内部设置了严格控制不起诉率的考评机制，定期或不定期对案件进行评查，不起诉案件往往是案件评查活动的重点对象。有些检察院在年终考评机制中规定了不起诉率，把不起诉率的高低作为考评工作好坏的一项重要指标，人为地限制公诉裁量权的适用。检察机关作出不起诉决定的案件，往往会受到各方面的干扰，检察官碍于裁量不起诉中烦琐的监督过程，反而愿意提起公诉。从世界各国经验来看，司法审查是制约公诉裁量权的重要方式。而我国恰好相反，检察机关对法官的裁量行为行使强有力的监督权，而这种权力是西方国家检察机关所不具有的，法院对检察机关裁量权没有制衡的权力，公诉裁量权的运行缺乏真正有效的监督与制约。

第三节　我国公诉裁量权制度的完善路径

美国学者戴维斯认为，现代政府没有裁量权是不可能的。裁量是我们政府和法律中创造性的主要来源。裁量是个工具，这种工具对个别化的正义而言是不可或缺的。但同时，戴维斯也承认，每有讴歌裁量的事实，就会伴有裁量危险的事实。[1] 我国检察机关的公诉裁量权虽有滥用的情形发生，但这并不表明我国检察机关的公诉裁量权制度不必要。从我国司法改革的现状来看，与世界上其他司法制度类似的国家相比，我国法律授予检察机关的公诉裁量权并不大。我们要做的是"既不要过分强调裁量的必要性，也不要过分强调其危险性；要同时强调裁量的必要性和危险性。不要反对裁量权，要反对不必要的裁量权"[2]。因而，我国检察机关公诉裁量

---

[1] 参见[美]肯尼斯·卡尔普·戴维斯：《裁量正义——一项初步的研究》，毕洪海译，商务印书馆2009年版，第26—27页。
[2] [美]肯尼斯·卡尔普·戴维斯：《裁量正义——一项初步的研究》，毕洪海译，商务印书馆2009年版，第27页。

权的完善有两条路径:一方面要给检察机关放权,授予检察机关更多的公诉裁量权,以利于其实现个别化正义,"法律终止之处,就是个别化正义开始之所";另一方面,应该警惕裁量危险的发生,对公诉裁量权进行必要的制约。裁量是一个过程,应该在裁量的每一个步骤和环节体现对公诉裁量权的制约,尤其要关注不采取任何措施的权力,不提出检控的权力或许比提出检控的权力大得多,而遭到滥用的情形也必然更多,因为制约非常有限。[1]

综上所述,笔者认为,在对我国公诉裁量权进行考察的基础上,应针对公诉裁量权在配置和运作中存在的诸多问题,对我国公诉裁量权加以完善,以充分发挥该制度在保障人权和打击犯罪方面的双重功效。完善我国公诉裁量权制度的关键是把握好"放权"和"束权"的关系。放权即放开司法实践需要的裁量权;束权即约束和制约已经滥用或可能滥用的裁量权。放权和束权可以从宏观和微观两个层面加以分析。宏观上,要构筑放权的观念和环境;微观上则要对公诉裁量权进行放权和束权两方面的制度建设。应充分考虑我国当前的诉讼制度改革实践,立足于我国当前的社会政治经济条件、刑事犯罪态势并借鉴法治发达国家的先进立法和实践经验。

一、从观念到现实,培养现代司法理念

衡量一个国家的法制是否先进,关键要看其司法理念是否先进及立法是否科学。[2] 刑事司法理念是刑事立法工作者、司法工作者在整个法制运行过程中所形成的一种对国家、刑罚权的观念形态,是对立法、司法的功能、性质、基本模式及在此基础上对现行刑法的规范所持有的价值评判。[3] 只有价值观念的转变才会带来诉讼机制的改变。先进的司法理念是保障检察机关正确依法行使公诉裁量权的前提。缺少先进司法理念的支

---

[1] [美]肯尼斯·卡尔普·戴维斯:《裁量正义——一项初步的研究》,毕洪海译,商务印书馆2009年版,第23页。
[2] 樊崇义、冯中华等主编:《刑事起诉与不起诉制度研究》,中国人民公安大学出版社2007年版,第3页。
[3] 樊崇义、冯中华等主编:《刑事起诉与不起诉制度研究》,中国人民公安大学出版社2007年版,第4页。

撑,权力的运行容易脱离正确的法治轨道,走向歧路。当前我国正处在社会转型时期,司法改革大刀阔斧,各级检察机关和检察人员必须不断更新司法观念,树立符合时代发展要求的司法理念,用先进的司法观念指导司法实践。观念是行动的指南,没有先进的观念做指导,公诉裁量权的制度改革将无法顺利进行。

(一) 培养现代司法人本理念

人本主义,是指人是法律之本,如果没有人任何法律都无存在的必要,也无存在的可能。[1] 以人为本包含了两个方面的含义:一是在人与自然的关系中,人类必须有自己的尊严;二是在人与社会的关系中,个人必须有个人的尊严,得到社会的认同。[2] 法律活动本来就是以人为主体的活动,一切应当从人的利益出发,尊重人的本性。这意味着法律无论在制定还是执行的过程中都应该尊重个人的权利,而非推崇权力。尤其是在刑事司法活动中,更应该尊重诉讼参与人的自由、权利和人格尊严,特别是被追诉人的诉讼权利。在传统刑事司法观念指导下,一切诉讼行为都奉行国家本位的指导原则,把刑事司法活动仅仅看成是打击犯罪的工具,忽视对个体权益的尊重,体现在诉讼中就是对个体权益重视与保护不够,尤其是对被追诉人保护的程序措施不充分,对被害人争取自身权益的诉讼手段也没有给予相应的重视。被追诉人在诉讼中不仅没有获得应有的主体地位,甚至被客体化和工具化,人身权利、财产权利等各种权利得不到应有的保护。目前,我们已经进入权利的时代,与公民权利息息相关的刑事司法活动也应及时转变观念,从国家权力本位的思想转向公民权利本位的思想,使犯罪嫌疑人和被告人的权利得到尊重和保障。

在刑事诉讼中促进和保护我国公民的人权和基本自由,首先要冲破国家本位一元化刑事诉讼思维,牢固树立国家本位、社会本位和个人本位多元化相结合的新思维,进而在刑事诉讼的立法和执法上达到预期的目的。[3] 鉴于现实情况的复杂性,个体活动的多样性,法律不可能穷尽现实生活的一切情况,法律的规则不可能绝对公平地适用于所有人,这就更需

---

[1] 樊崇义:《刑事诉讼法哲理思维》,中国人民公安大学出版社2010年版,第161页。
[2] 樊崇义:《人文精神与刑事诉讼法的修改》,载《政法论坛》2004年第3期。
[3] 樊崇义:《刑事诉讼中检察官思维的转型》,载《国家检察官学院学报》2005年第1期。

要司法者在执行法律的过程中，在坚持法律基本原则的前提下，考虑个案的具体情况斟酌处理案件。在诉讼活动中，赋予涉诉人员诉讼主体地位，建立追诉方和被追诉方的协商机制，保障诉讼参与人的诉讼权利，切实树立司法以人为本的理念。如果延长审视诉讼制度发展的历史视线和整体趋势，我们就不能不承认进一步尊重和保护个体权益，是一种日益发展的世界性趋势。[1] 个体权益保护在当今社会具有重要的意义。滥用国家权力损害个体权益，从长远来看，法制被破坏，司法失去权威，正常的社会秩序被破坏，最终损害的必将是国家的利益，甚至会威胁国家的民主制度。

(二) 培养现代司法协商理念

传统刑事司法建立在报应性价值理念的基础上，把惩罚和报应作为刑事司法的追求目标。现代司法协商理念不再认同传统刑事司法的价值判断，而是将恢复性正义价值作为刑事司法的重要目标。主张通过对话、协商与和解等多种手段恢复被犯罪所破坏的正常社会秩序，使犯罪人在被教育改造后尽快返回社会，使被害人能尽快摆脱受犯罪伤害的阴影，经济上、心理上都能得到及时和充分的补偿，早日恢复正常生活。现代司法协商理念主张法院判决并不一定是解决和处置刑事犯罪案件的最佳途径。司法机关也可以根据案件的实际情况，在审判程序之前将部分案件分流，通过审判之外的手段进行处理，如刑事和解、社区矫正等。传统的刑事司法过程强调奉行严格的法律形式主义，拘泥于形式正义，并不能保证个案正义的实现。而现代司法协商理念打破认识的局限，突出强调程序主体的地位平等性、参与自愿性、意志自主性、陈述真实性、论证合理性等核心程序要素，并通过辩诉交易、刑事和解、不起诉等多种形式进行表达。协商性司法的这种程序过程与之注重国家刑罚权将犯罪人作为对抗对象的传统刑事程序形成了极为鲜明的差异。

二、从立法到贯彻，扩大现有公诉裁量权的适用

刑事诉讼法之规定，贵在详尽，务使用法之人，事事皆有根据。若意

---

[1] 龙宗智:《相对合理主义》，中国政法大学出版社1999年版，第44页。

图简便，则法穷而弊生矣。[1] 公诉裁量权制度要完善，立法要先行。无论理论界还是实务界对公诉裁量权的存在没有争议，但是对检察机关在多大范围内享有公诉裁量权意见尚不统一。对此，立法应作出明确规定。公诉裁量权是一项公权力，公权力的行使必须慎重，但慎重不是裹足不前，而是应遵循法制框架。我国的公诉裁量权的确存在不规范行使的问题，但更多的是公诉裁量权无法行使或者懈怠行使的问题。这就要求立法明确公诉裁量权的行使界限，对检察机关的公诉裁量权进行授权，使检察机关在公诉裁量权行使方面享有更多的裁量空间。当下我国正处于社会转型时期，刑事案件数量增长较快，而公诉裁量权的范围较窄，无法满足办案的需要，不利于诉讼效率的提高，也不利于宽严相济的司法政策落实。我国的速裁程序改革已经授予检察机关对可能判处三年有期徒刑以下刑罚的案件有快速处置的权力。但是从司法实践的需求来看，仍然无法满足司法实践的现实需要。

在我国，检察机关在审查起诉阶段可以利用公诉裁量权对案件进行过滤。然而，该机制在实践中的适用率却十分低。因此，若要完善审前分流机制，就应当适当扩大检察机关起诉裁量权。充分发挥检察机关公诉裁量权在审前阶段分流、过滤案件的功能是许多国家的做法。从国外立法司法实践来看，英美法系的美国、英国大都不对案件裁量范围作出限制，而大陆法系的德国也已经突破了原来的轻微罪范围。我国公诉裁量权的范围可以适当扩大，即突破"犯罪情节轻微"这个界限，不宜局限于罪名和情节两个标准，对于轻微犯罪案件应该赋予检察机关根据案件的具体情况及被告人的悔罪表现裁量公诉的权力。但考虑到司法实践的现状，步子不宜迈得过大，可将公诉裁量权的范围扩大至可能判处最高刑为七年以下有期徒刑、拘役的案件。从适用的人员范围来说，不应局限于未成年人、大学生、老年人，而应该由检察机关根据案件的实际情况和犯罪人的现实情况进行综合评定。正因如此，最高人民法院也出台了意见加以明确。[2]

在不起诉的情形下，必须完善相应的转处理机制。因为检察机关仅对

---

[1] [日] 冈田朝太郎口述，熊元襄编：《刑事诉讼法》，上海人民出版社2013年版，第21页。
[2] 《最高人民法院关于贯彻宽严相济刑事政策的若干意见》第21项规定，对于老年人犯罪，要充分考虑其犯罪的动机、目的、情节、后果以及悔罪表现等，并结合其人身危险性和再犯可能性，酌情予以从宽处罚。

犯罪人作出一纸不起诉决定而不附加其他任何处理措施，有可能使犯罪人产生侥幸心理，从而导致其再犯，不利于发挥对犯罪人教育和改造、惩罚和预防的作用。因此，立法在扩大公诉裁量权适用范围的同时，相应的配套机制应及时跟进，如进一步丰富非刑罚措施，完善社区矫正教育措施等。此外，也可以考虑赋予检察机关选择起诉的权力，但是出于制度安全的考虑，应逐渐扩大适用案件的范围。比如先考虑授予检察机关对一些轻微犯罪案件有选择起诉的权力，然后扩大到一些常态犯罪案件，如扒窃案件、轻伤害案件、交通肇事案件等。但是笔者不建议将选择起诉适用于恶性犯罪案件、重大社会影响案件，因为这类案件往往会造成严重的社会后果，选择起诉容易导致民众质疑司法公信力。

三、从内部到外部，完善公诉裁量权的制约

如前所述，检察机关公诉裁量权的积极作用无须赘言，我国当前司法资源紧张的现状又迫切需要对检察机关进行适度的放权，以利于案件在审前阶段的消化和处理。但是对于究竟要不要对检察机关进行授权，应该授予检察机关多大的公诉裁量权在理论界仍存有较大的争议，争议背后是对检察机关公诉裁量权滥用的担忧。如周长军教授就提出："从国外的研究结论来看，对裁量权的司法化控制必须根据各国的国情适度地进行，不能走极端，否则，会适得其反，产生更多的问题。"[1] 任何权力的存在都有滥用的可能，公诉裁量权自然不能幸免。司法权威的树立是一个长期的过程，普通民众仍有对司法公信力存在怀疑、不信任。而公诉裁量权这样一种具有灵活性、不确定性的权力更难以让普通民众信任和接受。检察机关是法律监督机关，在我国刑事司法实践中扮演着监督者的角色，维护刑事司法活动的合法性。检察机关公诉裁量权是刑事诉讼活动中的一项重要权力，行使不当必然会对刑事诉讼活动甚至整个社会产生重要影响。

一般而言，在社会中影响巨大的案件往往是把"双刃剑"，处理得当，深得民意，必然会大幅提升司法的公信力，反之，如果案件的处理结果与

---

[1] 周长军：《刑事司法裁量权的控制制约机制》，载《河北法学》2005年第10期。

民意相反或者有较大的心理落差，则无疑是对司法威信的一次巨大冲击。我们并非为了顺应"民意"就放弃了公诉裁量权制度。恰恰相反，我们要迎难而上，因为公诉裁量权的适用是司法实践发展的需要，也是世界各国法制经验的总结。周长军教授认为，依据现实性原则，中国检察裁量权制度的建设应当坚持的基本方针是：整体上从严控制，局部可适当扩权。[1]我国的立法机关和司法机关应该将公诉裁量工作做得更充分、更扎实，尽量避免公诉裁量权滥用的发生，使民众对公诉裁量权制度产生信任。所以，完善我国的公诉裁量权制度，首先要完善公诉裁量权的制约制度，不仅应集中体现在司法和立法层面对既有制度的规制，还应当关注制度的灰色地带和空白地带。

（一）坚持程序法定原则，明确公诉裁量权的权力边界

权力法定是法治国家一条重要的基本原则，要防止滥用权力就必须为权力划分边界。检察官的一个关键功能，乃控制法官裁判的入口，负责第一线的把关工作。检察官的把关角色相当重要，不当运用可能会架空法官独立审判的空间，这可以说是与控诉原则相生相随的危险，也是采行法定原则、科予检察官法定性义务的原因所在。[2]通过制定实体性法律，将国家权力、公民的权利与义务明确规定下来，就成为划定权力边界的必由之路。在诉讼制度方面，权力法定原则应转化为程序法定原则，即未经法律规定的程序，国家不得剥夺公民的生命、自由和财产。[3]在宪法领域，凡是宪法没有明确规定国家机关享有的权力，国家机关不得享有此项权力。[4]

程序法定原则要求完善检察机关公诉裁量权的裁量标准，制定统一适用的公诉裁量权的指引标准。目前，在我国检察机关公诉裁量权的实践中存在指引标准，但是不够统一，而且也没有严格适用。比如，河南省邓州市检察院注重对附条件不起诉未成年人的案后监管，出台了《关于附条件不起诉未成年人社会公益服务量化考核办法》。浙江省余姚市检察院针对

---

[1] 周长军：《刑事司法裁量权的控制制约机制》，载《河北法学》2005年第10期。
[2] 林钰雄：《刑事诉讼法》（上册 总论编），中国人民大学出版社2005年版，第104页。
[3] 参见谢佑平、江涌：《论权力及其制约》，载《东方法学》2010年第2期。
[4] 如美国《宪法》第十修正案规定："本宪法所未授予合众国、也未禁止各州行使的权力，皆由各州或人民保存之。"

案件数量多、简单案件占比高的实际,制定了《关于公诉案件"繁简分流"办理实施细则》。考虑到我国各地的经济、文化差异很大,过于刚性的实施标准可能无法适用地方的现实情况,因此,可以在一定范围内授权地方检察机关根据本地实际情况制定出合理的裁量指引。

在制定裁量指引标准时可以将标准分为两个方面:一方面是原则性标准。比如,公诉裁量权的行使必须依法律授权进行,其他任何机关或者个人都不能超越法律对检察机关公诉裁量权的行使进行干涉;再如,公诉裁量权的行使必须考虑公共利益原则,如果不起诉会导致重大社会利益损害,检察机关就必须对案件提起公诉。对于原则性标准,检察机关在行使公诉裁量权时必须遵守。另一方面是灵活性标准。比如,检察机关在决定是否起诉时应当考虑的因素,由于犯罪人的具体情况不同,犯罪行为发生的地域不同,犯罪行为发生的时间、地点等具体情形不同,检察机关考虑的因素就会不同,在少数民族地区就要考虑案件对少数民族群众的风俗习惯、生活传统、宗教信仰是否带来社会影响,从而对犯罪人的行为进行评估。再如,有些案件即使不具有上述考量因素,但是检察机关经审查后认为犯罪人主观恶性及人身危险性相对较小,社会危害性不大,也可以作出不起诉裁量决定。检察机关的灵活处置权不能违反平等原则和比例原则,至少保证在本地区对于同一类案件的认定和处理应该有一个相对统一的标准,手段必须与其所欲达到之目的成比例。

(二)坚持程序公开原则,公开裁量案件信息

"公开是专断的天敌,而且是对抗非正义的天然盟友。"[1] 没有公开,其他所有制约措施都是不足的:相较于公开而言,其他所有制约措施的重要性都有所不足。[2] 民众之所以不信任权力,一个原因就是权力的封闭运行,民众无从知晓权力背后是如何运作的,由此对权力的运行过程以及结果产生怀疑。根据我国法律规定,检察机关的审查起诉工作绝大多数都是书面审查,且不公开进行。诉讼当事人和检察机关彼此缺乏沟通,普通民

---

[1] [美]肯尼斯·卡尔普·戴维斯:《裁量正义——一项初步的研究》,毕洪海译,商务印书馆2009年版,第258页。

[2] 转引自[美]肯尼斯·卡尔普·戴维斯:《裁量正义——一项初步的研究》,毕洪海译,商务印书馆2009年版,第125页。

众更加难以了解案件结果的处理过程。要使普通民众建立对办案机关和人员的信任，就必须推进对裁量案件公开审查制度，防止暗箱操作。"必须公开案件处理的程序，即开示案件处理信息。只有向有关人员提供案件处理的信息，才能保证正当地行使追诉裁量权。"[1]

对于裁量权的行使而言，公开性主要包括两方面：裁量过程的公开（包括公开审理等）与裁量结论的公开（心证的公开）。[2] 如日本《刑事诉讼法》第259—261条规定，在犯罪嫌疑人请求时，检察官应将不起诉处分的结果通知犯罪嫌疑人本人（第259条）。检察官必须将起诉或不起诉的处分结果迅速通知告诉人、检举人或请求人（第260条）。对于不起诉处分的通知，如果告诉人提出请求的，应当将该处分的理由同时告知告诉人（第261条）。当检察官给予犯罪嫌疑人起诉犹豫处分时，必须获得犯罪嫌疑人的同意，否则，应作起诉处分，检察官作出起诉犹豫处分后应通知犯罪嫌疑人。[3] 我国一些地方的检察机关也在司法实践中开展对当事人进行告知的探索，如浙江省宁波市江北区检察院实行一体化当事人告知制度。针对不诉的具体情况设计了《被不起诉人告知书》，重点列举不诉的法律依据、理由及法定权利，警示遵守相关规定。告知书附有廉洁、公正、文明办案三项承诺，列明了当事人的权利、举报电话，主动接受当事人和案外人的监督。[4]

（三）坚持程序救济原则，完善当事人的权利救济机制

刑事诉讼活动本身就是国家权力和公民个人权利的一场较量，由于国家权力的优势明显，立法机关在设计诉讼制度时必须要考虑平衡权力与权利，使得公民个人的权利在国家权力主导的诉讼活动中得到基本的尊重和保障。在刑事诉讼活动中，检察机关裁量活动主要涉及的对象是犯罪嫌疑人和被害人。以不起诉裁量权为例，被不起诉人可以通过向检察院申诉的方式寻求救

---

[1] [日]田口守一：《刑事诉讼法》（第5版），张凌、于秀峰译，中国政法大学出版社2010年版，第129页。
[2] 周长军：《刑事司法裁量权的控制制约机制》，载《河北法学》2005年第10期。
[3] 参见[日]田口守一：《刑事诉讼法》（第5版），张凌、于秀峰译，中国政法大学出版社2010年版，第130—132页。
[4] 参见屠春技：《浙江宁波江北区："一体化当事人告知"防止诉讼欺诈》，载《检察日报》2017年2月22日。

济以对抗检察机关的裁量权。[1] 为了实现对被害人个人权利的救济,《刑事诉讼法》第 180 条规定了"公诉转自诉"制度。[2] 但是在司法实践中,无论是针对被不起诉人还是被害人的救济机制都缺乏可操作性,基本处于被虚置的状态,导致公诉裁量权的"一权独大",公民"权利"无法发挥对"权力"的制衡作用。让被不起诉人向作出不起诉决定的检察机关申诉,等于是让其自行监督、自行纠正,所以实践中即使不起诉决定有错误,作出不起诉决定的检察机关也很难积极纠正。而公诉转自诉制度也因为被害人无法承担如此复杂的公诉案件的证明责任,在现实中少有成功的案例。

鉴于此,为实现刑事诉讼当事人对检察机关公诉裁量权的有效制约,应从制度入手予以完善。首先,制度设计应具有可行性,方便诉讼当事人能切实行使自己的救济权利。其次,制度设计应具有平等性,保证受到权力影响的相关当事人能一视同仁地实现救济。从司法实践的反馈来看,公诉转自诉既不能实现平等性又具有可行性,因此建议立法废除。保留向检察机关申请复查的制度,出于平等性的考虑,可以规定无论被不起诉人还是被害人不服不起诉决定的,都可以向作出不起诉决定的检察机关的上级检察机关申请复查。由于上级检察机关未曾处理该案件,能比较客观公允地对案件展开复查工作;且由于上级检察机关是下级检察机关的领导机关,其作出的复查决定更容易得到下级检察机关执行。最后,为了充分保证当事人的权利救济,防止检察机关怠于履行其职权,可以规定,被害人不服不起诉决定,并且检察机关的复查决定维持了不起诉决定的,被害人可以向法院的审查委员会提出申请,请求对案件进行复查,如果法院的审查委员会认为检察机关的不起诉决定不当,法院的审查委员会可以作出决定,要求检察机关对案件提起公诉。

(四)坚持程序参与原则,发挥人民监督员的监督实效

程序参与原则是正当程序最基本的要求和表现,也是程序动态性的鲜明体现,可以说,参与程度标志着程序正当程度。[3] 人民监督员的引进既

---

[1] 依据我国《刑事诉讼法》第 181 条规定,检察机关作出相对不起诉决定后,被不起诉人可以向作出不起诉决定的人民检察院申诉。人民检察院应当作出复查决定。
[2] 依据我国《刑事诉讼法》第 180 条规定,被害人对人民检察院维持不起诉决定的,可以向人民法院起诉,也可以不经申诉,直接向人民法院起诉。
[3] 王海军:《论起诉裁量权的正当程序控制》,载《中国检察官》2009 年第 12 期。

可以在一定程度上打破公诉裁量权运行的封闭性，实现民众参与司法的愿望，同时也可以实现对公诉裁量权的外部制约。公诉裁量权作为刑事诉讼活动中的一项重要权力，仅依赖检察机关自行监督，难以发挥真正的制约作用。人民监督员制度则可以弥补公诉裁量权外部制约的不足。

我国检察机关的公诉裁量权存在一个二元困境，一方面，检察机关的裁量权限定在极小的范围内，另一方面，法律对公诉裁量权的行使条件又规定得比较模糊，致使公诉裁量权时常存在滥用的风险。我国的相对不起诉率不高更多的原因来自内部的制约，层层的报批，内部的考核。一旦通过了内部的批准，来自外部对不起诉决定的制约力量则非常弱势，很难起到应有的制约作用。根据我国相关刑事诉讼法律规定[1]可以看出，检察机关相对不起诉的决定主要受制于检察长或者检察委员会及上级检察机关，即使公安机关不服不起诉决定可以复议、复核，被害人可以申诉，但复议、复核的对象以及申诉的对象还是检察机关，所以一旦作出了不起诉的决定，要想改变这个决定比较困难。所以，亟待引进外部监督机制对检察公诉裁量权进行监督。检察机关也应主动引进外部监督力量对自身的裁量权进行监督。比如，2015年2月最高人民检察院发布的《最高人民检察院关于全面推进检务公开工作的意见》第3条第6款明确提出："加强检察机关外部监督制度建设。健全联系机制，推进邀请人大代表政协委员视察检察工作常态化、制度化。探索依法向社会公开人大代表建议和政协委员提案办理情况和结果。健全协商、咨询机制，建立动态化的专家库，健全重大决策咨询、重大问题联合调研等制度，组织特约检察员和邀请知名学者、行业专家参与案件评查、研讨社会关注重点案件。探索拓展人民监督员监督范围，重点监督查办职务犯罪的立案、羁押、扣押冻结财物、起诉等环节的执法活动。完善人大代表、政协委员、特约检察员、人民监督员和专家咨询委员参加检察机关公开审查案件、旁听和评议检察官出庭等制度。"其中，人民监督员制度被认为是对检察权进行外部监督的主要制度设计。人民监督

---

[1] 根据最高人民检察院《人民检察院刑事诉讼规则》第370条规定："人民检察院对于犯罪情节轻微，依照刑法规定不需要判处刑罚或者免除刑罚的，经检察长批准，可以作出不起诉决定。"第388条规定："人民检察院发现不起诉决定确有错误，符合起诉条件的，应当撤销不起诉决定，提起公诉。"第389条规定："最高人民检察院对地方各级人民检察院的起诉、不起诉的决定，上级人民检察院对下级人民检察院的起诉、不起诉决定，发现确有错误的，应当予以撤销或者指令下级人民检察院纠正。"

员制度是一项具有中国特色的司法制度,以程序化的设计将人民监督具体化、规范化、实效化,不失为监督监督者的最佳制度安排。但是从实施效果来看,这项制度仍需完善,人民监督员制度起到的作用有限,有些地方还存在监督走过场的现象。为了更好地发挥该制度的作用,2018年《人民检察院组织法》和2019年《人民检察院刑事诉讼规则》已经对人民监督员作出了专门规定,明确了人民监督员有权对人民检察院办理刑事案件的活动进行监督。[1] 下一步,期待人民监督员制度被写进《刑事诉讼法中》。

四、从配合到制约,完善公诉审查制度

检察机关和法院都是我国重要的司法机关,在刑事诉讼活动中发挥着举足轻重的作用。检察机关和法院在刑事诉讼活动中的关系是一个重大的理论课题。对此,我国自1979年的《刑事诉讼法》以来就一直坚持这一重要原则:分工负责、互相配合、互相制约。也就是说,检察机关和法院各自在其职权范围内依法分别独立行使检察权和审判权,在行使职权的过程中既有配合,也有制约。但实际上,要实现"互相制约"真不是一件容易的事。据报道,2013年以来,我国的无罪判决率已经达到0.016%。[2] 而无罪判决率是指法院判决无罪的被告人数与法院开庭审理案件所涉被告人总数的比率。也就是说检察机关起诉到法院,法院开庭审理的案件99%都定罪了。数据显示,英美法系国家或地区的无罪判决率一般在25%,大陆法系国家的无罪判决率大约在5%,与中国大陆刑事起诉与审判制度高度相似的台湾地区无罪率为3.7%。[3] 可见,要实现司法机关的相互制约、良性互动,还需要制度的进一步完善。

刑事诉讼活动是一个涉及生命、自由和财产的极其严肃的活动,它需要谨慎和公正,所以,在刑事诉讼活动中才设置复杂的诉讼程序,才需要

---

[1] 2018年《人民检察院组织法》第27条规定,人民监督员依照规定对人民检察院的办案活动实行监督。2019年《人民检察院刑事诉讼规则》第12条规定,人民检察院办理刑事案件的活动依照规定接受人民监督员监督。

[2] 参见《最高人民检察院关于加强侦查监督、维护司法公正情况的报告——2016年11月5日在第十二届全国人民代表大会常务委员会第二十四次会议上》。

[3] 《冤案难平:中国法院无罪判决率趋于零》,载网易新闻2016年2月17日,http://data.163.com/16/0217/20/BG26GAAP00014MTN.html。

多个机关共同参与诉讼活动。制度设计者寄希望于各个部门层层把守，层层过滤，守住制度的公正和正义，这不仅需要各部门配合，更需要彼此的制约。公诉活动是刑事诉讼中的扼要关口，这个环节必须得到有效的制约。诉讼活动是由一个阶段向下一个阶段有序推进的活动。在公诉案件中，随着公诉的提起，诉讼进程就被推进到审判阶段。但是，提起公诉并不意味着审判必然发生。无论是大陆法系国家还是英美法系国家，提起公诉并不一定导致正式的审判程序。[1] 比如，德国检察官在作出微罪不检举决定时，必须得到法官的同意。在法国，上诉审法院有权对检察官的"不进行追诉"之自由进行制约。美国一般只对重罪进行预审，只有预审官认为控诉理由成立，检察官才可以提起控诉。在英国，对于重罪案件，检察官提起公诉后，由治安法官承担预审任务，对提起公诉的案件进行审查，决定是否将案件移送刑事法院正式审判。治安法官在预审之后只能作出撤销案件或移送刑事法院审判的决定。当然也有国家实行有诉必审，如日本。自1947年废除预审制度以来，对于检察机关提起公诉的案件，日本法院没有审查权，必须进行审判。

在世界各法治发达国家中，日本的做法是比较特殊的，完全废除了预审制度。但是日本国内也有学者主张由法院对检察机关的起诉活动进行审查，比如，田宫裕教授在《追诉裁量权的控制》（载《立教法学》11号，1969年）中提出，起诉裁量必须有一定的界限，由法院对当事人一方检察官的起诉活动进行司法审查不仅是可能的，也是必要的。他还认为，对起诉裁量权的审查毕竟只是保证其正确行使而采取的控制措施，而不是由法院代行起诉权，因而审查的范围只能限于重大而且明显地滥用裁量权的情形。审查的程度须停留于应否起诉的限度内，不得涉及本案实体审理；审查的时间应当是开庭之后、证据调查之前。但是，这种审查并非每案必经的常规程序，而应依被告人的要求进行，被告人对此负主张责任，并须就此提出合理的证据。[2]

相比之下，大多数国家都选择了设置庭前审查程序，对于提起公诉的案件进行审查，以确定控诉的证据是否充分，起诉是否合理，是否符合提

---

[1] 宋英辉、吴宏耀：《刑事审判前程序研究》，中国政法大学出版社2002年版，第312页。
[2] 参见孙长永：《抑制公诉权的东方经验——日本"公诉权滥用论"及其对判例的影响》，载《现代法学》1998年第6期。

起公诉的条件。审判机关对公诉机关的审查对于预防公诉机关滥用公诉权具有积极的作用。然而，近些年由于各国案件数量与诉讼资源的矛盾不断上升，追求效率与公正的统一成为诉讼活动的重要价值目标，由审判机关对公诉机关提起的案件进行审查的程序正逐渐弱化。由于案件分流程序的运用，实际上需要被预审的案件数量在大幅减少。比如，英国的刑事审判分为简易审判和正式审判，只有以正式起诉程序审理的重罪案件才需要经过预审，然而，英国97%的刑事案件都由简易程序审理，导致实际进入预审程序的案件只占到3%。司法审查程序的弱化并不代表预审的取消，大多数国家实际上并没有放弃对重罪案件的司法审查。预审案件数量的下降只是表明各国在现实面前的一次被迫让步，毕竟司法资源紧张掣肘案件处理的数量和速度。

我国刑事诉讼法自1979年以来就设置了庭前审查程序，对检察机关提起公诉的案件进行审查。从1979年《刑事诉讼法》的规定[1]可以看出，检察机关提起公诉并不能直接导致审判启动，而是开启了庭前审查程序。只有经法院审查后认为犯罪事实清楚、证据充分的案件才决定开庭审判。1996年、2012年、2018年《刑事诉讼法》经过三次修正后，庭前审查程序得以保留，但是审查的性质由实体性审查变为程序性审查，法院只对检察机关提起公诉的案件进行形式要件审查，符合法定起诉条件的公诉必然进入审判，这直接导致我国庭前审查程序的虚无，虽然有庭前审查制度的存在，但实际上法院根本无法对检察机关提起的公诉进行审查和制约。所以，如果检察机关自身不能对提起公诉活动进行有效的制约，其他机关很难对检察机关形成制约，这就可能造成检察机关的滥诉，法院审判压力的增大，冤假错案的增多。

我国以审判为中心的诉讼制度改革，致力于推动庭审实质化，使庭审成为决定案件结果的最终"战场"。庭审的实质化要求落实直接言词审理、证人出庭等配套制度，这一切都需要耗费大量的司法资源。另外，像其他国家一样，我国也面临着案件数量增加、诉讼资源紧张的局面，如何利用有限的司法资源有效地化解案件积压同样是我国司法机关面临的难题。正

---

[1] 1979年《刑事诉讼法》第108条规定，人民法院对提起公诉的案件进行审查后，对于犯罪事实清楚、证据充分的，应当决定开庭审判；对于主要事实不清、证据不足的，可以退回人民检察院补充侦查；对于不需要判刑的，可以要求人民检察院撤回起诉。

因如此，我国才致力于推动速裁程序、认罪认罚从宽制度改革。在这种情况下，我国的庭前审查程序面临一个机遇，即激活庭前审查程序，让其真正发挥制约公诉的功能，防止公诉裁量权的滥用。笔者以为，可以借鉴外国的有益经验，建立符合我国国情的预审程序，对公诉裁量权加以制约。承前启后的起诉裁量权是否受制于有效的司法审查，直接影响着辩方权益的保障水平和司法目标的实现程度。对于检察机关提交法院的案件，检察官在开庭审理前须向指定的预审法官提交一系列证据材料，法院可以通过预审机制对检察官所提交的证据进行评价，以决定检察机关的指控和证据是否足以启动审判程序。在审判开始之前或之后，检察机关如果要修改或撤销已经法院审查确认的指控，则必须经过法院预审法官的同意。如果检察机关要求追加或加重指控，出于对被告人利益保护的考虑，法院则应当重新审查检察机关的指控，以确认这些指控。

目前，我国严重危害社会治安犯罪案件数量呈下降趋势，但轻微刑事案件的数量仍在高位徘徊。通过认罪认罚从宽制度的适用，大量的案件可在审前程序中解决，只有少数案件才需要进入审判程序。检察机关通过公诉裁量权的行使在审查起诉阶段将大部分案件分流，对于这一部分案件法院没有审查权。对于检察机关提交法院的案件，法院应具有庭前审查权，并且是实质庭前审查权。这一部分案件一般是被告人不认罪的案件、案情比较复杂的案件，对于这类案件，法院更应该从证据到法律进行审查，防止不符合审判条件的案件进入到审判程序，保证案件的审判质量。在《国际刑事法院罗马规约》中就确立了预审分庭制度，第53条第3款规定：预审分庭可复核检察官的不起诉决定，亦可要求其复议该决定。

有人担心法院对起诉的审查会加重法院的工作负担，导致工作效率降低。笔者以为，法院审查的主要是由检察机关提起公诉的案件，应以不认罪案件以及不适宜裁量处理的案件为主。2024年3月8日，十四届全国人大二次会议举行的第二次全体会议上，最高人民检察院检察长应勇做最高人民检察院工作报告。报告指出，2023年，检察机关依法适用认罪认罚从宽制度，超过90%的犯罪嫌疑人在检察环节认罪认罚，一审服判率96.8%。[1]

---

[1]《最高检：2023年超九成犯罪嫌疑人在检察环节认罪认罚，一审服判率96.8%》，载最高人民检察院网2024年3月8日，https://www.spp.gov.cn/spp/2024zgjgzbg/202403/t20240308_647931.shtml。

随着认罪认罚从宽制度改革的深入，需要法院进行实质审查的案件并不多。另外，法院主要审查的是案件是否符合审判条件，目的在于防止不当起诉，而不是对案件进行实体审理。审查起诉的工作量远小于法院的审判工作量。不仅如此，通过法院审前对案件的审查，还可以将一部分不符合审判条件的案件排除在外，其结果还会减少法院的审判工作量，进一步提高法院的工作效率和审判质量。因而，预审法官制度有益于刑事诉讼中司法公正与人权保障目标的实现，符合国际刑法的诉讼传统和法治理念。

五、从高效到平衡，注重辩护律师职能作用发挥

刑事诉讼的进化历史，也可以说是辩护权发展的历史。[1] 在现代法治国家，为了保证追诉活动的高效展开，公诉机关往往被赋予积极主动的控制性权力，但这不可避免会带来权力恣意行使的风险。缺少约束和过于宽泛的公诉裁量权难免会对被追诉人造成不可抑制的伤害。为了平衡公诉裁量权与被追诉人合法权利之间的关系，辩护律师在刑事诉讼中的参与必不可少。"认真负责，积极热心的辩护律师是自由的最后堡垒——是抵抗气势汹汹的政府欺负它的子民的最后一道防线。辩护律师的任务正是对政府的行为进行监督和挑战，要这些权势在握的尊者对无权无势的小民百姓作出出格行为前三思而后行，想象可能引起的法律后果；去呼吁，去保护那些孤立无援无权无势的民众的正当权利。"[2] 辩护律师是刑事诉讼中制衡和监督公权力的重要力量，辩护律师职能作用的有效发挥，对于保障被追诉人的合法权益，防止公诉机关滥用公诉裁量权，维护诉讼公正有着极为重要的意义。

在法治社会中，程序的首要含义是对权力进行规范。而在国家权力与犯罪嫌疑人权利的直接对垒中，权力多一份规范便意味着权利多一份保障，强调犯罪嫌疑人辩护权的保障，最直观地体现出刑事诉讼程序的价值。[3] 为了保障犯罪嫌疑人的辩护权，各国都规定了一定的保障措施，不仅被追诉人在刑事诉讼的所有阶段可以进行自行辩护，也可以委托律师进行辩护。对于因贫穷或其他原因没有委托辩护人的，许多国家也规定了法

---

[1] 宋英辉、吴宏耀：《刑事审判前程序研究》，中国政法大学出版社2002年版，第384页。
[2] [美]艾伦·德肖微茨：《最好的辩护》，唐交东译，法律出版社1994年版，第482页。
[3] 宋英辉、吴宏耀：《刑事审判前程序研究》，中国政法大学出版社2002年版，第385页。

律援助制度，为犯罪嫌疑人提供免费的律师帮助。如日本《刑事诉讼法》第36条规定，被告人由于贫困或其他事由不能选任辩护人时，法院依据被告人请求，应为其选任辩护人。法院选任的辩护人，费用由国家支付。我国《刑事诉讼法》也对法律援助作出了相关规定。[1]

一般来说，辩护律师的诉讼权利主要包括：在场权、会见权、通信权、获取案件信息的权利、阅卷权、调查取证权、依法提供辩护的权利等。由于此处主要探讨辩护律师对公诉裁量权的制约作用，论述主要集中于审前阶段。笔者以为，审前阶段能对公诉裁量权产生影响的主要权利重点在于会见权、阅卷权以及调查取证权。[2] 通过保障辩护律师依法行使会见权、阅卷权、调查取证权等权利，辩护律师可以充分了解案件有关情况，犯罪嫌疑人也可以通过向辩护律师咨询，获取相应的法律帮助。在司法实践尤其是审前程序中，有不少检察机关或其工作人员对辩护律师有抵触情绪，认为辩护律师的辩护工作会妨碍正常的检察工作。其实不然，辩护律师的辩护工作在某种程度上也是在辅助检察机关。虽然检察公诉工作与辩护律师的辩护工作分别居于刑事诉讼中的"控""辩"两端，但不可否认，二者的立足点是相同的，即事实和法律。辩护律师虽然是为犯罪嫌疑人提供辩护，但是其辩护依据仍然是事实和法律。辩护律师通过开展会见、阅卷、调查取证等一系列工作，对案件事实进行反复推敲，对法律适用进行仔细研究，不仅可以帮助犯罪嫌疑人选择最佳的辩护途径，同时其向检察机关提出的辩护意见也可以为检察机关的审查起诉工作提供参考，有利于检察机关全面掌握案件事实。如果案件符合法律规定的裁量条件，从有利于犯罪嫌疑人的角度出发，辩护律师可以建议犯罪嫌疑人接受裁量决定，而犯罪嫌疑人出于对辩护律师的信任也更容易接受辩护律师的意见。如果案件不符合提起公诉条件，辩护律师也可以通过其辩护意见为

---

[1] 我国《刑事诉讼法》第35条规定，犯罪嫌疑人、被告人因经济困难或者其他原因没有委托辩护人的，本人及其近亲属可以向法律援助机构提出申请。对于符合法律援助条件的，法律援助机构应当指派律师为其提供辩护。

[2] 根据我国《刑事诉讼法》及其相关司法解释的规定，除了危害国家安全犯罪、恐怖活动犯罪、特别重大贿赂犯罪案件，在侦查期间辩护律师会见在押的和被监视居住的犯罪嫌疑人，应当经侦查机关许可。其他案件保证辩护律师在48小时以内见到在押的犯罪嫌疑人。辩护律师自人民检察院对案件审查起诉之日起，可以查阅、摘抄、复制本案的案卷材料。辩护律师经证人或者其他有关单位和个人同意，可以向他们收集与本案有关的材料，也可以申请人民检察院调取证据。

检察机关提供参考，防止其不当起诉。辩护律师的参与，可以在一定程度上防止犯罪嫌疑人由于不懂法而为自己作出不当的实体选择和程序选择，而检察机关的审查起诉工作也会更慎重，在需要作出裁量决定时，能够更加充分地听取犯罪嫌疑人及其辩护律师的意见，斟酌案件的具体情况作出合理合法的起诉决定。

毋庸置疑，刑事辩护律师是刑事诉讼中的一支重要力量，在刑事诉讼中发挥着重要的作用。在刑事诉讼中，刑事辩护律师依据事实和法律为犯罪嫌疑人、被告人进行辩护，切实维护犯罪嫌疑人、被告人的合法权益。不仅如此，在刑事诉讼中，辩护律师的认真履职，对公检法等专门机关公权力的行使也起到一定的约束作用，促使公检法专门机关的工作人员合法、谨慎地行使自己手中的公权力。可以说辩护律师对于维护程序的正当性和权威性有着十分积极的作用。然而，就司法实践来看，我国辩护律师在刑事诉讼中发挥的作用还远远不够。一方面，律师人数和律师业快速发展。截至2016年，我国律师人数已经突破30万人。十年（至2016年）中，全国律师人数保持年均9.5%的增速，每年增加2万人左右；律师事务所达到2.5万多家，保持年均7.5%的增速。[1] 司法部《2022年度律师、基层法律服务工作统计分析》显示，截至2022年年底，我国执业律师人数已达65.16万余人。我国律师行业发展进入前所未有的历史机遇期，《关于深化律师制度改革的意见》《律师执业管理办法》《律师事务所管理办法》《从律师和法学专家中公开选拔立法工作者、法官、检察官办法》《关于推行法律顾问制度和公职律师公司律师制度的意见》《司法部关于进一步加强律师协会建设的意见》等一系列政策措施先后出台，丰富和发展了中国特色社会主义律师制度，对完善律师制度、保障律师执业权利起到了积极作用。另一方面，据统计，我国的刑事案件辩护率持续保持在较低的水平，许多刑事案件没有律师参与，甚至死刑案件缺少专业刑事辩护律师的介入。近年来，我国一直积极推动刑事案件律师辩护全覆盖工作，在办理认罪认罚案件中，提高辩护律师的参与度，为准确适用认罪认罚从宽制度创造条件。2017年10月，最高人民法院、司法部部署在北京等8个省（直辖市）开展刑事案件审

---

[1]《2016年度中国律师行业最受关注新闻事件和新闻人物发布》，中国律师网2017年1月20日，http://www.acla.org.cn/html/xinwen/20170120/27379.html。

判阶段律师辩护全覆盖试点工作。2018年4月，最高人民法院、司法部又印发了将试点工作扩大至全国的通知，实现了审判阶段刑事辩护和法律帮助全覆盖。最高人民法院、最高人民检察院、公安部、司法部联合出台了《关于进一步深化刑事案件律师辩护全覆盖试点工作的意见》，开展审查起诉阶段律师辩护全覆盖试点工作。[1]

我国推进的以审判为中心的诉讼制度改革，围绕着这一改革中心，刑事诉讼多项试点改革措施陆续落地，如速裁程序、认罪认罚从宽制度改革等，这一系列改革措施的贯彻落实既离不开公检法等专门机关，也离不开刑事诉讼中的一方主力军——辩护律师的紧密配合。为此，最高人民法院等相关部门先后下发了多个文件，依法保障辩护律师的职能发挥，尤其是充分发挥辩护律师在推进以审判为中心诉讼制度改革和认罪认罚从宽制度中的重要作用。[2] 在以审判为中心的诉讼制度改革下，检察机关公诉工作的展开需要大量的辩护律师参与进来，如认罪协商制度改革，需要辩护律师在场保证犯罪嫌疑人认罪的自愿性，防止被迫认罪。现实的需要要求各级公权力部门必须正确看待辩护律师的工作，真正落实各项改革措施，使更多的律师愿意投身到辩护律师的队伍中来，这既是平衡公诉裁量权的有效因素，又是推动以审判为中心诉讼制度改革的重要力量。

---

[1] 《"两高两部"联合出台〈关于进一步深化刑事案件律师辩护全覆盖试点工作的意见〉部署开展审查起诉阶段律师辩护全覆盖试点工作》，载最高人民检察院网2022年10月27日，https://www.spp.gov.cn/spp/xwfbh/wsfbt/202210/t20221027_590863.shtml#1。

[2] 2016年8月，《关于〈关于授权在部分地区开展刑事案件认罪认罚从宽制度试点工作的决定（草案）〉的说明》中，明确提出"完善法律援助制度。为确保犯罪嫌疑人、刑事被告人在获得及时、充分、有效法律帮助的前提下自愿认罪认罚，防止无辜者受到错误追究，法律援助机构在人民法院、看守所派驻法律援助值班律师，为没有委托辩护人的犯罪嫌疑人、刑事被告人提供法律咨询、程序选择、申请变更强制措施等法律帮助。"2016年10月，最高人民法院、最高人民检察院、公安部、国家安全部、司法部联合发布的《关于推进以审判为中心的刑事诉讼制度改革的意见》第17条和第20条也重申了对犯罪嫌疑人、被告人辩护权的保障。第17条规定，依法保障辩护人会见、阅卷、收集证据和发问、质证、辩论辩护等权利，完善便利辩护人参与诉讼的工作机制。第20条规定，建立法律援助值班律师制度，法律援助机构在看守所、人民法院派驻值班律师，为犯罪嫌疑人、被告人提供法律帮助。

结　语

在制度与相关社会条件比较平衡的发展的情况下，制度"先走一步"（而不是多步），才能对社会条件产生一种正向的拉动作用。否则，如果制度走得太远，根本不具备或者基本不具备制度实施的土壤，不仅新制度是无效率的，而且破坏了原有制度形成的一种"稳态"即有序状态。[1] 当下我国刑事司法中存在诸多问题，但是问题的出现不是我国法律制度的缺失，而是有许多法律制度不能得到真正的贯彻落实，根本原因之一就在于构建的法律制度不能契合中国的现实国情。当下在我国积极推进的"以审判为中心"诉讼制度改革就符合中国的国情条件，必须充分考虑我国传统的司法模式，既不能拘泥于僵化的司法体制，又不能完全推倒重来，过分激进。法治推进和司法改革只能采取一种渐进的、以逐步改良的方式，反映在改革思想上，即为"相对合理主义"。[2]

检察机关公诉裁量权虽然本身不是一个新话题，但是在以审判为中心下探讨公诉裁量权，则赋予其新的时代意义。任何法律制度都不会完美无缺，公诉裁量权制度更是如此。综观世界法治发达国家的司法实践，立法者在赋予检察机关广泛裁量权的同时，无不同时建构完备的制约机制。我国在完善公诉裁量权制度时，既保证必要和合理的公诉裁量权得以充分、有效、合法地行使，又要限定、建构和制约不必要、不适当的公诉裁量权。如果我们在诉讼的每一个具体环节都能做到在设计上相对合理，在操作上比较理性，那么这种"积薪"式的努力最终将推动制度及其功能的重大改变，从而有望实现"质的飞跃"。[3]

---

[1] 龙宗智：《相对合理主义》，中国政法大学出版社1999年版，第15—16页。
[2] 龙宗智：《相对合理主义》，中国政法大学出版社1999年版，第17页。
[3] 龙宗智：《论司法改革中的相对合理主义》，载《中国社会科学》1999年第2期。

参考文献

一、著作类

1. 陈光中等：《中国司法制度的基础理论问题研究》，经济科学出版社2010年版。

2. 陈光中：《论检察》，中国检察出版社2013年版。

3. 陈光中主编：《〈中华人民共和国刑事诉讼法〉修改条文释义与点评》，人民法院出版社2012年版。

4. 陈光中主编：《21世纪域外刑事诉讼立法最新发展》，中国政法大学出版社2004年版。

5. 王桂五主编：《中华人民共和国检察制度研究》，中国检察出版社2008年版。

6. 姜伟主编：《中国检察制度》，北京大学出版社2009年版。

7. 朱孝清、张智辉主编：《检察学》，中国检察出版社2011年版。

8. 孙谦著：《检察：理念、制度与改革》，法律出版社2004年版。

9. 樊崇义、吴宏耀、种松志主编：《域外检察制度研究》，中国人民公安大学出版社2008年版。

10. 樊崇义、冯中华等主编：《刑事起诉与不起诉制度研究》，中国人民公安大学出版社2007年版。

11. 樊崇义、史立梅：《正当法律程序研究》，中国人民公安大学出版社2005年版。

12. 樊崇义主编：《走向正义——刑事司法改革与刑事诉讼法的修改》，

中国政法大学出版社 2011 年版。

13. 樊崇义：《刑事诉讼法哲理思维》，中国人民公安大学出版社 2010 年版。

14. 樊崇义：《刑事诉讼中检察官思维的转型》，载《国家检察官学院学报》2005 年第 1 期。

15. 卞建林主编：《共和国六十年法学论争实录 诉讼法卷》，厦门大学出版社 2009 年版。

16. 卞建林主编：《中国诉讼法治发展报告》（2015），中国政法大学出版社 2016 年版。

17. 卞建林：《论检察》，中国检察出版社 2013 年版。

18. 卞建林：《中国刑事司法改革探索——以联合国刑事司法准则为参照》，中国人民公安大学出版社 2007 年版。

19. 卞建林：《刑事起诉制度的理论与实践》，中国检察出版社 1993 年版。

20. 卞建林等：《中国司法制度基础理论研究》，中国人民公安大学出版社 2013 年版。

21. 卞建林主编：《现代司法理念研究》，中国人民公安大学出版社 2012 年版。

22. 卞建林：《刑事诉讼的现代化》，中国法制出版社 2003 年版。

23. 卓泽渊：《论法的价值》（第 2 版），法律出版社 2006 年版。

24. 龙宗智：《相对合理主义》，中国政法大学出版社 1999 年版。

25. 苏力：《法治及其本土资源》，北京大学出版社 2015 年版。

26. 季卫东：《法治秩序的构建》（增补版），商务印书馆 2014 年版。

27. 陈兴良：《刑法的人性基础》，中国方正出版社 1996 年版。

28. 陈兴良：《刑法的价值构造》，中国人民大学出版社 1998 年版。

29. 张文显：《司法的实践理性》，法律出版社 2016 年版。

30. 邓思清：《检察权研究》，北京大学出版社 2007 年版。

31. 林钰雄：《检察官论》，法律出版社 2008 年版。

32. 林钰雄：《刑事诉讼法》（上册 总论编），中国人民大学出版社 2005 年版。

33. 张丽卿：《刑事诉讼制度与刑事证据》，中国检察出版社 2016

年版。

34. 陈瑞华：《看得见的正义》（第2版），北京大学出版社2013年版。

35. 高鸿钧：《现代法治的出路》，清华大学出版社2003年版。

36. 石少侠：《检察官要论》，中国检察出版社2006年版。

37. 郝银钟：《刑事公诉权原理》，人民法院出版社2004年版。

38. 张智辉、杨诚主编：《检察官作用与准则比较研究》，中国检察出版社2002年版。

39. 宋英辉：《刑事诉讼原理》，法律出版社2003年版。

40. 宋英辉、吴宏耀：《刑事审判前程序研究》，中国政法大学出版社2002年版。

41. 宋英辉、孙长永、刘新奎等：《外国刑事诉讼法》，法律出版社2006年版。

42. 宋英辉、孙长永、朴宗根等：《外国刑事诉讼法》，北京大学出版社2011年版。

43. 王新环：《公诉权原论》，中国人民公安大学出版社2006年版。

44. 周长军：《刑事裁量权论——在划一性和个别化之间》，中国人民公安大学出版社2006年版。

45. 周长军等：《刑事裁量权规制的实证研究》，中国法制出版社2011年版。

46. 陈朴生：《刑事诉讼法实务》（增订版），台湾海天印刷有限公司1981年版。

47. 熊秉元：《正义的效益：一场法学与经济学的思辨之旅》，东方出版社2016年版。

48. 顾培东：《法学与经济学的探索》，中国人民公安大学出版社1994年版。

49. 周欣主编：《外国刑事诉讼特色制度与变革》，中国人民公安大学出版社2014年版。

50. 蔡巍：《检察官自由裁量权比较研究》，中国检察出版社2009年版。

51. 甄贞等：《检察制度比较研究》，法律出版社2010年版。

52. 王守安：《检察裁量制度理论与实践》，中国人民公安大学出版社

2011年版。

53. 洪浩：《检察权论》，武汉大学出版社2001年版。

54. 张穹：《公诉问题研究》，中国人民公安大学出版社2000年版。

55. 苏晓红等：《法律运行中的自由裁量》，法律出版社2010年版。

56. 苏琳伟：《公诉裁量权研究——从现象到制度的考察》，中国法制出版社2016年版。

57. 王敏远等：《重构诉讼体制——以审判为中心的诉讼制度改革》，中国政法大学出版社2016年版。

58. 谢小剑：《公诉权制约制度研究》，法律出版社2009年版。

59. 王禄生：《刑事诉讼的案件过滤机制——基于中美两国实证材料的考察》，北京大学出版社2014年版。

60. 陈陟云、肖启明：《回归本质——司法改革的逻辑之维与实践向度》，法律出版社2015年版。

61. 张建伟：《司法竞技主义——英美诉讼传统与中国庭审方式》，北京大学出版社2005年版。

62. 彭东、张寒玉：《检察机关不起诉工作实务》，中国检察出版社2005年版。

63. 陈云龙主编：《检察视野下的诉讼制度研究》，中国检察出版社2008年版。

64. 韩红兴：《刑事公诉庭前程序研究》，法律出版社2010年版。

65. 张培田、张华：《近现代中国审判检察制度的演变》，中国政法大学出版社2004年版。

66. 陈云龙主编：《检察视野下的诉讼制度研究》，中国检察出版社2008年版。

67. 季刚、刘晶：《公诉改革的理论与实践》，中国检察出版社。

68. 张智辉主编：《辩诉交易制度比较研究》，中国方正出版社2009年版。

69. 韩成军：《中国检察权配置问题研究》，中国检察出版社2012年版。

70. 严励等：《中国刑事政策原理》，法律出版社2011年版。

71. 马献钊：《宽严相济刑事政策实证研究》，法律出版社2015年版。

72. 郭云忠：《刑事诉讼谦抑论》，北京大学出版社 2008 年版。

73. 汪明亮：《"严打"的理性评价》，北京大学出版社 2004 年版。

74. 李心鉴：《刑事诉讼构造论》，中国政法大学出版社 1992 年版。

75. 陈光中主编：《刑事诉讼法》（第 5 版），北京大学出版社、高等教育出版社 2012 年版。

76. 卞建林主编：《刑事诉讼法学》（第 2 版），中国政法大学出版社 2012 年版。

77. 胡康生、李福成主编：《中华人民共和国刑法释义》，法律出版社 1997 年版。

78. 张智辉主编：《附条件不起诉制度研究》，中国检察出版社 2011 年版。

79. 万毅：《台湾地区检察制度》，中国检察出版社 2011 年版。

80. 王兆鹏：《新刑诉·新思维》，中国检察出版社 2016 年版。

81. 周士敏：《澳门刑事诉讼制度论》，国家行政学院出版社 2001 年版。

82. 何家弘编著：《毒树之果》，中国人民公安大学出版社 1996 年版。

83. 方立新：《西方五国司法通论》，人民法院出版社 2000 年版。

84. 《习近平总书记系列重要讲话读本》（2016 年版），学习出版社、人民出版社 2016 年版。

85. 《〈中共中央关于全面推进依法治国若干重大问题的决定〉辅导读本》，人民出版社 2014 年版。

86. 最高人民法院《关于建立健全防范刑事冤假错案工作机制的意见》。

二、译作类

1. ［美］肯尼斯·卡尔普·戴维斯：《裁量正义——一项初步的研究》，毕洪海译，商务印书馆 2009 年版。

2. ［美］米尔伊安·R. 达玛什卡：《司法和国家权力的多种面孔》（修订版），郑戈译，中国政法大学出版社 2015 年版。

3. ［意］切萨雷·贝卡里亚：《论犯罪与刑罚》，黄风译，北京大学出版社 2008 年版。

4. ［美］E. 博登海默：《法理学——法律哲学与法律方法》，邓正来译，中国政法大学出版社 1999 年版。

5. ［日］田口守一：《刑事诉讼法》，张凌、于秀峰译，中国政法大学出版社 2010 年版。

6. ［美］约翰·罗尔斯：《正义论》，何怀宏、何包钢、廖申白译，中国社会科学出版社 1988 年版。

7. ［美］波西格诺等：《法律之门》，邓子滨译，华夏出版社 2007 年版。

8. ［美］拉里·劳丹：《错案的哲学 刑事诉讼认识论》，李昌盛译，北京大学出版社 2015 年版。

9. ［英］汤姆·宾汉姆：《法治》，毛国权译，中国政法大学出版社 2012 年版。

10. ［法］米歇尔·福柯：《规训与惩罚》，刘北成、杨远婴译，生活·读书·新知三联书店 2012 年版。

11. ［美］艾德勒：《六大观念》，郗庆华译，生活·读书·新知三联书店 1991 年版。

12. ［美］房龙：《宽容》，胡允恒译，生活·读书·新知三联书店 2009 年版。

13. ［英］杰奎琳·霍奇森：《法国刑事司法——侦查与起诉的比较研究》，张晓玲、汪海燕译，中国政法大学出版社 2012 年版。

14. ［日］冈田朝太郎口述，熊元襄编：《刑事诉讼法》，上海人民出版社 2013 年版。

15. ［美］艾伦·德肖微茨：《最好的辩护》，唐交东译，法律出版社 1994 年版。

16. 《美国联邦刑事诉讼规则和证据规则》，卞建林译，中国政法大学出版社 1996 年版。

17. ［英］戴维·M. 沃克：《牛津法律大辞典》，李双元译，法律出版社 2003 年版。

18. ［英］麦高伟、杰弗里·威尔逊：《英国刑事司法程序》，刘立霞等译，法律出版社 2003 年版。

19. ［美］伟恩·R. 拉费弗等：《刑事诉讼法》（下），卞建林、沙丽金等译,中国政法大学出版社2005年版。

20. [日]棚赖孝雄:《纠纷的解决与审判制度》,王亚新译,中国政法大学出版社2004年版。

21. [美]艾瑞克·卢拉、[英]玛丽安·L.韦德主编:《跨国视角下的检察官》,杨先德译,法律出版社2016年版。

22. [日]田村悦一著:《自由裁量及其界限》,李哲范译,中国政法大学出版社2016年版。

23. [日]田口守一:《刑事诉讼法》,刘迪等译,法律出版社2000年版。

24. [法]卡斯东·斯特法尼等:《法国刑事诉讼法精义》(下),罗结珍译,中国政法大学出版社1999年版。

25. [美]爱伦·豪切斯泰勒·斯黛丽、南希·弗兰克:《美国刑事法院诉讼程序》,陈卫东、徐美君译,中国人民大学出版社2002年版。

三、外文类

1. Black' Law Dictionary (Fifth Edition), By west publishing company.

2. Kenneth Culp Davis, Discretionary Justice: Apreliminary Inquiry, Baton Rouge: Louisiana state University press, 1969, p. 170.

四、期刊类

1. 陈光中:《论我国酌定不起诉制度》,载《中国刑事法杂志》2001年第1期。

2. 陈光中:《刑事和解的理论基础与司法适用》,载《人民检察》2006年第5期。

3. 陈光中等:《刑事和解实证研究观点撷录》,载《国家检察官学院学报》2009年第2期。

4. 樊崇义:《刑事诉讼中检察官思维的转型》,载《国家检察官学院学报》2005年第1期。

5. 樊崇义:《人文精神与刑事诉讼法的修改》,载《政法论坛》2004

年第 3 期。

6. 卞建林：《刑事诉讼中"诉"之辨析》，载《人民检察》2007 年第 8 期。

7. 宋英辉：《我国刑事和解实证分析》，载《中国法学》2008 年第 5 期。

8. 樊崇义、张中：《论以审判为中心的诉讼制度改革》，载《中州学刊》2015 年第 1 期。

9. 卞建林：《改革开放年中国刑事诉讼制度发展之回顾与展望》，载《法学杂志》2009 年第 1 期。

10. 卞建林、李晶：《宽严相济刑事政策下的公诉制度改革若干问题》，载《人民检察》2009 年第 11 期。

11. 陈光中、张建伟：《附条件不起诉：检察裁量权的新发展》载《人民检察》2006 年第 4 期。

12. 龙宗智：《检察官自由裁量权论纲》，载《人民检察》2005 年第 8 期。

13. 朱孝清：《检察官负有客观义务的缘由》，载《国家检察官学院学报》2015 年第 3 期。

14. 毛建平、段明学：《暂缓起诉若干问题研究》载《人民检察》2004 年第 6 期。

15. 梁根林：《非刑罚化——当代刑法改革的主题》，载《现代法学》2000 年第 6 期。

16. 赵秉志：《论中国刑事司法中的人权保障》，载《北京师范大学学报（社会科学版）》2006 年第 3 期。

17. 陈兴良：《宽严相济刑事政策研究》，载《法学杂志》2006 年第 1 期。

18. 胡志坚：《论公诉裁量权的理性规制》，载《人民检察》2004 年第 10 期。

19. 周作学、黄清等：《检察机关自由裁量权问题研究》，载《法学杂志》2003 年第 7 期。

20. 宋英辉、吴宏耀：《不起诉裁量权研究》，载《政法论坛》2000 年第 5 期。

21. 陈岚：《论检察官的自由裁量权》，载《中国法学》2000 年第 1 期。

22. 石晓波：《公诉裁量权——国外经验借鉴与中国制度重构》载《国外社会科学》2013 年第 4 期。

23. 邓思清：《完善我国检察官自由裁量权制约机制之构想》，载《法商研究》2003 年第 5 期。

24. 陈光中、张建伟：《附条件不起诉：检察裁量权的新发展》，载《人民检察》2006 年第 4 期。

25. 季卫东：《法治与选择》，载《中外法学》1993 年第 4 期。

26. 卞建林、谢澍：《以审判为中心视野下的诉讼关系》，载《国家检察官学院学报》2016 年第 1 期。

27. 李华、胡飞：《审判中心视野下消极公诉的扩大适用》，载《以审判为中心与审判工作发展——第十一届国家高级检察官论坛论文集》2015 年。

28. 卞建林：《以刑诉法修改为契机扩大公诉裁量权》，载《人民检察》2008 年第 24 期。

29. 陈岚：《论检察官的自由裁量权》，载《中国法学》2001 年第 1 期。

30. 周长军、周传亮：《重视消极公诉权的研究和运用》，载《检察日报》2002 年 11 月 11 日。

31. 单民、董坤：《以审判为中心背景下的诉审关系探讨》，载《人民检察》2015 年第 12 期。

32. 周长军：《刑事司法裁量权的控制制约机制》，载《河北法学》2005 年第 10 期。

33. 周长军：《刑事裁量的价值论纲》，载《政法论丛》2005 年第 4 期。

34. 蒋娜：《检察官起诉裁量权的外部控制及其反思——以国际刑事诉讼法为视角》，载《现代法学》2013 年第 1 期。

35. 谢佑平、江涌：《论权力及其制约》，载《东方法学》2010 年第 2 期。

36. 张顺、马骥：《韩非子权力制约观的当代启示》，载《社会科学家》2013 年第 11 期。

37. 龙宗智：《论司法改革中的相对合理主义》，载《中国社会科学》1999 年第 2 期。

38. 龙宗智：《刑事公诉权与条件说》，载《人民检察》1999 年第 3 期。

39. 孙长永：《抑制公诉权的东方经验——日本"公诉权滥用论"及其对判例的影响》，载《现代法学》1998年第6期。

40. 王圣扬、李生斌：《中外公诉裁量制度初探》，载《安徽大学学报（哲学社会科学版）》2001年第2期。

41. 李红震、张平玮：《域外起诉制度对我国的借鉴》，载《法制与经济》（上半月）2015年第11期。

42. 李卫红：《以审判为中心与刑事案件繁简分流——以刑事和解案件为研究对象》，载《山东警察学院学报》2016年第2期。

43. 阳继宁：《不起诉裁量权的扩张与制约》，载《法学评论》2010年第1期。

44. 胡志坚：《论公诉裁量权的理性规制》，载《中国检察》2004年第10期。

45. 张泽涛：《反思帕卡的犯罪控制模式与正当程序模式》，载《法律科学》2005年第2期。

46. 王守安：《检控裁量模式及其适用———关于朱丽叶·方达检控裁量模式理论的介绍及启示》，载《中国刑事法杂志》2005年第2期。

47. 马新东：《论不起诉制度的完善》，载《中国刑事法杂志》2000年第5期。

48. 马克昌：《论刑罚的本质》，载《法学评论》1995年第5期。

49. 张明楷：《新刑法与合并主义》，载《中国社会科学》2000年第1期。

50. 徐岱、王军明：《刑法谦抑理念下的刑事和解法律规制》，载《吉林大学社会科学学报》2007年第5期。

51. 张明楷：《论刑法的谦抑性》，载《法商研究（中国政法学院学报）》1995年第4期。

52. 刘广三：《犯罪控制视野下的暂缓起诉裁量权》，载《当代法学》2007年第6期。

53. 段明学：《论选择起诉》，载《中国刑事法杂志》2007年第6期。

54. 李巧芬、刘中发：《暂缓起诉的实践与探索》，载《人民检察》2006年第7期。

55. 漆多俊：《论权力》，载《法学研究》2001年第1期。

56. 张建伟：《认罪认罚从宽处理：内涵解读与技术分析》，载《法律适用》2016 年第 11 期。

57. 熊秋红：《认罪认罚从宽的理论审视与制度完善》，载《法学》2016 年 10 月。

58. 王志贤、王连法：《论主客体关系及其价值实现》，《东岳论丛》1995 年第 3 期。

59. 施业家、谭明：《论公诉权的规制》，载《法学评论》2009 年第 5 期。

60. 姜涛：《追寻理性的罪行模式：把比例原则植入刑法理论》，载《法律科学（西北政法大学学报）》2013 年第 1 期。

61. 李蓉：《刑事诉讼权力（利）配置的原则》，载《求索》2006 年第 5 期。

62. 黄世斌、洪星：《宽严相济刑事政策下裁量不起诉制度的价值取向及其运行》，载《河北法学》2007 年第 11 期。

63. 李建玲：《酌定不起诉制度适用考察》，载《国家检察官学院学报》2009 年第 4 期。

64. 王钦杰、纪兵：《论起诉裁量权》，载《法学论坛》2008 年第 6 期。

65. 魏虹：《论我国检察机关公诉裁量权的多元化》，载《法律科学》2010 年第 6 期。

66. 万毅：《刑事不起诉制度改革若干问题研究》，载《政法论坛》2004 年第 6 期。

67. 周长军：《检察起诉裁量权的国际发展趋势与中国改革》，载《东方法学》2009 年第 3 期。

68. 吴宏耀：《起诉裁量权的制度化构建》，载《人民检察》2006 年第 4 期。

69. 王海军：《论起诉裁量权的正当程序控制》，载《中国检察官》2009 年第 12 期。

70. 陈卫东、李洪江：《论不起诉制度》，载《中国法学》1997 年第 1 期。

71. 李学宽：《不起诉若干问题探讨》，载《人民检察》1997 年第 1 期。

72. 广州市人民检察院课题组：《关于撤诉案件和无罪判决案件的调查报告》，载《中国刑事法杂志》2003 年第 5 期。

73. 张小玲：《论撤回公诉的功能定位》，载《中国刑事法杂志》2015 年第 1 期。

74. 张建伟：《论公诉之撤回及其效力》，载《国家检察官学院学报》2012 年第 8 期。

75. 樊崇义：《刑事诉讼法再修改理性思考论纲》，载《国家检察官学院学报》2007 年第 10 期。

76. 杰奎琳·霍奇森著：《法国认罪程序带来的检察官职能演变》，俞亮译，载《国家检察官学院学报》2013 年第 3 期。

77. 蔡巍：《附条件警告：英国检察官自由裁量权的新发展》，载《河南社会科学》2011 年第 3 期。

78. 刘文峰：《日本精密司法经验及启示》，载《人民检察》2014 年第 11 期。

79. 谢小剑：《平等保护与歧视性起诉》，载《甘肃政法学院学报》2011 年第 3 期。

80. 冀祥德：《从对抗转向合作：中国控辩关系新发展》，载《中国司法》2011 年第 12 期。

81. 李卫红：《以审判为中心与刑事案件繁简分流——以刑事和解案件为研究对象》，载《山东警察学院学报》2016 年第 2 期。

五、学位论文类

1. 陆静：《国际检察官裁量权研究》，华东政法大学 2012 年博士论文。
2. 王守安：《检察裁量权论》，中国政法大学 2008 年博士论文。
3. 毛建平：《起诉裁量权研究》，西南政法大学 2005 年博士论文。
4. 阮丹生：《审前程序检察官自由裁量权研究》，西南政法大学 2004 年博士论文。
5. 冯斌：《起诉裁量权研究》，华东政法学院 2002 年博士论文。
6. 刘兰秋：《刑事不起诉制度研究》，中国政法大学 2006 年博士论文。
7. 姜涛：《刑事程序分流研究》，中国政法大学 2004 年博士论文。

后　记

　　本书是在我的博士论文基础上进行修改后出版的。将博士论文出版原本不在我的计划之列。因为当时写论文时时间比较仓促，没来得及仔细打磨，自己也不是很满意。毕业后，主业转向了交通法治的研究，但是研究刑事诉讼制度仍是我心底最爱。七年后将博士论文出版，算是对自己刑事诉讼学术研究的一个小结。七年来，我国刑事诉讼制度发生了很大的变化，文中有些文字尽管做了一些调整，但由于主干内容仍建立在七年之前的研究框架上，所以难免有些纰漏，敬请读者谅解。

　　中国政法大学一直是我心中最亮的光。感谢我的导师卞建林教授对我学业的点拨和论文的指导，感谢陈光中先生、樊崇义老师、杨宇冠老师等各位法大名师对我学业的提携指点，感谢法大赐予我深造学习的一方热土！最后还要致谢薛迎春编辑，工作严谨细致，一丝不苟，为本书的出版付出了太多辛苦！感谢每一位为本书出版付出辛苦的朋友！

霍艳丽

2024 年 5 月